KB039930

앞으로 10년
빅테크 수업

BIGTECH

앞으로 10년
빅테크 수업

조원경 지음

page2

프롤로그

미래의 부를 당기는
혁신의 물결 앞에서

모든 것을 바꿀 파괴적 혁신의 시작

미국의 시사주간지 《타임(TIME)》이 2021년 12월 '올해의 인물 (Person of the Year)'로 일론 머스크(Elon Musk) 테슬라(TESLA) CEO를 선정했다. 《타임》은 "머스크만큼 지구의 삶과, 어쩌면 지구 바깥의 삶까지 비범한 영향을 미친 사람은 없다"라고 밝혔다. 세계 적인 영어사전 출판사인 영국 콜린스(Collins)는 2021년 올해의 단 어로 'NFT(non-fungible token, 대체 불가능한 토큰)'를 선정했다. 머 스크와 NFT에서 끌어낼 수 있는 공통점은 '혁신'이다.

한때는 정부가 주도하여 경제를 이끌어갔으나 이제 혁신의 주 체는 민간이고, 정부는 혁신의 뿌리가 잘 내리고 세상과 잘 연계되도록 민간을 지원하는 역할을 해야 한다. 갈수록 잠재성장률이 낮아지는 현실에서 우리에게 진정으로 필요한 것은 혁신의 DNA라고 말하고 싶다. 칼 마르크스(Karl Heinrich Marx)가 죽은 해 태어난 기업가 정신의 대부 조셉 슘페터(Joseph Alois Schumpeter)는 혁신의 선구자였다.

슘페터는 기업가 정신의 핵심인 파괴적 혁신을 다섯 가지 유형으로 설명한다. 우선 지금까지와는 전혀 다른 신제품이 혁신의 첫 번째 유형이다. 현재로 치면 머스크의 테슬라 전기자동차, 스티브 잡스(Steve Jobs)의 아이폰 같은 것이다. 슘페터는 당시 철도와 자동차를 혁신의 예로 들었다. 새로운 생산방식의 도입도 혁신의 큰 축이다. 가내수공업으로 옷을 만들다가 산업혁명 이후 증기 에너지를 이용해 옷을 만들기 시작한 방직기가 적절한 사례이다. 슘페터는 새로운 시장의 개척, 원료나 반제품의 새로운 공급원 확보, 새로운 조직의 출현을 나머지 혁신의 유형으로 언급한다. 구글(Google)과 아마존(Amazon) 같은 기업은 혜성처럼 출몰해 독점을 형성하거나 기존의 독점구도를 파괴했다. 슘페터에게 독점은 혁신의 결과물이고 이러한 독점은 또 다른 혁신에 의해 파괴된다.

경제학자 조셉 슘페터의 삶은 파란만장했다. 그에게는 닉네임이 많다. 천재 소년, 오스트리아 귀족, 영국 신사, 카이로 변호사, 빈의 경제학자, 대학교수, 재무장관, 자유분방한 카사노바. 누구는 그가 내놓은 혁신 이론의 정신적 지주는 그의 어머니였다고 한다. 정말 그럴까? 신분 상승에 대한 욕망이 컸던 그녀는 슘페터가 네 살 되던 해 남편이 세상을 떠나자 큰맘을 먹고 어린 아들과 함께 자신이 살던 마을을 떠나 도시로 간다. 그녀는 오스트리아 그라츠(Graz)로, 다시 빈(Vienna)으로 끊임없이 더 큰 도시를 찾아 이주했다. 아들의 뒷배경이 되어 줄 '돈푼깨나 있는' 아버지가 필요하다고 믿은 것이다. 그녀는 33세 연상의 남자와 재혼했다.

부자 아버지가 아니었다면 슘페터가 존재할 수 없었을까? 꼭 그렇다고 말하고 싶지는 않다. 차고에서 혁신으로 삶을 개척해 세상의 부를 쥔 애플(Apple)이나 구글 같은 기업의 창업주가 도처에 있다. 실리콘밸리와 미국 IT 산업은 스탠포드대학교(Stanford University)가 만들고 키웠다. 구글과 엔비디아(NVIDIA) 같은 수많은 IT 기업이 스탠포드대학교의 품에서 성장했다. 70여 년 전 두 젊은 대학생이 작은 차고에서 세운 HP(Hewlett Packard)는 벤처기업을 꿈꾸는 이들에게 여전히 좋은 사례로 남아 있다. 그들이 만든 기업 문화는 실리콘밸리를 통해 21세기에도 유지되고 있다.

무한도전의 혁신, 쿵푸가 아닌 격투기의 실험장

울산의 경제부시장으로 있으면서 UNIST(울산과학기술원)와 많은 일을 할 수 있었던 것은 큰 보람이었다. UNIST 이용훈 총장의 열정과 추진력은 평소 융합적 인간을 꿈꾼 나의 이상과도 맞아떨어졌다. 2020년, 울산은 세계경제포럼(WEF, World Economic Forum)

이 지정한 세계 9번째이자 아시아 최초의 제조혁신 도시가 되었다. 그 이름에 걸맞게 울산은 디지털 변혁과 급변하는 에너지 전환에 맞춰 혁신에 혁신을 거듭하고 있다. 울산에서 한 많은 일 중 UNIST에 인공지능(AI) 대학원, 반도체 대학원, 스마트 헬스케어 연구센터, 탄소중립융합원을 차례로 유치한 것은 미래지향적 혁신 인재 양성을 위한 노력의 일환이었다. 2015년 과학기술원으로 전환하여 다시 출범한 UNIST는 2021년 'QS 세계대학평가'에서 국내 8위, 세계 212위에 올랐다. '교수 1인당 피인용 수' 부문에서는 만점(100점)을 받으며 국내 2위, 세계 9위에 올랐다. 최근 10년간 (2010~2019년) UNIST가 생산한 논문 1편당 평균 피인용 횟수는 26.15회로 국내 대학 중 1위이다. UNIST의 교육 모토는 다음과 같다.

"쿵푸가 아니라 격투기식으로 가르칩니다."

'쿵푸형 학습'은 기초 → 심화 → 응용 순으로 차근차근 단계를 밟아가는 학습을 의미한다. 한국 교육의 수평적 강의 형태를 비유하는 용어다. 이에 비해 격투기는 잽·스텝 같은 기본기만 익힌 뒤 곧바로 스파링에 오른다. 링에서 얻어터지면서 배우는 격투기처럼, UNIST도 핵심 교육만 이수한 학생이 곧바로 지식을 활용해 문제 해결에 도전하는 '수직형 교육'을 제공하겠다는 결기를 다진다.

학사·석사·박사 학위까지 이수하고 연구 과제를 맡다 보면 빠르게 달라지는 과학기술 트렌드를 따라잡을 수 없다는 것이 UNIST의 문제 인식이다. 대한민국을 혁신하는 길을 생각하며 우리는 지금 발 빠르게 기술 변화를 수용할 수 있도록 교육체계를 과감히 바꿔야 한다. 과학기술계의 BTS(방탄소년단)를 육성하겠다는 이용훈 총장의 의지는 경제학을 전공했으면서도 블록체인과 가상자산으로 논문을 써 공학박사가 된 나의 철학과 맞닿아 있다.

『앞으로 10년 빅테크 수업』도 그런 결기와 철학으로 혁신형 미래 인재상이 대한민국을 역동적으로 이끌 것을 꿈꾸며 집필했다. 경제부시장으로서 울산 최초의 '만 명 게놈 프로젝트'를 추진하고 국내 과학기술원 벤처 1호 클리노믹스의 코스닥 상장 지원을 하면서 울산이 바뀌어야 대한민국이 바뀐다고 생각했다. 중후장대한 자동차, 석유화학, 조선, 비철금속 도시가 혁신으로 무장해 날렵하고 유연한 생태계 도시가 되기를 바랐다. 울산은 1인당 지역내총생산(GRDP, Gross Regional Domestic Product) 1위의 산업도시이다. 그러나 그동안 조선업 불황으로 성장이 정체되어 혁신으로 무장할 필요성이 더욱 증대되었고 그 기폭제가 제조혁신 도시 지정이었다.

'돈나무 언니'가 말하는 혁신의 정기를 찾아서

캐서린 우드(Catherine D. Wood)는 미국의 금융인이자 기업인으로 아크인베스트(ARK Invest)의 창업자이자 CEO이다. 애칭으로 '캐시 우드'라고 불리는데 캐시는 현금이고 우드는 나무이니 '돈나무 언니'란 별명이 붙었다. '돈은 저절로 생기지 않는다'는 말을 영어 표현으로는 '돈은 하늘에서 떨어지지 않는다(Money does not drop out of the sky)' 혹은 '돈은 나무에서 자라지 않는다(Money does not grow on tree)'라고 한다. 돈은 하늘에서 떨어지지도 나무에서 저절로 자라지도 않는다. 누구나 살면서 돈벼락 한번 맞아 봤으면 좋겠다고 생각하는데, 돈나무 언니는 돈벼락을 맞은 인물이다. 그 비결은 무엇일까?

그녀는 미국 서던캘리포니아대학교(University of Southern California)에서 재무관리(Finance)와 경제학을 전공했는데, 학부를 수석으로 졸업했다. 오랜 투자업계 종사 후 2014년 아크인베스트를 설립했다. 2018년 2월에는 CNBC방송에 출연해 당시 부도 위기까지 몰리며 300달러대의 박스권에 갇혀 있던 테슬라 주가가 "5년 안에 4000달러(2020년 5대 1 액면분할 전)를 넘어설 것"이라고 장담해 시장의 주목을 받았다. 우드의 말은 3년 만에 현실이 되면서 투자자들의 신뢰를 얻었다. 테슬라의 초기투자자로 명성을 얻은 우드는 2021년에 부진한 실적에도 '와해적 혁신'에 투자한다는 기존 전략을 유지한다. 팬데믹 이후 세계 경기가 반등하고는 있지만 회복의 정도를 가늠하기는 어렵다. 그녀는 과학기술 발전과 기업의 채무 부담이라는 강력한 디플레이션 요인이 존재하기에 2021년과 2022년을 지배할 인플레이션 압력이 지속되지는 않을 것이라고 주장한다. 그 근거를 들어보자.

"이미 많은 일자리가 사라졌고 앞으로도 많은 직업이 사라질 것이다. 옥스퍼드 대학에서 발표한 내용에 따르면 2035년에 자동화와 인공지능으로 미국 전체 직업의 47%가 사라질 것이라고 한다. 자동화와 인공지능은 생산성을 크게 증가시킬 것이다. 생산성이 늘면 GDP도 증가한다. 2035년이 되면 자동화와 인공지능 덕분에 미국의 GDP는 40조 달러가 될 것으로 본다."

현재 미국의 GDP는 21조 달러 가량이다. 경제 규모가 탁구공이 아니라 농구공만큼 거대한데, 이 공이 어떤 비탈길을 굴러가며 불어나야 커다란 눈덩이가 될 것인가. 그녀의 말에 의구심이 든다. 그렇게 불어난 부는 누가 차지할 것인지, 부의 독점화가 더욱 고착화될 것인지도 관심이 쏠린다. 그러나 그 말이 옳고 그름을 떠나서 그녀의 생각에 높은 점수를 주어야 하는 대목이 있다.

"혁신기업 투자처럼 고수익을 낼 수 있는 투자처는 세계적으로도 드물다."

그녀가 말하는 핵심이 여기에 있었다. 2021년 9월 캐서린 우드는 야후파이낸스와의 인터뷰에서 이렇게 말한다.

"베이비붐 세대가 과거 수십년간 증권시장에 큰 영향을 끼친 것처럼 이들의 자녀인 밀레니얼 세대 역시 앞으로 수십년간 똑같은 영향을 끼치게 될 것이다. 올해 들어 밀레니얼 세대의 주식투자 붐이 강하게 일고 있다. 이들이 주식을 바탕으로 자산 포트폴리오를 구축하고 있기 때문에 지금의 강세장은 2038년까지 이어질 수 있다."

우드의 투자 신념은 펀드의 이름인 아크(ARK)에 숨겨져 있다. 이는 성경의 출애굽기에 나오는 황금 상자를 의미한다. 독실한 크리스천인 우드는 매일 커피를 내리며 성경구절을 읽는 것으로 하루를 시작한다. 신실한 믿음으로 험난한 금융계에서 버텨왔다.

자신에게 맞는 꿈을 꾸고, 그 꿈을 이루기 위해 노력하는 사람이 많아질수록 그 사회의 미래는 더욱 밝아진다. 국민 한 명 한 명의 구체적인 재능과 꿈이 실현되는 사회를 생각해 본다. 우드의 견해를 차치하더라도 수십 배 성장할 수 있는 분야를 살펴보는 안목을 키우는 것은 창업자에게도, 구직자에게도, 투자자에게도 위대한 경영 수업이다. 모두가 좀 더 나은 세상에서 살기를 바라는 마음으로 우리에게 필요한 빅테크 수업을 시작하고 싶다.

수업의 주된 핵심은 '우리 시대를 관통하는 빅테크와 나를 경영하는 4가지 힘'에 관한 이야기다. 우리가 사는 공간을 보자. 우리는 현실세계와 가상세계에서 다양한 모습으로 세상과 '연결'되어 있다. 그 연결 아래서도 개개인은 파편화되어 있다. 다른 사람에 대한 이해와 애정은 개인화된 세상에서 역설적으로 더욱 중요해진다. 따라서 신인류에게 '공감'은 필수이다. 노래「신인류의 사랑」을 불러보며 저 먼 우주로 가는 '상상'을 해본다. 우주는 우리가 꿀 수 있는 가장 먼 꿈이다. 마지막으로, 급변하는 세상 속에서 흔들리지 않고 살아가려면 나를 지탱하는 '뿌리'의 힘이 있어야 한다. 나를 제대로 알아야 한다는 말이다. 유전정보를 보관하고 보존하는 데 필요한 DNA는 내가 누군지를 알려주는 뿌리와 연관된다.

나라는 존재는 그렇게 4가지 힘으로 끊임없이 확장되어야 한다. 그런 성장을 불러올 산업 이야기를 『앞으로 10년 빅테크 수업』이란 제목으로 시작해보자.

앞으로 10년 빅테크 수업

차례

제1장
연결의 힘_ 디지털 미
AI 메타버스와 NFT, 가상세계가 현실세계를 바꾸다

제2장

공감의 힘_서브미

구독경제와 블록체인, 기존 시장의 판도를 뒤흔들다

제3장
상상의 힘_유니버스 인 미

우주개발과 양자컴퓨터, 우주를 지배하는 자가 미래를 지배한다

제4장
뿌리의 힘_23앤드미

유전자와 바이오 산업, 죽음을 거슬러 신의 영역에 도전하다

제1장

연결의 힘_디지털 미

AI 메타버스와 NFT,

가상세계가 현실세계를 바꾸다

디지털 미(Digital Me)

인공지능과 데이터 기반 기술이 승화되어 만든 디지털 인격체이자
인공지능을 능가하는 나의 가이드

가상세계와 현실세계의
연결점

연결의 힘이 보여주는 생산성과 공감

코로나19가 발발하면서 사람과 직접 마주하며 의사소통을 하던 시대가 멀어진 느낌이다. 고립된 자신만의 공간에서 컴퓨터 자판과 모니터로 전 세계 사람들과 자유롭게 만나 정보를 공유하는 인터넷 시대는 강화되었다. 현대 사회에서 사람들은 익명성이 보장되는 인터넷을 통해 훨씬 더 자유롭게 자신의 의사를 표현한다. 연결의 힘 덕분이다. 마크 저커버그(Mark Zuckerberg)의 메타(Meta, 페이스북에서 사명 변경), 아직도 정체불명인 사토시 나카모토의 비트코인, 온라인 결제 수단의 대표회사인 페이팔(PayPal)이나 블록(Block, 스퀘어에서 사명 변경), 해외 홈트레이닝의 대표주자인 펠로톤 인터랙티브(Peloton Interactive, Inc.) 같은 각종 구독 서비스 앱은 우리를 한데 모으고 있다. 그리고 한데 모인 우리에게서 얻어지는 더 많은 정보는 빅데이터로 쌓이고 있다. 모든 게 연결된 세상이 아마존에서 절정을 이룬 지도 시간이 꽤 흘렀다.

다음과 카카오가 결합한 2014년, 다음카카오(현 카카오)는 사람과 연결을 주제로 네 가지 계획을 짰다. 사람과 사람의 연결, 사람과 정보의 연결, 사람과 오프라인 비즈니스의 연결, 사람과 사물의 연결이 그것이다. 연결성 덕분에 코로나19 이후 카카오는 잘 나가는 기업으로 확실히 자리매김하고 있다. 2021년 가을부터 각종 이슈로 인해 명성에 금이 가기도 했지만, 그럼에도 카카오가 국내 대표 언택트 기업이라는 사실을 부정하기는 쉽지 않다.

카카오톡은 사람과 사람을 연결해주는 대표적인 서비스이다. 또한 다음이라는 인터넷 포털을 이용하여 사람과 정보를 연결하고 사용자에게 맞춤 정보를 추천한다. 사람과 오프라인 비즈니스를 연결하겠다는 계획은 큰 빛을 발하고 있다. 길을 걷다 사용자에게 필요한 매장을 지나칠 때 스마트폰이 자동으로 쇼핑 정보를 띄워주는 장면은 이제 일상이 되었다. 위치기반 기술, 검색 기술이 더해져 높은 시너지를 내고 있다.

사람과 사물의 연결은 어떠한가? 사물인터넷(IoT)의 발전으로 사람, 사물, 공간, 데이터 등 모든 것이 인터넷으로 서로 연결돼 정보가 생성·수집·공유·활용되는 초연결 인터넷 시스템이 구축되었다. 사물인터넷은 센서로 데이터를 수집해 네트워크로 전송하고 사용자가 인터페이스에서 데이터를 활용할 수 있게 한다.

2008년 만들어진 미국의 환자 커뮤니티 '페이션츠라이크미 (Patients LikeMe)'는 연결의 힘이 우리 일상을 어떻게 개선하는지 보여주는 사례이다. 병의 진정한 괴로움은 환자만이 안다. 병에 대해 잘 아는 의사라고 하더라도 실제로 그 병에 걸린 경험이 있는 것은 아니다. 이러한 점에 주목해, 같은 증상을 가지는 환자들을 연결하는 커뮤니티 페이션츠라이크미는 의료계의 혁신으로 사람들을 인도했다.

우리나라에서도 정부나 국회, 제약사가 환자 단체의 목소리를 듣기 시작한 것은 2010년 환자단체 연합회가 창립되면서부터이다. 이전까지 환자 단체의 주장에는 근거가 부족했다. 근거가 부족하니 들어주고 싶어도 들어줄 수가 없었다. 결정적인 변화는 2014년 환자안전법 제정 이후이다. 환자안전법 제정 이후에는 단순 청취에서 더 나아가 환자들의 의견을 반영하려는 노력이 이뤄지기 시작했다. 환자들의 투병 경험을 잘 분석해서 치료나 연구에 활용할 수 있어야 한다는 시각이 퍼지기 시작한 것이다. 미국에서는 페이션츠라이크미의 투병 경험 게시글을 분석해 보고서를 공개한다. 우리도 다음이나 네이버 카페 등에 올라오는 투병 경험 게시글을 분석해 보면 어떨까? 빅데이터 분석이 개별 질환에 대해 맞춤형으로 이뤄지고 있어 병의 유형에 따른 환자의 목소리에 귀를 기울일 필요성은 커지고 있다.

지금의 젊은 세대를 진정한 의미에서 하나로 연결된 첫 세대라고 부른다. 작은 것들을 연결하는 강한 힘은 디지털 세상에서 더 활활 타오르고 있다. 마케팅만 보더라도 오프라인보다 온라인의 힘이 세진 지 오래다. 그렇다고 모든 것이 만족스럽기만 할까?

며칠 전 경험한 메타버스(Metaverse) 세상의 이야기를 떠올려본다. 이 세상에 '나'라는 사람은 단 한 명밖에 없다. 하지만 나의 분신은 많다. 디지털 세상에는 무수한 아바타(Avatar)가 존재한다. 메타버스에도 자기 자신을 대신할 캐릭터가 있다. 나 또한 회의를 위해 그러한 캐릭터를 골라본 경험이 있다. 하지만 직접 경험한 메타버스는 초월감을 주기에는 아직 기술적으로 부족해 보였다. 처음 메타버스에서 나를 대신해 아바타를 회의에 참석시킨 날, 실망해 혼잣말을 중얼거렸다.

"딱히 새로운 개념인지 모르겠는데. 줌(Zoom)이나 웹엑스(webex)로 화상회의를 하는 거랑 뭐가 다르지? 이 캐릭터가 내 감정을 읽는 존재도 아니고. 회의에 참가하고 있는 나의 아바타와 나는 아무런 동질감을 느끼지 못해."

아이언맨의 자비스와 제임스 캐머런의 아바타

이때 나의 아바타를 DM(digital me, 디지털 미)이라고도 하는데 이 장에서 말하는 디지털 미 기술(digital me technology)과는 전혀 다른 이야기다. 메타버스에서 사용하는 DM은 디지털 공간의 새로운 신원(identity)을 의미한다. 디지털 세계에서 수많은 '나'는 현실의 나를 대신해 온라인 세상을 쉬지 않고 여행하고 있다. 나는 페이스북(Facebook), 링크드인(Linked in), 인스타그램(Instagram), 카카오톡 같은 온라인 공간에서 각기 다른 모습으로 나타난다.

이 장에서 말하는 DM은 인공지능(AI, Artificial Intelligence)을 능가하는 나의 가이드로 '기술이 뒷받침되는 사이버 인격체'라고 할 수 있다. 인공지능과 데이터 기반 기술이 승화되어 만든 디지털 인격체인 것이다. 그래도 아바타가 있어서 하나 좋았던 점은 내 몸이 회의장에 가지 않았는데도 분신이 앉아 있는 모습이 그럴듯해 보였다는 것이다. 그런데 골똘히 생각해 보아도 그 캐릭터가 나의 아바타란 말에 의심이 간다.

아바타란 분신·화신을 뜻하는 말로, 사이버 공간에서 사용자의 역할을 대신하는 애니메이션 캐릭터이다. 아바타는 고대 인도에서는 땅으로 내려온 신의 화신을 지칭하는 말이었다. 아바타는 산스크리트어 아바따라(Avatara)에서 유래한 말이다. 지상에 내려온 신, 특히 힌두교 신들의 분신을 뜻한다. 메타버스의 캐릭터가 하늘에서 내려왔다고 생각하니 피식 웃음이 나왔다. 온라인상에서 아바타는 3차원이나 가상현실 게임, 웹 채팅에서 스스로를 표현하는 그래픽 아이콘이라는 의미가 되었다.

이런 생각을 해 본다. 나와 교감을 나누는 또 다른 '디지털 나'라는 분신이 있다면? 그냥 캐릭터와 달리 내 생각과 행동을 제대로 표현할 수 있는 디지털 버전의 '나'가 있다면 어떨까. DM 기술로

AI 에이전트나 각 개인의 지식을 디지털화할 수 있는 디지털 아바타를 생각해 보는데, 오래전 본 영화 「아이언맨(Iron Man)」의 AI 비서인 자비스(JARVIS)가 떠오른다. 물론 지금도 시리(Siri)를 사용해 회의를 예약하고 초대장을 이메일로 보낼 수 있다. 하지만 나는 시리 이상 가는 내 분신 같은 비서를 떠올리고 있다.

DM을 둘러싸고 주요 글로벌 기업들이 관련 사업을 추진하고 외국 벤처업체에 대한 투자가 끊이지 않는다는 소문이 들린다. 그럼에도 불구하고 인공지능 기술 구현이 어렵듯 DM의 완벽한 기술 재현도 장애물이 많아 보인다. 가끔 우리는 자신이 무엇을 하는지 모를 때가 있다. 나보다 더 완벽하게 내가 무엇을 하는 존재인지를 아는 가상 인격체가 있다면 어떤 생각이 들까. 누군가는 섬뜩하다는 표현을 사용할 수도 있겠다.

메타버스 화면에서 본 나의 캐릭터보다는 영화 「아이언맨」 시리즈에 등장하는 자비스의 능력과 일처리 방식에 눈길이 간다. 영화이니 가능하다고 생각할 수도 있지만, 영화가 현실이 되는 모습을 우리는 많이 목격하고 있다. 가상 인격을 갖춘 완벽한 개인 비서, 자비스야말로 내가 원하는 디지털 아바타이다.

영화 「아이언맨」이 개봉한 지도 강산이 변한다는 10여 년이 넘었다. 자비스는 인식 기반의 지각 컴퓨팅(perceptual computing) 산업을 연상시킨다. 이는 컴퓨터가 사람의 손짓과 손가락 움직임, 말과 목소리, 지문을 포함한 생체정보와 감정까지 알아차리고 그에 알맞게 동작하도록 만드는 기술을 가리킨다. 영화 속에서 자비스는 인간의 감정을 '이해'하지는 못하더라도 '대응'할 수는 있는 것처럼 묘사된다. 이후에 세상은 많이 달라졌으나 아직까지 자비스 같은 존재는 없다.

그에 미치지는 못하지만 인공지능 기술의 발달로 인해 AI 비서는 많이 생겼다. 이들 인공지능 기술은 관련 빅데이터를 분석해 발전하기 때문에 한 분야에 특화되어 있는 경우가 많다. 영화를 추천해 주거나, 바둑을 두거나, 그림에 배경을 만들어주거나, 바이오 데이터 분석을 해주는 등 특정 분야에 기여하고 있다. 하지만 내가 생각하는 DM 아바타와는 거리가 멀어 보인다. 현재 AI는 회의를 마친 후에 핵심주제를 요약하고 일정이나 업무 계획을 전달하는 정도까지의 기능만 수행할 수 있다. 나는 내 뇌가 사물인터넷과 연결되어 더 좋은 의사결정을 할 수 있게 하는 나의 분신을 기다리고 있다.

채팅 봇, 소프트웨어 어시스턴트 같은 AI 애플리케이션(application, 이하 '앱')이 학계와 산업계 모두의 관심을 끌고 있다. 대부분의 기존 작업은 웹, 기업 문서, 소셜 미디어 같은 공공 데이터 소스의 지식을 사용하여 시나리오에 맞게 정보를 획득하고 정해진 과업을 마무리하는 것을 지원하는 것이 목표이다. 이와 달리 DM은 개인 아바타를 구축하기 위해 각 개인의 지식을 디지털화하는 것을 목표로 한다. 각 사람을 대신하는 인격체로서 의사소통 대리인 자격을 준다고 표현하면 무리일까. 아직은 법적으로 해결해야 할 일이나 사회적 공감대 형성이라는 숙제가 많을 듯하다. 한 편의 영화가 더 생각난다.

제임스 캐머런 감독의 영화 「아바타(Avatar)」다. 이 영화에서는 하반신이 마비된 전직 해병대원이 오직 뇌만을 이용해 육체를 가진 아바타를 조종한다. 영화 속 아바타는 인간과 판도라 행성의 토착민 나비(Na'vi)족의 DNA를 결합해 만든 새로운 하이브리드 생명체이다. 영화에서는 '링크 머신(아바타와 인간을 잇는 장치)'을 통해 인간의 의식으로 아바타의 몸을 원격조종할 수 있다. 아바타는 누워서 뇌파로 명령을 내리는 인간의 의지에 따라 걷고 뛰고 말하고 살아 숨 쉰다. 나의 뇌가 다른 사물, 사람과 연결되는 상상을 해본다. 가상공간의 아바타가 살아 있는 현실세계의 구성원으로 활동하면서 세상과 교감하며 독립적인 이야기를 전개하는 것이 아직은 영화 속 이야기에 국한된 것인지 궁금해진다.

진화하는 인공지능 기술

AI란 인간의 학습능력, 추론능력, 지각능력, 자연언어 이해능력 등을 컴퓨터 프로그램으로 실현한 기술이다. AI가 SF 영화에나 등장하는 로봇처럼 막연하게만 다루어졌던 이전과 현재는 많이 달라졌다. 대기업들이 연이어 출시하는 스피커 형태의 AI 기기가 그 예로, 각종 음성인식과 챗봇으로 그 형태와 목적이 구체화되고 사용자의 일상에도 가까워진 것이다. 시중에 공개된 AI 서비스의 수준은 아직 걸음마 단계에 불과하다. 하지만 우리가 살아왔고 일해온 방식을 AI가 근본적으로 뒤흔들 것이라는 데는 의심의 여지가 없다. 특정 분야는 확실히 인간의 개입이 최소화되거나 혹은 전혀 없더라도 빠르고 정확한 의사 결정과 실행이 가능해졌다.

디지털 기술은 필요한 상대를 찾아 의사소통하는 데 드는 비용을 낮추었다. 이것이 연결의 기초로 작용한다. 디지털 기술이 발달하며 우리는 검색과 소통 활동을 더 많이 하게 되었다. 원하는 것을 더 쉽게 찾을 수 있게 되었고, 상대방과 더 많은 의사소통을 할 수 있게 되었다. 이 덕에 작은 것들을 연결하는 시너지가 곳곳에서 생겨났다.

인공지능 기술의 본질은 예측 기술이며, 예측 비용 하락이 경제적 변화의 핵심이 되고 있다. 인공지능은 예측에 의존하는 상품과 서비스의 가격을 낮출 수 있으므로 인공지능이야말로 혁신의 결정판이라 할 수 있다. 경제학자들은 19세기 초부터 수학자와 통계학자들이 개발해 온 방법을 활용해 세상을 연구하고 있다. 노이즈(불필요한 것)가 많은 데이터에서 패턴을 인식하고 이를 해석하고자 했던 것이다. 얼마 전까지 이 연구 방법에는 두 가지 큰 장애가 있었다. 데이터의 집합 자체가 작고 비용이 많이 든다는 점, 컴퓨터가 느리고 비싸다는 점이었다. 그런데 기술 발달로 컴퓨터 처리능력이 발전하면서 이 장애물이 자연스레 급감하고 있다. 최근 경제학자들이 빅데이터와 인공지능에 몰려드는 이유다.

인공지능이 변화시킬 세상은 경제적으로 만족스러운 곳이 될까? 2008년 노벨 경제학상 수상자인 경제학자 폴 크루그먼(Paul Krugman) 교수는 이렇게 말한다.

"우리는 전례 없이 부유해졌지만 모든 부가 (AI나) 로봇을 소유한 사람들에게 돌아가는 사회를 목격할지도 모른다."

기계가 사람 대신 노동을 하는 세상은 장밋빛 미래처럼 보이지만, 동시에 거대한 격차와 불평등을 만들 수 있다. 기술 발전은 편리성 차원에서 긍정적이지만, 산업 구조와 고용시장에 변화를 일으키며 많은 사람들에게 불안과 위기를 가져올 수 있다는 점도 무시할 수 없다.

앞으로 우리는 인공지능 기술을 이용해 그동안 예측하지 못했던 분야에서도 예측을 할 것이다. 그리고 예측으로 혜택을 받는 분야는 기업가치가 상승할 것이다. 어디 그뿐일까? AI와 사랑에 빠지는 상상은 무언가 묘하게 느껴진다. 티격태격할 필요 없이 정신적, 육체적으로 만족시키는 AI가 있다면 오히려 돈 때문에 배신하고 다른 사람에게 눈길 주는 사람보다 낫지 않겠나 하는 생각까지 든다. 사람 간의 사랑은 불꽃처럼 타오르다가도 어느새 금방 식어버린다. 반대로 어찌 보면 인공지능은 한결같기는 하지만 사람과는 다를 것 같아 쉽게 다가갈 수 없을 것으로 생각된다.

그래서 AI에게서 뭔가 허전함을 느끼고 있는지도 모르겠다. 그 이유를 파헤쳐 본다. AI는 모든 사람에게 봉사하도록 되어 있어서 나에게만 특화된 완벽한 맞춤형 비서로 보이지 않는다. 모든 사람이 아니라 나의 특별한 선호나 습관, 행동 패턴을 기록하고 나를 대신하여 의사결정을 완벽하게 내릴 수 있는 존재는 없을까. IBM의 AI 플랫폼 왓슨(Watson), 아마존의 알렉사(Alexa)는 나뿐만 아니라 모든 고객들에게 건강이나 쇼핑의 편의를 더하고 기업에는 세일즈와 마케팅, 유통, 콘텐츠 네트워크를 위한 다각적 서비스를 제공하고 있다. 나는 나의 생산성을 증가시키는 나만의 디지털 아바타가 필요하다. 그 아바타를 생각하며 「아이언맨」의 명대사를 읊조려 본다.

> "영웅은 그들이 가진 능력으로 만들어지는 게 아니라 그들이 선택한 길에 따라 탄생하는 거야(Heroes are made by the paths they choose, not the powers they are graced with)."

'현명한 판단가'로서 가장 멋진 길을 선택해 줄 나의 디지털 아바타를 그려본다. 개개인의 분신들이 최적의 선택을 해서 연결된 힘으로 이 세상을 더 멋진 곳으로 만들어 줄 수 없을까 하는 희망을 걸어본다. 악당이 되느냐 영웅이 되느냐는 그들이 가진 능력이 아니라 그들이 고르는 길에 따라 달라진다. 그래서 내겐 선한 영향력을 행사하는 DM 기술이 필요하다.

개인정보를 관리하고 적극적으로 활용하는 마이데이터

지금도 내 옆에는 분신과도 같은 스마트폰이 놓여 있다. 인공지능 기술의 발전과 함께 데이터 기반 산업이 번창한 것은 사실이다. 그런데 개인이 진정으로 통제권을 가지고 데이터를 사용하고 있는지에 대해서는 의문이 든다. 불행하게도, 수집된 개인들의 데이터는 일반적으로 자신을 위해 사용할 수 없는 경우가 대부분이다. 중앙집중식으로 수집되고 저장된 정보는 구글, 애플, 메타 같은 빅테크 기업이 상업적으로 사용하는 경우가 많다. 개인들은 자신의 데이터가 수집되고 있는지도 모르는 경우가 허다하다. 개인 데이터가 사용자가 아니라 빅테크 기업에 의해 사용되고 제어되는 것은 데이터 민주주의 관점에서 바람직하지 않다.

개인이 자신의 정보를 적극적으로 관리·통제하는 것은 물론 이러한 정보를 신용이나 자산관리 등에 능동적으로 활용하는 일련의 과정을 '마이데이터(MyData)'라고 한다. 마이데이터를 이용하면 각종 기관과 기업에 분산되어 있는 자신의 정보를 한꺼번에 확인할 수 있으며, 업체에 정보를 제공해 맞춤 상품이나 서비스를 추천받을 수 있다.

개인은 자신의 정보를 적극적으로 관리하고 통제할 수 있어야하며, 이러한 정보를 신용이나 자산관리에 능동적으로 활용할 줄 알아야 한다. 마이데이터는 미국·영국 같은 데이터 산업 선진국에서 비교적 제대로 시행되고 있는 서비스이다. 이는 데이터 활용 체계를 기관 중심에서 정보 주체 중심으로 전환한다는 점에서 데이터 민주주의에 적합하다. 금융기관이나 통신사에 수집되어 있는 자신의 개인정보를 다른 기업이나 기관으로 이동시키는 지원 역할을 하는 것을 '마이데이터 산업' 또는 '본인신용정보 관리업'이라 한다. 나의 디지털 아바타를 만나는 데 있어 마이데이터는 기본이다.

나의 분신,
디지털 미

과거, 현재, 미래를 연결하는 디지털 아바타

누군가의 디지털 아바타는 그 사람의 생산성 향상을 위해 디지털 세상이나 실생활에서 다양한 활동에 참여할 수 있다. 아바타가 인간을 대신해 활용되는 경우를 살펴보자. 채팅방, 사이버 쇼핑몰, 온라인 게임, 온라인 교육, 가상 오피스…… 아바타는 이처럼 다양한 공간에 '나'라는 신분으로 참여할 수 있다. 요즘에는 기술의 향상으로 평면적이고 단순한 2차원 아바타가 아니라 입체감과 현실감을 지닌 3차원 아바타는 물론, 인간의 모습과 유사한 지능형 실사(實寫) 아바타와 말까지 하는 음성 아바타도 등장했다. 우리의 삶 속 깊숙이 들어온 아바타가 생활 속에서 차지하고 있는 위치는 어느 정도라고 평가할 수 있을까? 디지털 세상에서 아바타는 개인의 정체성을 표현하고 욕구를 반영해야 한다. DM은 범용 AI 비서와 달리 '나에게 최적화된 비서, 나의 디지털 분신' 기술이다. DM은 개인을 대표하며 자율적으로 의사결정하는 학습 대행자로 정의된다.

누군가는 DM을 의식(consciousness), 자기 인식(self-awareness), 감각(sentience), 지혜(sapience) 등 강인공지능 모델의 여러 특성을 지닌 에이전트(agent)라고 하기도 한다. 약인공지능은 특정한 한 가지 분야의 주어진 작업을 인간의 지시에 따라 수행하는 인공지능을 뜻한다. 약인공지능의 제한된 기능을 뛰어넘어 더 발달된 인공지능이 바로 강인공지능이다. 강인공지능은 다양한 분야에서 어떤 문제를 실제로 사고하고 해결할 수 있는 컴퓨터 기반의 인공지능이다. 컴퓨터 프로그램이지만 인간처럼 사고하고 행동하는 형태의 인간형 인공지능이라고도 한다. 강인공지능의 특성은 인간과 같은 감정, 자아, 창의성을 갖추고 있다는 것이다. 명령이나 지시 없이 스스로 모든 것을 판단하고 행동에 옮길 수도 있다.

사람의 성격을 분류하는 데는 두 가지 기준이 있다. 성격유형(personality types)과 성격특성(personality traits)이 그것이다. 2018년 9월 17일 《네이처 인간 행동(Nature Human Behavior)》에 게재된 논문에 따르면 사람의 성격유형은 평균형(average), 내성형(reserved), 자기중심형(self-centered), 롤모델형(role model)의 네 가지로 분류할 수 있다고 한다.

이와 달리 성격특성이란 사람의 성격을 결정하는 5가지 요인을 말한다. 개방성(openness), 성실성(conscientiousness), 외향성(extraversion), 친화성(agreeableness), 신경성(neuroticism, 정서적인 민감도)의 머리글자를 따 OCEAN이라고 한다. 사람들에게 실제로 성격유형이 존재하는지 여부를 놓고 과학계에서는 치열한 논란이 있었다. 경영학, 행정학 등 사회과학 분야에서는 이에 대해 활발하게 거론하고 있지만 과학계로부터는 인정을 받지 못했다.

DM 대리인은 개방성, 성실성, 외향성, 친화성, 신경성의 5대 성격특성을 내재하고 있다고 가정한다. DM 대리인의 성격유형은 여섯 가지 판단기준에 의거해 정의된다. 소통과 사회적 행동, 음악 이용, 앱 사용, 이동, 전화 활동, 주간과 야간의 전반적인 행동이 그것이다. DM은 다른 인공지능처럼 최신 모델 기반 강화 학습 알고리즘뿐만 아니라 의사 결정을 하고 계획을 세우는 데 필요한 기능을 제공하는 알고리즘을 갖추고 있다.

한 개인의 모든 데이터나 지식이 디지털로 저장되기 때문에 DM은 불멸의 존재가 된다. DM의 학습은 탄소 기반의 인체(뇌)에서 실리콘 기반 환경(시스템·기계 스토리지)으로 데이터를 전송하는 과정에서 발생하며 AI(인공지능)와 HI(인간지능)에 의존한다. 즉, DM 에이전트의 지식 학습 과정은 AI+HI 모드이며, 지식과 능력을 향상시키기 위해 각계각층의 사람들로부터 무언가를 끊임없이 학습할 준비가 되어 있다. 각 개인이 평생 학습을 통해 습득한 지식과 의견은 디지털화되어 다양한 응용프로그램에 사용된다.

디지털 미 구현 체계

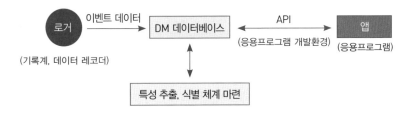

DM 기술의 실현을 위해서는 AI와 HI의 조합이 필요하므로 DM 대리인이 사람들의 다양한 행동으로부터 지속적으로 배우고 지식을 업데이트할 수 있는 물리적 환경 설정이 전제되어야 한다. 디지털로 저장된 정보는 다양한 응용 프로그램에 사용될 수 있어야 함은 물론이다.

디지털 미와 디지털 아바타의 차이점

그간의 역사를 보면 캐릭터로서의 아바타도 의미가 없는 것은 아니다. 기존에 ID나 별칭, 또는 대화명만으로 인터넷을 즐기던 네티즌들은 자신을 꼭 닮은 아바타를 사용함으로써 익명성에 가려져 있던 자신을 드러낼 수 있었다. 때로 사람들은 자신이 되고 싶은 이상형을 아바타로 만들어 사용함으로써 대리만족을 느끼기도 한다. 채팅, 온라인 게임을 넘어서 이메일이나 팩스에 자신의 아바타를 넣어 보낸다거나 명함에 자신의 아바타를 새기고, 온라인상에서 아바타를 서명 대신 사용하기도 한다. 그러나 아바타가 자신을 대신하는 분신이라고는 해도 실제 육체와 영혼을 가진 사람과 가상인물인 아바타를 동일시할 수는 없다. 우리가 현실의 정체성을 잃지 않기 위해서는 아바타는 어디까지나 가상현실 속의 가상인물일 뿐이라는 사실을 분명히 인식할 필요가 있다.

그런데 DM에는 그런 아바타의 의미를 훌쩍 뛰어넘는 고유 요소가 있다. 그게 무엇일까?

❶ 사용자(User) vs. 기여자(Contributor)

현재 AI 기술과 AI 앱 상태에서는, AI 앱에 접속하거나 사용하는 사람을 '사용자'라고 부른다. 반면에 DM 기술을 사용하는 사람은 '기여자' 혹은 '플레이어(게임에서처럼)'라고 부른다. 왜냐하면 그 사람은 자신의 행동과 감정 양상을 읽고 배울 수 있는 아바타를 의도하여 만들고자 했기 때문이다. 그 아바타가 자신을 닮은 아바타가 되도록 기여했다는 의미다.

❷ 확실한 해답(Certain Answers) vs. 맞춤형 해답(Personal Answers)

챗봇과 같은 AI 기반 서비스 앱의 경우, 요청된 질문이나 서비스에 따라 사전에 정의된 답변을 주지만 답변이 없는 경우에는 대답을 하지 못하는 양자택일 상황에 부딪힌다. 예를 들어 어떤 병의 증상이 다르게 나타난다면 의료 사건 시나리오가 달라지므로

AI는 주어진 의료 문제에 정확하게 답변하여 사안에 맞게 문제를 처리할 수 없다. 의학에 관련된 여러 질문에 대해서는 의사마다 같은 증상에 대해 다른 견해를 피력할 수 있기 때문에 명확한 답이 없다. AI가 확실한 답변을 준다면 DM 대리인은 개인에 적합한 맞춤형 답변을 제공한다. 이 경우 DM은 다양한 사람들의 개인적인 의견을 검색하여 환자에게 최적의 맞춤형 정보를 적절하게 제공할 수 있다.

❸ 문서화된 지식(Documented Knowledge) vs. 문서 외 지식(Undocumented Knowledge)

이러한 답변을 주기 위해 DM은 오픈소스 문서로부터 학습을 할 뿐 아니라 다른 사람들이나 주변 환경에서도 적극적으로 배운다. 오픈소스 소프트웨어는 공개적으로 접근할 수 있게 설계되어 누구나 자유롭게 확인, 수정, 배포할 수 있다. 기존에는 데이터 마이닝을 할 때 공공 데이터에서 학습을 했다. 하지만 DM은 다양한 문서에서 지식을 습득할 뿐만 아니라 능동적인 학습을 통해 사람들에게 배우고, 강화 학습을 위해 여러 상이한 환경에서도 지식을 습득한다. DM 기술의 이러한 특성은 보통의 인공지능보다 몇 배더 강력하다. DM이란 디지털 에이전트는 개인의 생산성을 높이기위해 효과적으로 사용될 수 있는 다양한 곳에서 발생한 데이터를수집, 저장, 처리하고 통계적으로 분석할 수 있어야 한다.

DM의 전제는 디지털화, 모델화, 네트워크화이다. 모든 형태의 삶이 디지털화될 수 있어야 한다. 모든 디지털화된 삶은 모델화될 수 있어야 한다. 이 과정에서 탄소 기반의 인체는 디지털 형태의 실리콘 기반 가상 인격체로 변환된다. 예를 들면 커피 한 잔이 내 몸에 들어오면 어떻게 반응할지 가상으로 들여다볼 수 있게 된다. 마지막으로 모든 디지털화된 삶이 네트워크로 연결될 수 있어야 한다. 그들만의 공동체에서 서로 연결되어 의사소통을 하고 흥미로운 일을 할 수 있게 되는 것이다. DM에게도 연결의 힘은 절대적으로 중요한 요소임을 알 수 있다.

'세 가지 다른 관점에서의 디지털 작업 시나리오'를 생각해 보자. 첫째, 사용자의 DM을 그의 확장 메모리로 간주할 수 있다. 이때 알고 있지만 정확히 기억하지 못하는 지식에 대해 DM 에이전트에게 물어볼 수 있다. 예를 들어, 메리는 다음 주 화요일 검토를 위해 만든 파일 제목을 기억하지 못하면 대리인인 디지털 메리(D-Mary)에게 파일이 어디에 있는지 물어볼 수 있다. 다음으로 한 부서의 조수로서, 비슷한 요청과 질문들을 반복적으로 받는 경우를 생각해 보자. 디지털 메리는 기여자의 승인 후 자신의 지식을 이용하여 자주 묻는 질문에 자동으로 대답할 수 있다. DM 에이전트 공동체에서의 의사 결정 문제에 대해서도 생각해 보자. 디지털 메리는 '이번 주 수요일 메리를 위한 특별한 점심'이라는 선택 사항에 직면할 수 있다. 이 문제에 대한 의견을 수집해서 결정을 내리기 위해 다른 기여자의 에이전트 집단과 연락할 수도 있다.

DM의 세 가지 역할을 요약해 보자.

❶ 더 많은 지식으로 일반적인 작업 수행을 지원한다.

❷ 반복적인 일을 떠맡고 사람의 노력을 줄인다.

❸ 통신비용을 절감하며 다른 DM과 상의하여 의사 결정을 최적화한다.

이러한 일련의 과정은 DM 데이터 모델의 근간을 이룬다. 아래 그림처럼 주된 데이터는 특정 시점에 발생하는 이벤트로 구성된다. 이때 '이벤트 시간'이라 함은 DM 서버에 기록된 시간을 말하는 것이 아니라 실제 사건이 발생한 시간을 말한다. 어떤 이벤트는 파일이나 시간과 무관한 정보 요소 그 자체로서 의미를 가지는데 PDF 문서가 정보 요소 m이 되는 경우이다. 경우에 따라서 복수 사건은 종종 하나의 정보 요소와 관계되기도 한다. 예를 들어

DM 데이터 모델

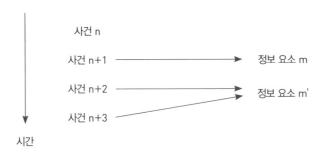

※DM의 데이터 모델: 시간에 따른 이벤트와 정보 기록

동일한 문서를 열고 닫는 두 개의 이벤트인 n+2와 n+3는 정보 요소 m'와 관계하는 것이다.

위에서 언급한 바와 같이 DM은 개인의 지식을 디지털 형식으로 수집하고 저장한다. 그 속에 나의 과거, 현재, 미래가 녹아들어 있다. 이 엄청난 양의 디지털 정보를 분석하여 개인의 행동, 선호도, 필요에 대한 통찰력을 얻고 심지어 수집된 정보를 분석함으로써 미래에 취할 행동까지 예측할 수 있다. DM의 몇 가지 기능을 생각해 보자.

디지털 미가 할 수 있는 일들

우선 빠른 데이터에 대한 접근(quick data access)이다. DM 대리인이 수집한 정보는 그래픽 타임라인 형식으로 표시할 수 있다. 특정 이벤트를 호출해 특정 시간대별 막대그래프에서 필요한 정보를 수집하는 것이다. 기여자가 부분 정보만 기억해도 DM 대리인은 수집된 데이터에서 이벤트를 불러올 단서를 마련할 수 있다. 생각해보라. 나라는 존재는 기억력이 점점 감퇴하는 인간인데 DM 대리인은 기억력이 생생하고 배운 것은 뭐든 잊지 않는다. 이러한 DM 데이터는 언제 어디서나 접속할 수 있고 전 세계에서 실시간으로 사용할 수 있다. 내가 온라인 접속을 끊고 오프라인 모드로 바꾸는 것과 다르게 DM은 항상 온라인에 연결되어 있는 '접속(ON)' 상태이다.

DM이 할 수 있는 다른 일로는 동적 데이터 검색(dynamic data search)이다. DM 대리인은 기여자의 DM 히스토리 기록을 분석함으로써 이전에 수집한 정보를 기초로 필요한 모든 정보를 사용자에게 제공한다. 히스토리에는 내가 과거에 검색한 기록이 모두 담겨 있다.

지능형 데이터 스토리지(intelligent data storage) 기능도 있다. 기여자는 모든 데이터를 직접 기억하지 않고 DM에 저장할 수 있다. 예를 들어 미팅 내용을 DM에 일관되게 저장할 수 있다. 여기서 DM은 미팅의 개별 참가자가 제공한 모든 데이터를 수집하고 저장한다. 기여자는 다음 미팅 시에 이러한 데이터에 접속해 이전 미팅의 각종 이벤트를 불러올 수도 있다.

마지막으로 데이터 성능 추적(data and performance tracking)이 있다. DM 대리인의 도움으로 기여자는 자신의 작업을 추적할 수 있다. DM은 작업 시간대별로 이루어진 작업 정보를 완벽할 만큼 정확하게 기록할 수 있다. 결과적으로 기여자는 시간을 더 효과적으로 사용할 수 있게 한다. 모든 서비스가 나라는 사람에게 철저히 맞추어져 구현된다.

DM 시스템은 데이터를 기록하고, 기록된 데이터를 활용하기 위한 창구 역할을 하는 API(application programmable interface, 응용프로그램 개발환경)를 갖춘 지능형 데이터베이스 서버이다. API

는 데이터 기반 비즈니스에서는 필수이다. 레스토랑에 가서 메뉴를 선택하면 손님이 고른 음식을 점원이 주방에 전달한다. 주방에서 음식을 만들면 점원이 상냥하게 가져다주는데 이 점원이 API의 역할을 한다고 보면 된다. API를 통해 비즈니스 관계자와 IT 부서는 소프트웨어와 앱을 활용하여 생산성을 높이고 수익을 개선할 수 있다. 혁신적인 고객지원을 위해서 API를 활용하면 편리하다.

앞 37쪽의 그림 '디지털 미 구현 체계'에서처럼 데이터를 기록하는 구성 요소를 '로거(logger)'라고 한다. 로거는 기여자의 작업이나 주변 환경에서 추출한 데이터를 기록하고 수집된 기록을 사용자의 DM 서버로 전송한다. DM 서버에 저장된 기록을 이벤트라고 한다. 이러한 이벤트는 컴퓨터 화면에서 문서나 내용을 읽거나 스마트워치에서 심박수를 측정하는 것처럼 기여자가 수행하는 모든 활동이 될 수 있다. 로거에 기록되었던 이벤트는 소프트웨어인 다양한 앱을 통해 활용된다. DM은 나와 관련된 데이터를 수집하는 것을 넘어 나에게 최적의 데이터가 무엇인지를 이해할 수 있는 디지털 대리인 기술의 구현체이다. 미국 정보통신업체 가트너(Gartner)는 2020년 DM 기술을 다음 10년간 기술 혁신을 몰고 올 미래 핵심 트렌드 5가지 중 하나로 선정했다.

나를 대표하는 개념이든 나의 지식을 확장하고 디지털 인격을 갖춘 대리인이든 DM은 나의 데이터와 관계되어 있다. 개인 전자 기록 보관소, 개인 데이터 저장 시스템, 대규모 디지털 발자국

(digital footprint) 및 개인 수준의 바이오의학 데이터의 디지털화 등과 중요한 관계가 있다.

잠시 디지털 발자국과 DM의 관계에 대해 이야기해 보자. 소비자가 여러 홈페이지에 로그인을 하거나 결제 정보를 입력하는 등 온라인 활동을 하면서 남긴 흔적은 여기저기 산재해 있다. 이런 구매 이력과 패턴, 결제 방법, SNS, 이메일, 홈페이지 방문 기록, 검색어 기록 등이 디지털 발자국이다. 온라인 기업은 디지털 발자국을 자동으로 분석하고, 이를 토대로 고객 맞춤형 디지털 광고를 할 수 있는 툴을 개발하고 있다. 기업들은 이 소프트웨어를 활용해 소비자에게 맞춤형 광고를 노출시킨다. 인공지능이 발전하고 페이스북 프로필이나 모바일 기기 활동을 포함한 디지털 발자국의 광범위한 기록이 산재함에 따라, 개인의 성격을 유추하기 위해 사용되는 AI 대리인으로서의 DM 개념은 더욱 발전할 전망이다. 디지털 세계와 물리적 세계는 더욱 효과적으로 통합되고 있으며, 그 결과 둘 간의 경계는 흐려지고 있다.

디지털 세계가 화면과 키보드 너머로 이동하고 있다. 가트너 보고서에 따르면 기술이 점점 더 인간의 삶과 통합되고 있으며, 이에 따라 디지털 여권과 같은 인류의 디지털 재현(digital representations)이 점점 더 확산될 전망이다. 이 역시 디지털 세상의 수많은 나라는 의미로서 디지털 미 개념이 중요해지고 있다는 근거이다. 생각해 보면 수많은 디지털화된 나가 디지털 세상에 산재해 있다.

내게 딱 맞는 맞춤형 조언을 해주는 디지털 미

우리는 가상 인간(virtual human), 인공 인간(artificial human) 외에 디지털 인간이라는 용어가 사용되고 있는 환경을 목도하고 있다. AI 비서 알렉사가 상냥하게 무언가를 제안하는 역할을 한다면, 여기서 중점적으로 다루고 있는 DM 기술은 의사 결정에 깊숙이 관여한다고 하겠다. 나는 모든 상황을 인지할 수 없는 불완전한 존재이다. 알츠하이머로 기억이 사라질 때 사랑하는 이에게 DM 대리인이 어떤 역할을 할 수 있을까? 나의 온전한 사랑의 기억을 대신 전해줄 것인가?

다른 한편 내가 선택의 기로에 서 있을 때 DM 대리인은 어떤 결정을 할 것인가? 내가 경제학자 팀 하포드(Tim Harford)의 책이나 인터뷰에서 조언을 자주 구하는 것을 DM 대리인은 분명히 기억할 것이다. 일주일에 한 번씩 동네 주차장을 이용하는데, 좋은 서비스를 받기 위해 주차 직원에게 팁을 어떻게 줄지 고민이 된다고 하자. 일 년에 지급하는 총금액은 같을 때, 매번 2달러를 주는 것과 연말에 104달러를 주는 것 중 어느 편이 좋을까? 팀 하포드의 성향을 잘 알고 있는 DM은 이런 선택지를 줄 것이다.

"우리 뇌는 위의 질문에서 말한 두 가지 방법을 서로 다른 종류의 보상으로 인식합니다. 주차 직원에게 매번 2달러를 주면 뇌는 이를 딱히 놀랄 것 없는 사실로 입력시키고 당연하다고 인식합니다. 그러다 팁 주는 걸 잊어버리면 주차 직원은 당신이 뭔가 기분이 나쁘다고 생각할 수 있죠. 복권 같은 팁도 있습니다. 매주 1/52의 확률로 104달러를 받을 수 있는 기회를 제공하는 것이죠. 예컨대 바닥에 뒤집어 놓은 52장의 카드 패 중 스페이드 에이스를 골라내면 104달러를 주겠다고 하는 식입니다. 많은 사람들은 그런 도박을 즐기는 성향이 있죠. 이상적인 팁은 안정된 느낌과 놀라움이 주는 효과를 잘 조합하는 것입니다. 매주 1달러를 주면서 매달 5달러를 추가로 주면 어떨까요. 그러면 당신에게 감사하는 마음이 커질 것입니다."

DM 대리인은 한 걸음 더 나아가 팀 하포드처럼 우리의 사랑도 안정성과 놀라움이 이어질 때 그 빛을 발하는 것이라고 답해줄 수 있을 것이다. DM 대리인은 우리가 익숙함에 너무 젖지 말고 상대의 기대를 충족시키면서도 가끔은 서프라이즈 파티를 하라고 알려줄 것 같다. 내가 하포드에게 영감을 받았을 때 그랬던 것처럼 말이다.

DM 대리인은 통상적인 AI가 파악하지 못하는 나의 성향, 행동, 발언을 똑똑히 기억할 것이다. 물론 DM 대리인은 AI기술의 발전과 밀접한 관련이 있는 고차원화된 기술이라는 것, 그리고 AI 기술이 마주한 여러 어려움이 DM 기술에도 장애물로 존재한다는 것을 알아야 한다. 관련 기술이 더욱 발전해야 DM의 존재가 부각될 수 있다. 이 기술은 아직 시작 단계이고 세부적인 사항들은 더욱 발전시켜 나가야 한다. 다만 이 기술이 디지털 세계에 큰 변화를 초래할 가능성이 높기에 주목할 만하다고 하겠다.

　인간은 생각과 기억 저편에서 발생한 일을 영원히 저장하는 역할을 하는 분신을 통해 영원히 살 수 있기를 원하는 것일까. 그리운 사람과 헤어지지 않고 살 수 있으면 좋기는 하겠다. DM 대리인은 진정한 '나를 위한 동반자'가 될 수 있을까? 그가 내 편에 있는 동안 그는 계속해서 나와 주변 환경에서 나를 위해 배운다. 그는 언제나 다양한 상황에서 나를 위해 지식을 채울 준비가 되어 있다.

디지털 미의 과제와
디지털 트윈의 등장

디지털 미 기술과 관련된 여러 과제들

이러한 나의 이상형 DM 아바타를 마주할 날이 하루빨리 온다면
얼마나 좋을까. DM은 나를 대신해서 일상적으로 행하는 수많은
지겨운 일들을 해주고, 나는 더 생산적인 일에 몰두할 수 있을 것
이다. 그날이 올까? DM 기술이 완벽하게 구현되는 그날을 기다리
며 여러 과제들을 이야기해 본다.

　아래에서 언급되는 기술은 DM 기술을 채택하는 데 있어 도전
으로 여겨진다. 개인 아바타는 로봇 기술과 우리 두뇌 콘텐츠의
상당 부분을 인공지능 수용체에 업로드하고 저장하는 능력에 의
해 개발되고 있다. 지금도 우리 정신의 단순한 형태는 인간형 로

봇 형태와 결합될 수 있다. 아래에서 설명하는 사항은 AI가 마주한 기술적 난제와 연관된다.

❶ 데이터 마이닝(Data Mining)

우리는 시시각각 다양한 경로로 새로운 데이터가 쏟아져 나오는 빅데이터의 시대에 살고 있다. 우리는 일상생활을 하면서도 데이터 형성에 많은 기여를 한다. 빅데이터 시대에 과거 이야기를 하면 이상하게 들릴까. 1800년대 오래된 인도 이야기를 바탕으로 존 고드프리 색스(John Godfrey Saxe)는 여섯 명의 시각장애인과 코끼리에 관한 시를 썼다. 코끼리가 무엇인지 알기 위해 맹인들은 코끼리의 각기 다른 부분을 만지고 그다음에 그 동물이 무엇인지에 대해 자신만의 독특하지만 사실상 부정확한 결론을 도출한다. 색스는 "각자는 부분적으로 옳았고, 전체적으로는 틀렸다"라고 말한다.

이 이야기는 편향되고 부분적인 데이터에 기반한 부정확성을 이야기하면서도 빅데이터 산업의 중요성을 강조하는 우화이다. 우리는 데이터의 중요성을 인지하면서도 빅데이터를 통해 얻고자 하는 것에 집중해야 한다. 그렇지 않으면 데이터를 분석하는 데 너무 많은 시간을 빼앗길 수도 있다. 수집 가능한 모든 정보를 활용하는 것보다는 실행 가능한 통찰력을 얻는 것이 더 중요하다. 이 이야기에 나오는 '파편화되지 않은 종합적이고 진실된 데이터의 중요성'이야말로 디지털 세상에서 연결의 힘을 좌우하는 기본이다.

전기자동차 회사 테슬라는 그동안 쌓아놓은 데이터를 자산으로 생각한다. 자율주행에 사용할 수 있기 때문이다. 우리가 탄 자동차를 비롯하여 여러 사물들이 네트워크로 연결되어 엄청난 양의 데이터를 생산하고 있다. 지하철이나 버스를 탈 때 사용한 교통카드 태그 기록, 휴대폰으로 통화나 문자메시지를 사용한 기록, 카카오톡과 같은 메신저로 친구와 나눴던 대화, 페이스북이나 인스타그램과 같은 소셜 미디어에 올린 글과 사진, 멤버십 포인트 적립 기록 등 우리 일상 속 모든 것이 데이터 생산과 관계된다.

이렇게 쌓인 데이터에서 의미 있는 가치를 추출하기 위해 데이터 마이닝이 필요하다. 데이터 마이닝은 대규모로 저장된 데이터 안에서 체계적으로 통계적 규칙이나 패턴을 분석하는 과정이다. 아울러 가치 있는 정보를 추출하여 의사 결정에 이용해 산업 영역 전반에 걸쳐 새로운 기회를 제공한다. 빅데이터를 가치 있는 것으로 만들어내는 작업이 산업 생산성 증대를 위해서 무엇보다 중요하다. 데이터 마이닝은 통계학에서 패턴 인식에 이르는 다양한 계량 기법을 사용한다. 통계학 쪽에서 발전한 탐색적 자료 분석, 가설 검정, 다변량 분석, 시계열 분석, 일반선형모형 같은 방법론과 데이터베이스 쪽에서 발전한 온라인 분석 처리(on-line analytic processing), 인공지능 전문가들이 발전시킨 여러 기술적인 방법론을 사용하는 대표적인 융합 학문 분야이다. 데이터 마이닝은 데이터 간의 숨겨진, 예상치 못한, 이전에는 알려지지 않았지만 유효한 관계를 발견하는 모든 것이라고도 할 수 있다.

데이터 마이닝의 과제는 크게 두 가지로, 하나는 예측 모델링(predictive modeling)이고 나머지 하나는 설명 모델링(descriptive modeling)이다. 예측은 과거의 데이터에서 확인되는 관계로부터 함수를 유추하여 미래에 도래할 새로운 상황을 추측하는 것이다. 설명 모델링 중 연관규칙 분석은 개체 간의 관계를 파악한다. 예를 들어 특정 점포를 이용하는 고객이 다른 어떤 점포를 또 이용하는지 분석하는 것도 연관규칙이 된다.

데이터 마이닝의 단점으로는, 자료에 의존하여 현상을 해석하고 개선하기 때문에 자료가 현실을 충분히 반영하지 못한 상태에서 정보를 추출한 모형을 개발할 경우 잘못된 모형을 구축하는 오류를 범할 수 있다는 것이다. 데이터 마이닝을 위해서는 목표 데이터 선택, 전처리 및 수치화(쓸모없는 데이터를 버리고 알맞은 형태로 변형하여 계산이 가능하도록 수치화된 데이터로 변환하는 과정), 해석과 평가 과정을 거친다. 예를 들어 금을 채굴해 사용자가 원하는 금목걸이를 만들기 위해서는 먼저 세공 작업을 거친다. 그후 결과물이 고객의 취향을 저격하는지를 평가해야 한다. 우리가 쉽게 생각할 수 있는 일반적인 문제 해결 능력은 관련 분야의 지식을 가진 전문가가 가설을 설정한 후에 이에 따른 데이터를 수집하여 검증하는 연역적 접근에 기초하는 것이었다. 이는 전문가의 주관적인 판단에 의해 결론이 영향을 받을 수 있다는 단점이 있다. 반면에 데이터 마이닝에 기초한 문제 해결 전략은 이미 수집된 대량의 데이터로부터 귀납적 접근을 통해서 가설을 발견하고 검증한다는 점에서 차별화된다. 따라서 데이터로부터 지식을 추론하여 더 객관적인 결론을 도출할 수 있다는 장점이 있다.

❷ 딥러닝(Deep Learning)

딥러닝은 컴퓨터가 여러 데이터를 이용해 마치 사람처럼 스스로 학습할 수 있도록 인공 신경망(artificial neural network)을 기반으로 체계적으로 구축한 머신러닝(machine learning, 기계학습)의 한 분야이다. 딥러닝은 인간의 두뇌가 수많은 데이터 속에서 패턴을 발견한 뒤 사물을 구분하는 정보처리 방식을 모방한다. 컴퓨터가 인간의 뇌처럼 사물을 분별하도록 기계를 학습시키는 것이다. 딥러닝 기술을 적용하면 사람이 모든 판단기준을 정해주지 않아도 컴퓨터가 스스로 인지하고 추론해 판단을 내릴 수 있게 된다. 딥러닝은 음성·이미지 인식과 사진 분석 등에 광범위하게 활용된다.

구글 알파고도 딥러닝 기술에 기반한 컴퓨터 프로그램이다. 대국 당시 이세돌의 압도적인 승리를 예상했지만 딥러닝 기술의 발전은 예상보다 훨씬 빨랐다. 알파고는 인공지능 연산을 위해 CPU(중앙처리장치) 1202개와 GPU(그래픽처리장치) 176개를 연결했다. 하나의 CPU만으로는 대규모 데이터 처리 능력이 떨어지므로 여러 CPU를 연결하고 여기에 '인공지능 가속기'인 GPU까지 결합한 슈퍼컴퓨터를 만드는 것이다. GPU는 원래 3D 그래픽을 처리하기 위해 개발됐지만 방대한 데이터를 동시에 처리할 수 있는 기능을 갖춰 알파고라는 AI에 활용되었다.

그러나 여전히 문제는 남는다. 이러한 시스템의 경우 전력 소모가 너무 크다는 약점이 있다. 사람의 뇌처럼 수많은 데이터를 처리하려면 높은 전력효율은 필수이다. 아무리 좋은 성능을 갖춘 컴퓨터라도 기계가 지나치게 거대하고 에너지 소비량이 많다면 대중화하기는 어렵다. 이런 한계를 극복하기 위해 만들어진 것이 바로 '지능형 반도체'이다. 업그레이드된 구글의 '알파고 제로'는 지능형 반도체인 TPU(tensor processing unit) 4개만을 사용한다. 성능이 크게 향상된 것은 물론 전력효율 면에서도 기존 알파고보다 30~80배 수준으로 좋아졌다. TPU는 데이터분석·딥러닝용으로 구글이 자체 개발한 반도체칩으로 신경망 처리장치의 일종이다. 학습 데이터를 단시간에 받아들이고 처리하고 적용할 수 있어, AI 반도체의 한 부류로 거론된다.

딥러닝 기술은 신약 개발 과정에도 이용된다. 신약 개발은 타깃 선정, 후보물질 발굴, 임상시험, 출시 후 관리 등으로 이루어진다. 타깃 선정이나 후보물질 발굴 단계에서 딥러닝 기술을 활용할 수 있다. 캐나다의 딥지노믹스(DeepGenomics)는 딥러닝에 기반하여 유전체 데이터에서 척수성 근위축, 대장암, 자폐증 등의 신약 개발로 연계될 수 있는 유전 변이를 파악하는 기술을 개발했고, 그 결과를 2015년 《사이언스(Science)》에 발표했다.

소프트웨어를 이끈 인간을 넘어 인공지능이 소프트웨어를 만들어 세상을 급격하게 발전시키는 세상이 열렸다. 소프트웨어의 역량이 기하급수적으로 증가하기에 이는 투자 차원에서도 눈여겨보아야 할 대목이다. 과거에는 인간만이 소프트웨어를 만들었는데 이제는 소프트웨어가 소프트웨어를 만드는 시대로 바뀌고 있다. AI 비서나 구글의 검색 기능이 우리에게 선호할 만한 상품이나 서비스를 추천한다. DM 역시 그들 커뮤니티와 상의하여 점심 메뉴를 추천할 수 있는 것이다. AI 비서들이 처리하는 대화의 규모는 가히 놀랄 만큼 증가하고 있다. 우리는 자율주행, 신약 개발, 고사양 소프트웨어가 딥러닝에 의해 만들어지는 세계를 목도하고 있으며 딥러닝이 4차 산업혁명과 인공지능 시대 도래를 선도하는 핵심임을 알고 있다.

2021년 8월 19일, 테슬라가 전 세계 생방송으로 'AI 데이'를 시작했다. 유튜브 앞에 모인 시청자가 테슬라 CEO 일론 머스크의 등장을 하염없이 기다렸다. 그는 "늦어서 미안하다"면서 "테슬라는 자동차 회사를 넘어선 AI 딥러닝 회사"라고 운을 뗐다. 테슬라는 행사 막판에 인간형 휴머노이드 로봇 개발 계획을 발표했다. 불굴의 의지와 뛰어난 기술력으로 쉽게 도전하기 어려운 분야에 과감히 뛰어들어 비전을 제시하는 그의 생각이 DM 기술과도 상통한다는 느낌이 들었다. 머스크는 이날 행사의 마지막을 AI 인재 채용 홍보로 마무리했다. 테슬라의 미래를 향한 준비는 착실히 진행되고 있다. 테슬라는 전기차를 만들고, 거기에 자체 자율주행 소프트웨어를 얹고 있다. 반도체 전문 제조업체가 아니다 보니 처음엔 자율주행 구현을 위해 필요한 AI 반도체를 외부업체에 의존했다. 그러다 지난 2019년 4월 자체 설계한 자율주행용 AI 반도체를 공개했다. 칩을 설계해 본 적 없는 테슬라가 세계 최고의 칩을 설계한다는 건 있을 수 없는 일이라는 여론이 지배적이었지만 그 일이 현실이 되었다. 일론 머스크는 당시 이렇게 말했다.

> "지금부터 생산되는 테슬라 차는 새로운 칩을 탑재하게 된다. 새 칩은 다른 칩보다 월등히 뛰어나며, 자율주행 기술을 획기적으로 끌어올렸다."

테슬라는 AI를 활용한 로봇 사업에 뛰어들겠다고 선언하면서 자체 칩 개발에 더욱 공을 들일 전망이다. AI 데이의 요점은 테슬라가 미래 비전을 제시했으니 뜻 있는 AI 엔지니어들은 테슬라로 모이라는 것이 아니었을까. AI를 넘어서는 DM을 생각하며 테슬라의 혁신과 창업가 정신의 위대함을 느낀다. 그의 플랫폼이 세상의 판을 흔들고 있다.

❸ 강화학습(Reinforcement Learning)

따로 배우지 않고도 무언가 잘하게 되는 비법에는 어떤 것이 있을까? 경험이란 과정을 통해서 기술을 숙달하는 것도 좋은 방법이 될 수 있지 않을까. 지도학습이 배움으로 실력을 키우는 것이라면 강화학습은 일단 해보면서 경험을 통해 실력을 쌓아가는 것이다. 강화학습은 머신러닝의 일종으로, 성공하면 보상을 얻고 실패하면 벌칙을 받는 과정이 있다. 성공과 실패를 거듭하는 시행착오를 통해 AI는 점점 똑똑해진다. 벽돌 깨기 게임을 AI가 한다고 생각해 보자. 게임을 못하면 벌칙을, 잘하면 보상을 주는 것이다. 시행착오 끝에 인공지능은 더 많은 보상을 받는 방향으로 행동이 강화된다. 보상과 벌칙을 잘 정해주면 DM이나 인공지능은 시행착오를 통해 스스로 진화하는 학습을 하게 되므로 복잡한 지식을 하나하나 알려줄 필요가 없게 된다.

체스를 두는 컴퓨터 프로그램을 학습시키는 경우를 상상해 보자. 경우의 수가 너무 많고 정해진 하나의 답이 없어 입력(주어진 상태)과 출력(가장 적절한 행동)에 대한 학습 훈련 데이터를 제공하기가 쉽지 않다. 체스 게임이 종료되면 그 직전에 둔 일련의 수(手)가 좋았는지 나빴는지를 학습 알고리즘에게 알려줄 수 있다. 체스나 바둑을 둘 때, 게임이 종료된 후 직전에 둔 수가 최적이었는지 학습하는 경우가 그 예시이다. 이 경우 체스용 AI는 더 유리한 수를 학습하는 것이고, 이러한 정보를 이용하는 기계학습을 강화형 기계학습 또는 강화학습이라고 한다. 강화형 기계학습의 대상이 되는 컴퓨터 프로그램을 에이전트(agent)라고 한다. 에이전트는 주어진 상태에서 자신이 취할 행동을 표현하는 정책(policy)을 수립한다. 에이전트가 최대의 보상을 받을 수 있는 정책을 수립하도록 학습시키는 것이 강화형 기계학습의 목표이다.

구글 딥마인드(DeepMind)팀은 알파고의 후속작으로 알파고를 압도하는 버전인 '알파고 제로'를 개발했다. 알파고 제로가 기존 알파고를 넘어설 수 있었던 이유는 사람이 가진 선입견을 철저히 배제하고 오로지 보상을 최대화할 수 있는 연산 결과에 의한 의사결정만을 우선시했기 때문이다. 기존 알파고는 사람의 기보를 가지고 정석대로 공부했다면 알파고 제로는 강화학습 알고리즘으로 독학하는 과정에서 스스로 기존 정석을 깨닫고 독특한 정석까지 개발했다고 할 수 있다. 강화학습은 알파고를 넘어 DM 같은 개인화된 서비스, 로보틱스 같은 응용분야에서도 활발히 연구될 필요가 있다.

❹ 자연어 처리(NLP, Natural Language Processing)

자연어 처리는 컴퓨터와 인간 언어 사이의 상호작용 기술이다. 자연어는 사람이 사용하는 언어를 말하며 프로그래밍 언어 같은 기계어와 대비된다. 자연어 처리는 한국어, 영어, 중국어 같은 인간의 언어를 컴퓨터가 분석하고 의미 있는 정보를 추출하여 처리하는 작업을 말한다. 자연어 처리는 문서 분류, 스팸 처리, 검색어 추천, 음성 인식, 질의응답, 번역 등 다양한 분야에 사용되고 있다. 딥러닝 기반의 자연어 처리를 통해 방대한 텍스트로부터 의미 있는 정보를 추출하고 활용하기 위한 언어 처리 연구개발이 전 세계적으로 활발히 진행되고 있다. 2018년 구글이 공개한 버트(BERT)는 자연어 처리 업무를 교육 없이 양방향으로 사전 학습하는 첫 시스템이라는 의의가 있다. 자연어 처리 솔루션은 간단한 문서 분류에서 더 나아가 교통편 예약, 스마트홈, 헬스케어, 금융 등 다양한 분야에 적용되고 있다.

❺ 클라우드 환경의 조성(The Establishment of Cloud Environment)

파일을 저장할 때 작업한 컴퓨터 내부에 있는 공간이 아니라 인터넷을 통하여 중앙 컴퓨터에 저장할 수 있는데 이 공간을 클라우드라고 부른다. 클라우드를 이용하면 작업한 컴퓨터에서만이 아니라 언제 어디서나 필요한 자료를 불러올 수 있다. 여러 장소에서 동일한 구름을 관찰할 수 있는 것과 마찬가지이다. DM 프로젝트를 진행할 때 이벤트를 기록하고 전송하며 다양한 앱 환경에서 실행하게 되는데, 이 과정에서 클라우드 협업 환경 구축이 매우 중요하다.

디지털 트윈 기술의 발전과 가상 쌍둥이의 탄생

디지털 트윈(digital twin)은 현실세계와 꼭 닮은 가상세계를 말한다. 현실세계에서 발생할 수 있는 모든 상황을 '복사&붙여넣기(copy&paste)'해서 컴퓨터의 3차원 디지털 공간에 똑같은 모습의 쌍둥이를 만들 수 있다. 이는 현실세계에서 수집한 다양한 정보를 가상세계에서 분석하고 최적화 방안을 도출해 이를 기반으로 현실세계를 최적화하는 지능화 융합 기술이다. 이렇게 되면 현실세계의 문제를 해결하는 비용을 최소화하기 위한 실험소로 가상세계를 활용할 수 있게 된다. 현실세계에서 수집한 과거와 현재의 정보를 가상세계에서 분석하고 위험요소를 파악해 문제점 발생을 사전에 방지한다. GE(General Electric)가 만든 개념이다.

롤스로이스(Rolls-Royce)는 디지털 트윈을 활용해 제트기의 엔진 고장을 97%가량 예측해내고 있다. 물리적인 엔진의 축소모형을 이용해 실제 기계의 성능을 디지털 모델로 시뮬레이션한다. 그 결과 성공적인 비행 인증을 받기 위해 거쳐야 할 엔진 관련 엄격한 시험을 통과하는 데 드는 시간과 비용이 크게 줄어들었다. 비행 중 팬 하나가 고장날 때 엔진 성능이 어떻게 달라질지도 쉽게 알 수 있다.

디지털 트윈은 일반적으로 작동 조건을 쉽게 측정할 수 있는 비행기나 자동차와 같은 물리적 물체에 사용된다. 이러한 기계들이 만들어지기 전, 심지어 하나의 나사나 금속 조각이 납땜되기도 전에 제조업체는 소프트웨어를 사용하여 먼저 디지털 트윈을 만든다. 이러한 디지털 복사본을 통해 다양한 실제 시나리오에서 설계가 어떻게 작동하는지 신속하게 확인하고 필요에 따라 변경할 수 있다.

디지털 트윈 기술은 우주여행이나 인간의 몸속과 같이 현실세계에서 탐험하기에는 불가능하고 비윤리적이거나 비용이 너무 많이 드는 문제들을 해결하는 데 이상적이다. 만약 자동차의 디지털 트윈 기술이 무제한의 가상 충돌 테스트를 수행할 수 있고 실제 충돌에서 테스트와 같은 결과를 만들어낸다면 현재 충돌 시험에서 사용하고 있는 테스트용 인체모형을 대체할 수 있을 것이다. 만약 우리가 모든 것을 현실의 시공간에서 실험해 보며 결정한다면 시간과 장소의 낭비뿐만 아니라 비용과 에너지의 낭비, 환경오염, 심지어는 누군가의 희생까지도 실제로 발생할 수 있다. 하지만 가상세계에 디지털 트윈을 만든다면 시공간의 제약을 해소하고 실제로 할 수 없는 모든 일을 시뮬레이션하여 미래를 알 수 있다.

의료계에서 디지털 트윈의 발전을 살펴보자. 병원이 가지고 있는 데이터를 통해 가상의 병원을 만들고 운영을 예측하는 시스템이다. 해당 모델을 통해 실시간으로 병원 의료 서비스의 수요를 분석하고 예측할 수 있어 결과에 따라 최적의 프로그램을 수행한다. 처방 예측 분석, 머신러닝, 자연어 처리, 컴퓨터의 사물 식별 기능 등을 십분 활용하며 의료기관의 지휘계통을 이끌 수 있다. 상주한 대응팀은 디지털 트윈 시뮬레이션을 토대로 환자 대기시간을 줄이고 장비를 효율적으로 운영해 원내에서 발생할 수 있는 문제를 사전에 방지하거나 실시간으로 해결한다.

신체가 명을 다해도 가족 곁에 남아 있는 디지털 트윈

특정 산업이나 도시 등 거시적인 세계에서만 디지털 트윈이 가능한 것은 아니다. 개인의 세계에서도 디지털 트윈은 그 빛을 발하고 있다. AI 딥러닝 영상, 음성 생성 기술을 통해 인류가 영원히 존재할 방법에 대한 탐구가 바로 그것이다. 죽음을 앞둔 암환자가 자신의 디지털 트윈을 만드는 과정을 생각해 보자. 자신의 음성, 기억, 실제 생각 데이터를 바탕으로 만들어진 디지털 트윈은 환자 자신도 깜짝 놀랄 정도로 닮아 있을 것이다. 그의 어머니는 아들이 세상을 떠나도 보고 싶을 때 언제든지 대화를 나눌 수 있게 된다면 어떤 생각이 들까.

원하는 사람이 있다면 누구나 자신만의 버추얼 아바타를 만들어 대화할 수 있는 클론 프로젝트를 진행하고 있다는 소식도 들린다. 클론은 단순히 현실의 나를 재현하는 데서 그치지 않고, 상담, 통화, SNS 등 다양한 영역에 적용될 수 있을 것으로 기대되고 있다. 이름은 다르지만 원리는 DM과 같다는 생각이 든다.

영국의 디지털 트윈 사례를 보자. 로봇 과학자 피터 스콧모건(Peter Scott-Morgan)은 루게릭병 환자로 신체 능력의 퇴화를 겪고 있다. 그는 인간의 한계를 뛰어넘겠다며 디지털 트윈을 만들고자 한다. 입안의 근육까지 마비되기 전에 다양한 어조로 많은 문장을 녹음하고, 피터 2.0이라는 자신의 아바타에 입력한다. 딥러닝을 통해 피터 2.0은 단순한 답변이 아니라 진짜 피터처럼 생각하고 말하게 된다.

정교해지는 디지털 트윈 기술 덕분에 나의 디지털 트윈이 탄생한다면, 그는 과연 누구인가? 우리는 이를 DM에서 살펴보았고 그 관계를 여기서 확인하게 된다. 만약 그가 세상을 떠나더라도 지구에 남겨진 피터 2.0이 있으므로, 그는 죽지 않은 것이라고 말할 수 있을까? 이 물음에 피터 2.0은 담담하게 답한다.

> "나의 존재는 나와 AI가 합쳐진 것으로 볼 수 있다. 이 성장을 통해 죽음에 대한 두려움은 덜 느끼고 자유는 어느 때보다 더 느끼게 될 것이다."

디지털 메리처럼 디지털 트윈 간의 미팅을 개최하는 것은 집단 지성을 발휘하는 데 유용할 수 있다. 우리는 현실세계에서 사람들을 직접 만나지 않고 디지털 트윈을 통해서 합의를 형성할 수 있다. 디지털 트윈이나 DM은 강력한 개인 비서를 만드는 것을 가능하게 한다. 디지털 트윈을 복제할 수 있다는 사실은 동시에 여러 장소에서 작업할 수도 있다는 의미이다. 현실세계에서는 불가능한 대화의 수단으로써 디지털 트윈을 바라보자. 고인과 같이 현재 존재하지 않는 사람들과 소통할 수도 있다. 혹은 현실세계에서는 불가능했던 과거의 자신이나 미래의 자신과 소통할 수도 있을 것이다. 이러한 대화는 개인적인 의사 결정뿐만 아니라 자기 이해를 촉진하고, 자신에 대한 재발견을 가능하게 하거나, 아이디어를 얻는 데 사용될 수 있다.

사람이 더 많이 알수록 혹은 나이가 들수록 올바른 판단을 할 것이라고 생각하는가? 동일한 상황에서도 사람은 다르게 판단하고 다른 방향을 선택한다. 변덕 없이 더 나은 방향의 의사결정을 하기 위해서는 원칙에 기반해서 행동해야 한다. 그리고 이를 위해서는 경험과 판단을 사전에 DM이나 디지털 트윈 시스템에 입력해두고 이를 통해 결정하는 것이 나을지도 모른다. 투자만 해도 그렇다. 매매에 감정을 개입하지 않고 특정 원칙만을 활용해 시스템에 기반한 투자를 함으로써 지속적인 수익을 창출할 수 있다면 얼마나 좋을까?

나의 페르소나, 메타클론

메타클론(Meta Clone) 프로젝트를 아는가? 메타클론은 인류의 머릿속에 있는 기억을 복제해 가상 인간으로 만들어 디지털 세상에서 영원히 존재할 수 있게 하는 기술이다. VR(virtual reality, 가상현실)에 하나의 페르소나(persona, 인격체)를 구축하는 프로젝트이다. 사용자의 사진과 음성이 포함된 영상을 활용하여 사용자와 똑같은 얼굴과 목소리, 특징과 기억을 가지고 있는 가상현실 속 또 하나의 사용자를 만드는 것이다. 사용자와의 대화를 통해 생각, 습관, 기억에 대한 정보를 습득하고, 딥러닝을 통해 지속적으로 학습하여 사용자의 특성을 지닌, 자유 대화가 가능한 페르소나를 형성하는 프로젝트이다.

DM의 한국판 이야기가 진행되고 있다. VR 산업의 핵심 기술인 자사 모션 슈트를 기반으로 VR 대중화에 앞장서고 있는 회사 '모인'이 인공지능 기술 관련 사내 조직을 편성하고 영상·음성 인공지능 합성 기업, 챗봇 엔진 개발 기업과 협력하여 메타클론 프로젝트를 진행했다. 해외에서는 이미 디지털 페르소나 프로젝트가 진행중이며 '메타클론'이란 단어는 모인에서 자체 제작한 고유명사로 이미 특허 등록이 완료되었다. 영상 생성 기술뿐만 아니라 음성 생성 기술에 대해서도 보통 30분에서 1시간의 대화량이 있어야 목소리를 구현하는 것이 가능하지만, 메타클론은 30초 만에 음성을 만들어낸다. 기존의 시나리오 기반 챗봇 엔진과 다르게 딥러닝 챗봇 엔진 기반으로, 대화를 통해 지속적으로 데이터를 축적해 자연스러운 대화를 구현하고 완벽한 가상현실의 페르소나를 구축할 수 있다. 자신을 복제한 메타클론에게 말을 걸면 목소리와 생김새를 똑같이 닮은 메타클론이 실시간으로 대답한다. DM의 실질적인 구현이 멀리 있지 않다고 할 수 있겠다.

인류의 기억을 저장하고 첨단기술로 복원하여 그리운 사람을 혹은 보고 싶은 사람을 언제든지 만날 수 있는 기술을 개발하는 모인의 모험이 꼭 성공하길 바란다. 모인의 메타클론은 현재 인공지능, 최첨단 VR 원천기술을 보유하고 있는데, '메타클론 프로젝트'를 클레온과 공동 개발하고 있다.

누구든 원한다면 디지털 트윈을 갖게 되는 미래는 멀지 않아 보인다. 현실과 가상세계의 경계가 허물어지고 있는 시대에 디지털 트윈이 대중화되며 기술이 더 발달하면 수고롭게 타이핑하지 않아도 뇌에서 바로 생각을 컴퓨터에 옮길 수 있는 기술이 실현될 수 있지 않을까? 뇌와 외부 장치간의 직접적인 상호작용 방식을 의미하는 BCI(brain-computer interface, 뇌-컴퓨터 인터페이스) 기술은 이러한 상상을 현실로 만들 수 있다. 혹자는 여기서 더 발전하면 나의 기억과 의식까지 통째로 컴퓨터에 옮길 수 있는 시대가 올 수도 있다고 주장한다. 또 다른 내가 DM 대리인을 넘어 인공지능 로봇으로 구현될 수 있을 것이다. 나는 뇌파 캡을 쓰고 무언가를 머릿속으로 생각한다. 이에 맞춰 내 몸과는 전혀 다른 공간에 있는 로봇이 내가 생각하는 대로 움직인다. 뇌파의 변동이 건너편 공간에 있는 로봇에게 전달되어 로봇은 내 생각대로 움직인다.

2021년 2월 일론 머스크는 자신이 설립한 신경기술 기업 뉴럴링크(Neuralink)가 원숭이 뇌에 비디오 게임과 연결되는 무선 컴퓨터 칩을 이식했다고 밝혔다. 그는 이 원숭이를 '행복한 원숭이'라고 부르면서 "우리는 원숭이들이 '마인드 퐁(Mind Pong)'을 하기를 원한다"고 말했다. 마인드 퐁은 신체를 사용하지 않고 생각만으로 제어하는 비디오 게임이다. 머스크는 이 칩으로 알츠하이머·기억력 감퇴 등 각종 뇌 질환을 치료하겠다는 포부를 밝혔다. 나아가 서로 뇌파를 읽어 텔레파시로 소통하고, 로봇에 칩을 이식해 생각을 보존하겠다는 것이 그의 최종 목표다.

AI는 인간을
대체할 수 있을까?

디지털 미와 AI는 인간의 대체재가 아니다

알파고가 휩쓸고 간 이후 사람들이 충격에 빠져 있던 시기에 뇌과
학자인 카이스트 정재승 교수는 이런 이야기를 했다.

> "인공지능 시대에 걸맞은 사람은 논리적이면서도 감성적으로 사물
> 을 바라보는 데 익숙해야 한다. 자신의 생각을 언어와 숫자로 표현
> 하면서도 음악이나 그림 등 예술로써 표현할 수 있어야 한다. 자연
> 과학뿐만 아니라 인문학이나 예술적 영역도 뛰어나야 한다. 뇌 전체
> 를 골고루 사용하는 전뇌적(全腦的) 인간이라야 지식을 통찰과 지혜,
> 지성의 수준으로 끌어올릴 수 있다."

인공지능은 한 분야에 능하나 종합적인 능력은 어린아이보다 못하다. 그럼에도 특정 분야에 인공지능을 제대로 활용하면 생산성을 증가시킬 수 있다. 문제는 인공지능에 대체되지 않기 위해서는 어떤 삶을 살아야 할지에 대해 고민하는 역설이 발생하고 있다는 점이다. 당연히 인간에게는 인공지능을 능가하는 능력이 많다. 그러나 어떤 분야에서는 그러하지 못하다. 인공지능의 활용분야는 점점 많아지고 있다. 나에게 최적화된 DM 대리인이 탄생해도 같은 고민은 지속될 수 있다. 내 지식을 확장시키고 나는 DM 대리인이 하지 못하는 다른 분야에 집중해서 생산성을 증가시킨다면 보완이 될 것이다. DM 기술을 활용하면 인간이 배제되는 의사결정이 아닌 인간을 포용하는 의사결정이 이루어지기에 인간 소외현상이 발생하지 않을 수도 있다.

인공지능이나 DM 대리인은 나와 타인의 생산성을 증대시키는 도구이다. 나와 우리의 삶의 보조적 역할을 할 뿐이다. DM은 '진짜 나'와 일치하지 않는다. DM은 완전한 의미에서 추상적(실제 나의 완벽한 모델이 아님)이지도 구체적(나의 실제 법적 대리인의 디지털 구현이 아님)이지도 않다. DM은 법률상 대리인의 신분이 될 수는 없다. AI와 DM은 강인공성을 띤 존재로 우리의 생산성을 증가시키기 위해 탄생했을 뿐이다. 『회복탄력성』의 저자 김주환 교수의 의미심장한 말을 들어보자.

"인지능력 부분에서 사람은 인공지능을 따라갈 수 없다. 하지만 열정, 끈기, 집념 등 비인지능력은 인간만이 가지는 고유한 영역이다. 아이들에게 이러한 능력을 키워주어야 마음의 근력이 높아져 문제 해결 능력이 향상되고 사회를 이끌어가는 리더로서 자리 잡을 수 있다."

예술하는 AI, 과연 이것은 진짜 예술인가

무슨 마법의 탄생일까, 신의 조화일까? 어린아이가 그린 그림도, 미술에는 젬병인 내가 만든 그림판도 프로 화가가 그린 것처럼 아름답고 신비로운 작품으로 변신한다. 예술은 예술가의 주체적인 문제 제기에서 시작되는 표현행위인데 미술에 특화한 인공지능을 예술인으로, 그들의 작품을 예술작품으로 볼 수 있을까?

2020년 11월, 엔비디아는 미술계에 큰 선물을 한다. 간단한 스케치만으로 몇 초 안에 아름답고 사실적인 이미지를 만들 수 있는 AI 기반 아트 툴이 업그레이드된 것이다. 그동안 사랑받던 미술 AI 고갱(GauGAN)의 데모를 '엔비디아 캔버스(NVIDIA Canvas)'로 새롭게 선보였는데, 이는 딥러닝 모델을 사용해 개발한 툴이다.

사용자가 다양한 색깔이 담긴 팔레트를 가져올 필요도 없다. 풀이나 구름과 같은 실제 자연 요소를 간단한 형태와 선으로 스케치해 보자. 엔비디아 캔버스는 이에 실시간으로 대응해 사실적인 이미지의 멋진 결과물을 화면에 보여준다. 네 번의 붓터치로 형태를 빠르게 스케치하니 몇 초 안에 산맥이 나타나고, 여기에 몇 개의 선을 더하니 들판이 완성된다. 연못을 그리면 그 주변을 둘러싼 나무와 바위가 물에 비친 모습으로 나타난다. 자연 요소를 눈에서 잔디로 바꾸면 이미지 전체가 겨울에서 열대 지방으로 바뀐다. 그런데 이렇듯 훈련을 통해 향상된 이미지가 화가의 미묘한 터치와 열정까지 대체할 수 있을까?

아직까지 예술 분야만큼은 결코 AI가 정복할 수 없는 부분이라는 견해가 많다. 인간과 기계를 구분하는 '감정'이 예술 분야에서 가장 중요한 요소이기 때문이다. 하지만 이와 같은 세간의 예상이 깨질지도 모른다는 생각이 든다. AI가 그린 그림과 작곡한 음악이 등장하면서다. AI는 정말로 인간 고유의 영역이라 여겨졌던 '감정의 영역'까지 섭렵하고 예술 분야를 정복할 수 있을까.

AI가 예술작품을 만든 대표적인 분야는 미술이다. 미술의 경우 화가와 조각가는 자신만의 독특한 기법을 보여준다. 이렇듯 예술가들이 쌓아온 엄청나게 방대한 데이터가 AI 학습의 원천이라 할 수 있다. AI는 이러한 데이터의 연결을 통해 예술가들의 기법을 모두 학습해 특정 부분을 모방하거나 재현하고, 추상화해 새로운 미술 작품을 탄생시킨다. 연결의 힘이 AI를 예술가로 만든 것이다.

AI 화가의 대표적인 예로 구글의 딥드림을 들 수 있다. 딥드림은 새로운 이미지가 입력되면 그 요소를 매우 잘게 나눠 데이터화시킨 후, 자신이 기존에 알고 있던 패턴과 대조해 유사 여부를 확인한다. 이후 새롭게 입력된 이미지를 기존에 학습된 이미지 패턴에 적용해 작품을 창작한다. 이에 더 나아가 이미지의 '질감'까지 학습해 완전히 새로운 작품으로 만든다. 이처럼 AI 화가의 작품도 나름대로 예술작품으로 인정받고 있다. 한화로 약 5억 원의 높은 가격에 낙찰된 그림도 있다. 예상 낙찰가의 40배가 넘는 가격에 판매된 셈이다. 에드먼드 데 벨라미의 초상(Portrait of Edmond Belamy)이라는 제목의 초상화 속 인물이 실제 인물이 아니란 점은 우리를 다시 놀라게 하는 대목이다. 이 작품의 화가인 인공지능 오비어스(Obvious)는 14세기부터 20세기까지의 서양화 1만 5000여 작품을 데이터베이스로 분석해 '창작'으로 초상화를 그려 냈다. 학습으로 AI 오비어스는 인간의 얼굴과 모습에 가까운 형태를 그려낸 것이다.

음악 분야에서는 AI가 미술보다 훨씬 오래전부터 활약하기 시작했다. 미국 캘리포니아대학교 산타크루스(UC Santa Cruz) 데이비드 코프(David Cope) 교수진이 1990년대부터 오랜 시간 공들여 개발한 AI 작곡가 '에밀리 하웰(Emily Howell)'이 대표적인 예다. 에밀리 하웰은 모차르트, 베토벤, 라흐마니노프 등 여러 위대한 작곡가들의 작품을 학습했고, 이를 토대로 화음, 박자 등 수많은 요소를 조합해 새로운 음악을 창조해 냈다. 2010년에는 첫 디지털 싱글 앨범을 발매하기도 했다. 음악 분야에서 가장 주목받는 AI 작곡가는 룩셈부르크에 본사를 둔 AI 스타트업 에이바 테크놀로지(Aiva Technologies)가 개발한 '에이바(AIVA)'다. 2018년 12월 글로벌 영화 제작사 소니 픽처스(Sony Pictures)에서는 에이바가 작곡한 곡을 영화 OST로 사용하기도 했다. 이를 위해 에이바는 3만 개가 넘는 곡을 학습한 것으로 알려졌다. 에이바의 작곡 기술은 강화학습 기법을 활용하는 딥러닝 알고리즘에 기초한다.

예술계 전문가들은 AI가 예술 영역에서 사람을 대체하는 것은 결코 불가능할 것으로 보고 있다. 현재 나온 작품들은 모두 기존 작가들의 모방품이라는 것이다. 아무리 기술이 뛰어난 모창 가수나 모작 화가라 해도 결국 창작품이 기존에 존재하는 특정 작품을 따라 하거나 변형시킨 수준이라면 진정한 예술가라고 평가받는 데에는 한계가 있다. 새롭게 창작해 그렸다고 하는 오비어스의 그림은 어디서 본 듯한 초상화일 뿐이다. 구글 딥드림이 그린 그림도 고흐의 작품 '별이 빛나는 밤'과 세부적인 모습만 다를 뿐 전체적으로는 아주 유사하다.

AI는 '멋있는 그림'이나 '듣기 좋은 음악'을 만들 수는 있다. 다만 예술가로서 예술의 가치를 창출한다고 하긴 어려워 보인다. 과거 사진기가 처음 발명됐을 때도 미술 업계가 전부 망하는 것 아니냐는 말이 나왔지만, 결국 그렇지 않았다. 예술 전문가들은 붓이나 악기처럼 AI를 새로운 보조 수단으로 유용하게 이용할 수 있을 것으로 기대하고 있다. 사람의 손으로 구현하기 어려운 정교한 부분은 AI가 하되, 고유의 창작활동은 인간이 지속적으로 행해야 한다. 그렇게 역할분담이 이루어지는 것이다.

AI 예술은 지금의 예술을 대신하거나 예술가의 영역을 대체하는 것이 아니다. 오히려 상호 공존으로 다가올 새로운 예술사조를 탄생시킬 수 있다고 본다. AI는 예술가의 상상력을 자극시키고, 색다른 예술의 도구가 되어줄 수 있다. 서로 대체재가 아닌 보완재로서의 역할을 하는 것이다.

철학자들의 생각을 빌려 바라본 디지털 미의 존재 이유

잠시 생각을 돌려 고대 그리스의 철학자 플라톤(Plato)을 불러본다. 그는 존재와 관련하여 이런 말을 했다.

> "자네는 그들이 주장하는 것이 무엇인지 이해할 수 있는가? 내가 젊었을 때, 나는 '있지 않은 것'을 아주 정확하게 이해하고 있다고 생각했다네. 그러나 지금 우리는 이 문제에 대해 아주 당혹스러워하고 있지 않은가?"

우리는 존재의 의미를 진정 제대로 이해하고 있는가? 플라톤은 『국가론』 제7권에서 '동굴의 비유'를 통해 인류가 무지의 상태에서 '좋은 것의 형식'으로 나아가는 단계를 설명한다.

동굴에서 태어난 사람들은 묶여 있고 뒤를 돌아보지 못한다. 그들 뒤에는 횃불과 단이 있으며 어떤 사람들이 모형을 들고 왔다 갔다 한다. 묶여 있는 사람들은 횃불에 의해서 생긴 그림자만 볼 수 있었다. 그러던 어느 날, 한 사람이 묶여 있는 사슬에서 풀려나서 동굴 밖으로 나가게 되었다. 처음에는 햇빛에 눈이 부셔서 잘 보지 못했지만 점차 태양, 달, 별, 동물 같은 대상의 실체를 보게 된다. 그는 자신이 지금까지 본 것들이 진짜 사물이 아니라 그림자였다는 것을 깨닫는다. 이 사람은 다시 동굴로 돌아와 묶여 있는 사람들에게 진실을 이야기하지만 그들은 이해하지 못한다. 사슬을 풀어줘도 위험하다며 동굴 밖으로 나가려 하지 않는다.

여기에서 '동굴 안'은 가짜 세계, 현실의 세계, 인간의 감각으로 인지하는 가시계(可視界)이며 '동굴 밖'은 진짜 세계, 이데아의 세계, 인간의 이성으로서 인지하는 가지계(可知界)이다. 플라톤은 감각으로 경험하는 세계는 가짜이며, 이성으로 꿰뚫어 보는 세계가 진짜라고 본다. 서양철학의 역사에서 면면히 흐르는 가장 큰 흐름이라 할 수 있다. 플라톤은 결국 동굴 안은 가시적인 현상의 세계이고, 동굴 밖은 지성의 빛에 의해 비친 이상적인 세계라고 비유한 것이다.

우리가 동굴을 나가기 위해서는 그에 맞는 교육이 필요하다. 동굴을 나가야 자신이 봤던 그림자가 실재(實在)가 아니라 인공물이라는 것을 알게 된다. 그림자의 형상을 이데아가 비춘 껍데기일 뿐인 것이다. 여기서의 해는 바로 시공을 초월한 비물질적, 절대적인 영원의 실재인 '이데아'이다. 플라톤이 제시한 동굴의 비유는 교육을 통해 도덕적인 인간으로 나아가는 것과 같다. 우리가 눈으로 보는 불완전하고 불안정한 형태는 본래의 영원불멸한 이데아를 표상할 뿐이다.

플라톤은 부족함이나 넘침이 없는 어떤 대상의 속성을 완벽하게 갖춘 완전체, 즉 '~인 것 자체'를 '에이도스'라고 부르고 이런 에이도스들이 실재하는 이상적 세계를 가리켜 '이데아'로 칭했다. 그의 눈에 의하면 세상에는 완전한 것이 없다. 우리가 현실에서 마주하는 모든 존재는 에이도스들의 불완전한 복사본이다.

플라톤의 관점에서 DM 대리인은 무엇일까? 우리가 완전하지 않은데 DM이 완전할 리가 없다. 그는 DM을 이상적인 에이도스의 모조품으로 보지 않을 것이다. 플라톤의 관점에서 DM은 실제 나를 비추는 거울이 아니라고 하겠다. 플라톤이 뜻하는 것처럼, 진정한 내가 이상적으로 인식되지 않는다는 점에서 DM이 실제 내 모습의 완전한 거울은 아니다. 우리가 이상적이지 않음은 어떻게 알 수 있을까? 기억의 저장고는 두뇌이다. 미로처럼 얽히고 설킨 자신의 두뇌 지도를 그 누가 그릴 수 있을까? 나라는 존재는 정확하게 그릴 수 있을까? 내 기억도 마음대로 조절할 수 없는 게 나란 존재이니 이상적일 리가 없고, 그에서 파생된 존재인 DM이 플라톤 눈에 이상적일 리가 없지 않을까.

언어는 존재의 집이다. 독일의 실존주의 철학자 하이데거(Martin Heidegger)에게 인간의 주된 문제는 고향의 상실이다. 그는 나치 협력 이후 은둔자의 삶을 살아가던 시기에 이 말을 했다. 그의 말에는 기술문명과 자본주의에 대한 비판이 담겨 있다. 물질문명이 지배하는 현대사회에서 인간은 자신의 본래적 성질을 온전히 내맡길 수 있는 고향이나 집과 같은 장소를 상실한다. 인간은 자기 삶의 주체가 되지 못한 채 유령처럼 떠도는 존재다. 이러한 인간에게 어떻게 잃어버린 장소를 되찾아줄 것인가? 하이데거는 우리 각자가 존재의 의미를 잃고 자본의 속성으로 살아가고 있다고 항변했다. 존재란 무엇인지, 자신의 관점에서 그는 이렇게 설명한다.

> "우리는 많은 것을 아주 다양한 의미로 '존재한다'고 명명하고 있다. 우리가 그것에 대해서 이야기하고 있는 것, 우리가 의미하고 있는 것, 그것과 우리가 이렇게 또는 저렇게 관계 맺고 있는 것 등 그 모든 것이 '존재하는 것'이며, 우리 자신이 무엇이며 어떻게 존재하는지 또한 '존재하는 것'이다."

그에 의하면 '존재'는 실제로 존재(실재)한다는 것이므로 하이데거에 의하면 DM은 존재하지 않는다. 데이터는 추상적인 개념으로 DM을 형성하고, 이는 디지털 쌍둥이일 뿐 엄밀한 의미에서 나와 하나의 통일성을 갖지 않는다. 게다가 고인이 된 경우에는 실재하지 않기에 DM에 존재의 의미를 두기 어렵다. 이에 대해 실용적 관점에서 DM의 존재를 긍정적으로 보자는 반론을 제기해 본다.

다음 시대를 이끌
메타버스와 NFT

메타버스에 열광하는 이유, '커넥팅'

아바타 이야기를 한 김에 1992년으로 거슬러 올라가 보자. 당시 미국 작가 닐 스티븐슨(Neal Stephenson)은 SF소설 『스노 크래시』에서 새로운 개념을 만들었다. 이 소설은 주인공의 디지털 분신인 아바타가 가상공간에서 활약한다는 이야기이다. 소설 속에는 이색적인 장소가 등장하는데 이는 지구와는 전혀 다른 세계이다. 고글과 이어폰을 통해 컴퓨터가 만들어낸 가상의 장소, '메타버스'가 등장한 것이다. 소설 속 등장인물들은 아바타라는 가상의 신체를 빌려야만 가상세계인 메타버스로 들어갈 수 있다. 흑인 아버지와 한국인 어머니 사이에서 태어난 주인공은 현실에선 마피아에게 빚진 돈을 갚고자 피자를 배달하고 있지만, 메타버스에서는 뛰어난 전사다. 그는 메타버스 안에서 확산하는 신종 마약 '스노 크래시'가 아바타의 현실세계 주인인 사용자의 뇌를 망가뜨린다는 사실을 알고 배후의 실체를 찾아 나선다.

그로부터 30여 년이란 세월이 흐르고 지금, 메타버스 세계가 현실에서 열리고 있다. 메타버스란 '초월'을 뜻하는 '메타(meta)'와 세계를 의미하는 '유니버스(universe)'를 합친 말로, 현실세계와 같은 사회·경제·문화 활동이 이뤄지는 3차원 가상세계를 가리킨다. 또한 증강현실, 라이프 로깅(life logging), 거울 세계(mirror worlds), 가상세계가 융합되어 유형 간 경계가 허물어지는 경향을 뜻한다. 여기서 라이프 로깅은 디지털 기술을 활용해 사물과 사람에 대한 경험과 정보를 캡처, 저장하고 묘사하는 것으로 페이스북 같은 SNS가 대표적이다. 거울 세계는 구글 어스(Google Earth)와 같이 현실세계를 그대로 복사하듯이 만들어낸 것을 생각하면 된다.

메타버스가 성공하려면 오픈월드(open world), 샌드박스(sand box), 크리에이터 이코노미(creater economy), 아바타가 성공적이어야 한다. 오픈월드는 사용자가 가상세계를 자유롭게 탐험하며 메타버스 내에서 가상세계의 구성 요소들을 자유롭게 바꿀 수 있는 플랫폼을 말한다. 샌드박스는 이용자가 창작할 수 있는 것이 많은 서비스로 누구나 콘텐츠를 만들 수 있고, 소비할 수도 있는 구조이다. 샌드박스로 만들어진 콘텐츠는 이용할 수 있는 즐거움이 늘어나 계속 플랫폼을 이용하도록 할 수 있다는 강점이 있다. 크리에이터 이코노미는 콘텐츠를 만드는 이들이 기업에 속하지 않고서도 수익을 올리는 구조를 의미한다. 운영자는 툴을 만들어 콘텐츠 생산을 돕고, 이용자는 소비와 생산을 담당한다. 아바타는 나를 드러내는 소통의 매개의 역할을 한다.

사람은 자신의 다양성과 포용성을 표출하기 위해 새로운 것을 창조하고, 새로운 공간을 찾는 것을 좋아한다. 공간의 제약을 벗어나고자 하는 욕망은 발 디딘 지구 공간에만 자신을 한정하지 않는다. 새로운 우주, 미지의 세계로 뻗어나가고자 하는 힘찬 움직임이 자연스럽게 넘쳐나는 상황을 우리는 목격한다. 그 속에서 사람들은 '되고 싶은 나'의 모습을 상상한다. 코로나19 같은 답답한 현실적 제약에 놓인 스스로에서 벗어나 어디론가 탈출구를 만들어 훨훨 날아가고 싶다. 실제 물리적 한계를 벗어나 생각하는 대로, 바라는 대로 '나'의 모습이 변화할 수 있다면 얼마나 좋을까. 가상 세상 속에서 구현한 DM이 메타버스의 발전과 함께 크게 떠오르고 있다.

흔히 되고 싶은 나는 3가지 단계 과정을 거쳐 발현된다고 한다. 우선 나의 육체적 또는 물리적 한계를 인식하고, 다음으로 나의 욕망이 반영된 가상 신원을 선택한다. 마지막으로 나의 생각과 의식을 기반으로 가상 신원의 활동을 통제한다. 어린 시절에는 동화 속 왕자나 공주를 동경의 대상으로 상상하는 경우가 많다. 만화에 나오는 멋진 외모를 갖춘 모습이 DM일 때 자신감을 얻는 경우도

되고 싶은 나

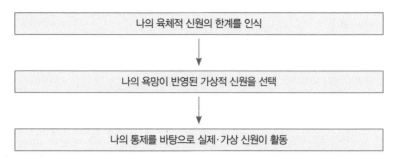

나의 육체적 신원의 한계를 인식

↓

나의 욕망이 반영된 가상적 신원을 선택

↓

나의 통제를 바탕으로 실제·가상 신원이 활동

있겠다. 자신의 의지가 반영되는 만큼 가상 세상 속의 '되고 싶은 나'에 너무 빠지기보다 균형을 찾는 자세가 필요하다.

현 시점에서 많은 사람들이 메타버스 이야기에 열광하는 것은 연결의 힘 때문이다. 바라트 아난드(Bharat Anand)가 저술한 『콘텐츠의 미래』는 콘텐츠에 대한 특별한 경고를 하고 있다.

> "콘텐츠는 귀신입니다. 모든 것을 해결해줄 것처럼 우릴 홀리지요.
> 하지만 이 함정에 갇히는 순간, 패망의 길로 가는 겁니다."

사람들은 콘텐츠로 승부수를 걸려고 한다. 콘텐츠 비즈니스의 함정은 언제나 콘텐츠 자체로 자신의 존재를 알리려 한다는 데서 출발한다고 책은 경고한다. 저자는 콘텐츠의 힘보다 네트워크 효과를 통한 사용자 간 연결의 힘이 훨씬 더 강력하다고 설명했다. 콘텐츠 비즈니스의 성공을 위해서는 자체 콘텐츠를 만드는 것도 중요하지만 사용자 간 연결성이 더욱 중요하다는 것이다. 메타버스가 성장하게 된 이유도 시공간의 제약을 받지 않는 연결성 때문이다.

은행이 발달하지 않았거나 없는 나라를 위해 세상을 연결하겠다는 비트코인은 블록체인 기술을 활용한 암호자산이다. 최근에는 블록체인을 활용한 아트테크가 유행이다. 위조품을 몰아내겠다는 NFT는 희소성, 진품 개념을 활용한 디지털 자산을 대표하는 토큰이다. 거의 모든 가치가 자산화될 수 있는 메타버스 공간에서 NFT는 필수 아이템으로 자리 잡고 있다.

메타버스는 디지털 트윈과 비슷하면서도 다르다. 디지털 트윈이 실제 세계와 상호작용한다면, 메타버스는 나를 닮은 아바타가 여러 가상세계를 탐험할 수 있지만 실제 세계와 물리적 환경을 똑같이 구현하지는 않는다. 메타버스에 또 다른 내가 존재하고 생활할 수 있으며, 그 세계 자체가 나와 상호작용하는 가상공간이다.

디지털 트윈과 기존의 메타버스를 융합한 새로운 메타버스 세계를 네이버가 구축했다. 아바타를 넘어서는 개념을 창조하고 싶어했던 네이버는 새로운 메타버스 개념인 아크버스(ARCVERSE)를 통해 현실세계와 디지털 세계를 자연스럽게 연결한다. 아크버스는 현실세계와 똑같은 가상세계를 창조하는 디지털 트윈 기술과 두 세계를 연결하는 AI, 로봇, 클라우드 기술로 구성된다. 예를 들어 온라인 가상 공간에서 원격회의 중인 직장인이 커피를 주문하면 오프라인의 로봇이 1층 카페에서 커피를 사무실로 가져오는 식이다. 네이버는 메타버스 서비스 제페토(ZEPETO)에 메타버스 기술 플랫폼 아크버스를 더해 관련 시장을 주도할 계획이다. 메타버스가 성장할수록 가상세계에서 여러 아이템을 거래할 수 있고, 그 결과 NFT 시장이 커질 수 있는 환경이 조성된다. 네이버의 가상세계 놀이터 제페토에서 이모티콘이나 아바타 같은 가상 아이템을 자산화할 수 있지 않을까.

카카오의 블록체인 기술 계열사로는 그라운드 X(Ground X)가 있다. 국내 아티스트와 크리에이터는 그라운드 X가 자체 개발한 퍼블릭 블록체인 플랫폼 클레이튼(Klaytn)을 통해 예술품을 이용할 수 있다. 한정판 디지털 작품은 클레이튼 기반 NFT로 가치를 인정받게 된다.

NFT는 영상, 음악, 그림 같은 창작물이나 자산을 인증하는 블록체인상의 디지털 파일이다. 복사와 붙여넣기로 모든 것을 복제할 수 있는 세상이다. 그런 디지털 세상에서 NFT는 블록체인 기술에 원작자, 자산 소유권, 판매 이력 같은 정보를 모두 기록한다. 그 결과 위조와 도용이 불가능해진다. 디지털 세상에서 원본의 희소가치가 부각될 수 없는 한계를 블록체인 덕에 극복한다는 평가가 그래서 가능하다.

이 대목에서 NFT와 디지털 트윈 그리고 메타버스와의 관계를 말하면서 DM과의 관계도 설정하고 싶다.

NFT는 디지털 트윈 역할을 하는 가상자산

앞에서 본 것처럼 디지털 트윈은 현실을 디지털 가상세계와 연계하는 개념이다. 2021년 9월 달러 연동 코인인 테더(Tether)의 공동창업자 윌리엄 퀴글리(William Quigley)는 《파이낸셜 타임스(Financial Times)》와의 인터뷰에서 이더리움(Ethereum) 기반 NFT가 디지털 트윈 역할을 한다고 강조한다. 생각해 보니 가상세계가 블록체인에서 이루어진다면 진품을 복제한 NFT는 디지털 트윈 기술에서 현실을 복사해서 가상세계에 붙이는 것과 다름없다. 나를 그대로 복제한 메타버스 캐릭터인 DM도 이론상 NFT가 될 수 있으리라. 퀴글리의 이야기를 들어 보자.

> "NFT를 보유한 사용자는 상품의 원본이 맞는지, 생산물량은 얼마나 되는지 언제 어디서든 즉시 확인이 가능하다. 이는 1달러 지폐나 금 1온스로 할 수 없는 일이다."

퀴글리는 메타버스가 향후 수년 내로 사람들의 삶을 크게 변화시킬 것이라고 전망했다. 아이템 판매가 게임의 주요 수익 모델인 것처럼, NFT도 메타버스의 주요 수익 모델이 될 것이라는 그의 말은 의미심장하다.

디지털 영역에서 가상자산이나 블록체인이 본격적으로 활용되면서 우리들의 디지털 활동 공간은 상당히 넓어졌다. 게다가 코로나19 사태로 전 세계에 막대한 유동성이 공급되자 NFT가 투자자산으로 새롭게 주목받고 있다. 블록체인 덕분에 비즈니스 기회를 만들기 위한 대면 네트워킹이나 중재자들의 역할에 의존하지 않고 진입장벽과 거래비용이 줄어들어 자유로운 경제활동 참여가 가능하게 됐다. 더 많은 사람이 가치를 경험하고 공유할 수 있도록, NFT가 블록체인에서 소유권을 인증받게 되면서 원활한 거래가 가능해졌다.

다양한 예술작품이나 수집품을 블록체인상에 나타내는 디지털 파일인 NFT로 만들어 거래하자는 아이디어는 가상자산 가격이 폭락하면 NFT도 함께 급락할 것이라는 우려를 딛고, 꾸준히 성장세를 보여 열풍을 일으켰다. 퀴글리는 NFT가 10년 내 생활필수품이 될 것이라고 극찬했다. NFT가 아트테크에 머물지 않고 일상생활 속 필수품에도 가치를 더할 수 있는 잠재력을 지녔다고 보면서, 10년 안에 식품을 제외한 모든 소비재는 NFT라는 '디지털 쌍둥이'가 있을 것이라고 강조했다.

디지털 증명서의 유무가 예술품 자체의 가치를 정하는 것은 아니다. 진품과 진품의 복제 불가능한 디지털 토큰은 분명 다른 것이다. 기존에 가려져 있던 영역을 자산화해 가치를 부여하고 쉽게 거래할 수 있도록 한 점은 혁명적이지만 예술 영역의 디지털화가 추구하는 것이 무엇인가에 관해서는 또 다른 논의가 필요하다. NFT는 가상자산이라 자금세탁 우려가 있고, 기술적 측면에서도 아직 완벽하지 않다. 법과 규제라는 틀 안에서 보호되고 있지도 못하다. 미흡한 점들은 참여자들이 공동으로 향후 꾸준히 보완해 나가야 한다. DM은 아바타이고, NFT는 아바타들의 활동 연료라고 보면 될 듯하다. NFT를 현실에서 사용하려면 일정한 교환 절차를 거쳐야 한다.

3차원 가상세계에 정치, 사회, 문화 모든 분야에서 현실과 비현실이 공존할 수 있는 새로운 공간이 만들어진다. 갑자기 넓어진 영역은 콜럼버스의 신세계와 비견할 만하다. 연결된 공간을 채울 다양한 아이디어들이 차츰 구체화되면서 증강현실(AR), 가상현실(VR), 혼합현실(MR), 나아가 이를 통칭하는 확장현실(XR)로 가득 채워진 메타버스가 그 윤곽을 제대로 갖추어 나가길 바란다.

기성세대나 기득권층은 새로움이 불편할 수 있다. 이들은 다음 세대가 스스로 미래를 가꾸어갈 수 있도록 무대를 제공해야 한다. 기존 방식으로 세상을 이끌기보다는 그들 나름대로 새로운 연결의 생태계를 조성하는 데 도움을 주어야 할 것이다. MZ세대가 스스로 참여하고 독립적인 가치관을 실현할 수 있도록 의사결정 과정에서 이들의 성향을 반영할 기회를 제공할 필요가 있다. MZ세대란 1980년대 초부터 1990년대 초까지 태어난 '밀레니얼 세대(M세대)'와 1990년대 중반부터 2000년대 초까지 태어난 'Z세대'를 아우르는 말이다.

스티브 잡스는 과거와 현재, 미래를 연결하는 힘으로 혁신의 아이콘이 되었다. 현실을 혁신하는 디지털 트윈, 나의 생산성을 증가시키는 DM, 더 나음을 추구하는 메타버스 속 아바타, 예술계의 진품명품을 가리는 블록체인의 혁신 아이콘이 될 NFT는 연결의 힘으로 세상을 움직이고 있다. 현실세계의 기계나 장비, 사물, 사람을 컴퓨터 속 가상세계에 구현하는 디지털 트윈을 마주하며 NFT와 DM의 가치가 높아지고 있다. 의사가 가상현실에 구현된 디지털 트윈을 활용해 우리 몸을 살피고 이상증세를 발견한다. 세상은 그렇게 현실과 가상을 연결하여 진보하고 있다.

이 장 전체를 흐르는 연결의 힘은 데이터 기반 경제에서 나온다. 연결의 힘은 단순히 물리적으로 사람을 연결하는 것을 뛰어넘어 새로운 가치를 연결한다. 단지 빠른 속도의 연결을 넘어 사람과 사람 간의 진심, 인류애의 가치를 연결해 나가야 한다. 신인류가 그들의 연결된 힘으로 하나로 뭉칠 때 다음 세대는 더 번성하리라 믿는다. 사람은 자신의 관심을 기반으로 움직이게 되어 있고, 같은 소속감을 느낄 때 어려운 문제도 해결할 힘을 발휘하리라. 지금보다 나은 일상을 꿈꾸고 있다면, 관심을 가질 수 있는 새로운 공간에 스스로를 연결해 보는 것은 어떨까?

기업도 정확도에서 앞서는 초정밀의 데이터로 연결될 때 그 힘은 슈퍼맨처럼 강해진다. 요즘 자동차 업계는 동종 자동차기업의 인수보다는 ICT 융합을 위한 미래전략으로 네트워크 장비 업체, 인터넷 기업, 결제 시스템과 협업하고 있다. 이는 디지털 변혁에 따른 운송수단의 패러다임 변화를 고려한 연결의 경제학이란 철학에 기초한 것이다.

NFT가 만드는 새로운 연결과 투자의 힘

NFT 열풍을 바라보며 인터넷 기사를 읽다 "NFT는 웹의 근원을 담을 수 있는 가장 이상적인 방법"이라는 말에 깊은 감명을 받았다. 이 말을 한 인터넷 정보망 '월드와이드웹(WWW)' 창시자인 영국의 컴퓨터 과학자 팀 버너스 리(Tim Berners-Lee)는 다음과 같은 말도 남겼다.

> "웹을 위한 싸움은 우리 시대의 가장 중요한 일이다."

해킹과 온라인 범죄, 증오의 물결을 웹에서 추방해야 한다는 말이다. 해킹을 하기 어렵게 만든 블록체인 기술과 이를 이용한 NFT를 연결하며 그의 분신인 월드와이드웹을 지키고자 한 그의 의지가 느껴진다. 2021년 6월, 그는 웹 소스 코드를 경매에 부쳤다. 검은 컴퓨터 화면에 1만여 줄의 코드를 입력하는 모습을 촬영한 30분짜리 동영상과 소스 원본파일, 디지털 포스터, 버너스리의 편지를 담아 NFT로 판매했다. '이것이 모든 것을 바꿨다(This Changes Everything)'라는 제목을 단 그의 NFT는 일주일간의 경매 후 540만 달러(약 65억 원)에 팔렸다. 여기서 NFT 제작이 역사적으로 주요한 예술품, 작품, 사건을 진품으로 만들어 대중화하는 순기능이 있음을 알 수 있다. 미국에서는 야구 선수가 그려진 실물 카드가 수십억 원에 팔릴 정도로 인기가 많아 위조 우려가 컸는데, 이 문제도 NFT로 해결하게 되었다.

우리는 살면서 느끼는 어떠한 감정을 오래 간직하기 위해 관련된 물건을 소장하고 싶은 욕구를 느낀다. 스포츠의 명장면을 담은 영상, 톱스타의 추억, 역사적 가치가 있는 텍스트를 위조 불가능한 파일로 만든다면 누군가에게는 값으로 따질 수 없는 가치가 있지 않을까. 그도 그럴 것이 스티브 잡스의 최초 이력서 NFT는 2만 3000달러(한화로 약 2700만 원)에 팔렸다. 이세돌과 알파고의 대결을 담은 사진과 동영상은 어떤가. 2억 5000만 원에 팔렸다.

코로나19로 확실히 빨라진 디지털 전환은 증강현실과 가상현실 기술의 성숙으로 이어졌고, 이를 기반으로 점차 커지는 메타버스 생태계가 NFT에 대한 관심을 끌어올린 것은 사실이다. 이제 수백 년 전통의 예술품 거래소인 크리스티(Christie's Auctions & Private Sales)와 소더비(Sotheby's)에만 예술 시장이 열려 있는 것이 아니다. NFT 덕분에 유명 작가들의 주머니가 무거워지고 수입이 톡톡히 늘어난 것은 사실이지만 우리는 새로운 사실에 주목해야 한다. 비자(VISA), 이베이(ebay), 타코벨(Taco Bell), 나이키(Nike), NBA, 구찌(GUCCI), 틱톡(TikTok) 같은 온·오프라인 글로벌 기업과 단체가 NFT를 발행하고 판매하거나 투자하고 있다. 가상자산 거래소도 NFT 사업에 팔을 걷고 나섰다. NFT가 기존 수집품 산업의 구도를 뒤흔드는 게임 체인저로 부각된 것이다.

예술가들에게 NFT는 얼마나 고마운 존재일까? 작품의 주인이 바뀔 때마다 원작자에게 자동으로 로열티가 지급된다. 또 다른 작품을 창작할 수 있는 금전적 여유가 생기는 것이다. NFT는 예술 사(史)의 다음 장이다. 디지털 세계에 대비하지 않는 갤러리와 경매장은 10~15년 후 쓸모가 없어질 것이라는 이야기가 그래서 나온다.

NFT를 구입하려면 가상자산 이더리움, 솔라나(Solanart) 등을 기반으로 하는 코인이 필요하다. NFT 자체가 이더리움 블록체인을 기반으로 하기 때문이다. 여기에다 거래소는 중개와 제작에 수수료를 붙인다. 디지털 파일을 NFT로 만드는 것을 민팅(minting)이라고 한다. 민팅 작업을 하려면 제작비용인 전송 수수료(gas fee)를 내야 한다. NFT가 판매될 경우에도 2.5%의 수수료를 내야 하며 이는 원저작자가 가져가는 구조이다. 여기에 붙는 세금은 현재는 없다.

NFT가 화두가 되면서 웹 3.0에 관한 이야기가 화제다. 웹 1.0은 월드 와이드 웹(WWW)이다. 1994년부터 2004년까지의 웹 1.0은 디렉터리 검색과 분류를 위주로 정보를 제공하는 폐쇄적인 서비스였다. 사람들을 온라인으로 연결시키는 것이 주된 기능이었다. 웹 2.0은 사용자가 직접 정보를 생산하여 쌍방향으로 소통하는 사용자 중심으로 변화되고 진화된 웹이다. 우리는 개방·참여·공유의 정신을 바탕으로 한 플랫폼으로서의 웹 시대를 살고 있다. 웹 3.0은 무엇일까? 아직 개념 정립 중이지만 개인화, 가치의 공유와 탈중앙화(분산화)를 특징으로 한다. 웹 3.0은 자료와 정보를 분산화해 집중화된 권력과 데이터를 개인에게 되돌려준

다. 블록체인 기반 기술을 기반으로 탈중앙화된 웹을 구현하는
것이다.

NFT는 새로운 버블일까?

NFT가 이제 국내는 물론 글로벌 게임업계를 뒤흔들고 있다. 여기
엔 지금까지 해왔던 '게임 내 결제'라는 단순한 수익구조로는 미래
를 담보할 수 없다는 비장함이 담겨 있다. 블록체인은 기존 게임
사업과의 시너지를 낼 수 있는 동시에 새로운 장르 개척도 가능한
기술로 인식되고 있다. 카카오게임즈는 2021년 3월 주주총회에서
블록체인 기반 응용 소프트웨어 개발과 공급업을 사업목적에 추
가했다. 블록체인 게임 콘텐츠 기업인 웨이투빗(WAY2BIT)을 인수
한 카카오게임즈는 웨이투빗을 통해 가상화폐인 보라(BORA)를 발
행해 유통한다. 네오위즈(NEOWIZ)는 블록체인 서비스 관련 인력
도 채용하고, 계열사인 투자 전문기업 네오플라이(NEOPLY)를 통
해 블록체인 투자와 기술 개발을 시도하고 있다. 네오플라이는 카
카오의 블록체인 전문 계열사 그라운드X가 개발한 블록체인 플랫
폼 클레이튼에 투자하고 있다.
　국내 게임사 위메이드(WEMADE)는 미르4 글로벌 서비스
에 NFT를 접목해 괄목할 만한 상승세를 이어갔다. 엔씨소프트
(NCSOFT)도, 크래프톤(KRAFTON)도 게임의 재미를 넘어 NFT 시

장과의 연결을 도모한다. 게임계 기축통화인 위믹스(WEMIX)는 게임회사들의 계획을 실현시키는 협력사가 될 것이다. 게임 산업의 경우 게임 아이템에 NFT를 적용해 가치를 부여하고 이를 NFT 거래소에서 거래할 수 있다.

해외에서는 게임을 통해 가상화폐를 획득하고 이를 현금화하는 사례도 자리 잡고 있다. 아이템 같은 이전까지의 게임 내 재화는 이용자가 돈을 결제해 얻었더라도 궁극적인 소유권은 게임사에 있었다. 게임 운영이 종료되면 그 가치는 없어졌다. 하지만 이제 데이터에 불과한 아이템의 가치가 살아났다. NFT에 기반한 게임 아이템은 블록체인으로 데이터가 여러 곳에 분산돼 그대로 남아 있다. 이에 따라 게임 서비스가 끝나도 이용자가 아이템에 대한 권리를 온전히 가질 수 있다. NFT 게임 아이템들은 이용자 간 거래도 가능하고, 가치에 따라 가상화폐로 바꿀 수도 있다. 디지털 정보에 불과한 게임 아이템이 실제 가치를 인정받게 된 것이다.

메타 역시 NFT를 활용해 디지털 상품을 전시하고 판매할 수 있는 마켓플레이스를 개발한다. 메타의 미션이 '연결'이라는 점을 강조하며 메타버스 시장 개척 선언에 따른 당연한 결과다. 마크 저커버그의 말을 들어보자.

"우리는 지금 소셜 미디어 회사로 보이지만, 우리의 DNA는 사람들을 연결하는 기술이다. 우리가 처음 (사업을) 시작했을 때 소셜 네트워킹이 그랬듯, 다음 개척지는 메타버스다."

NFT와 가상상품이 메타의 메타버스 공간에 전시되어 있다. 그렇다고 NFT의 앞날에 장밋빛 전망만 있는 것은 아니다. 원본이라고 해도 디지털 파일이 컴퓨터 속 데이터에 불과하다거나, 시장이 과도하게 과열됐다는 우려가 있다. 행여 NFT 시장이 1990년대 후반 닷컴 버블과 비슷한 변동성을 보일까 우려를 표명하기도 한다. 하지만 NFT를 관통하는 공통의 가치에 주목해야 한다. NFT가 어떻게 가치를 부여하고 창출하며 또한 어떻게 이를 연결하는지에 초점을 맞춰보자. NFT는 창작자를 산업의 가장 중요한 참여자로 만든다. NFT를 '패러다임의 대전환', '21세기형 르네상스'라고 부르는 이유도 이 때문이다.

NFT의 가치와 과제

NFT는 디지털 콘텐츠에 경제적 가치를 부여하는 의미를 넘어서 사회 현상으로 자리 잡고 있다. NFT 덕분에 모든 형태의 디지털 창작 활동으로 돈을 벌 수 있는 가능성이 열렸다. 콘텐츠와 플랫폼의 가치 향상에 기여하는 활동 또한 투명하게 보상받을 수 있게 되었다.

그렇다면 NFT 시장이 지속적으로 성장하기 위한 과제는 무엇일까. 현재는 NFT화할 실물이 위작이라도 NFT를 만들고 판매할 수 있다. 원작자가 아니더라도 가능하다. 이런 경우를 방지하기 위해 소유권과 별개인 저작권이 따로 있어야 법적으로 문제가 없을 것이다. 시장이 커지면서 세금이나 규제 문제도 불거지고 있다. NFT가 지나치게 많은 전기를 사용하기 때문에 전 세계적 캠페인인 탄소중립 추세에 어긋난다는 지적도 있다.

게다가 게임업과 NFT의 미래도 안정적이지만은 않다. 현재 게임 산업에서는 게임을 하면서 돈을 벌 수 있는 플레이투언(play to earn) 모델이 가치 상승을 공유하는 시스템으로 작동할 수 있다는 믿음이 세계적 추세이다. 하지만 이러한 NFT 게임이 국내에서 허용되는지 여부에 대해서는 여전히 불투명하다. 게임의 가치를 높이는 데 이바지한 모든 참여자가 이익을 가져가야 한다는 민주주의적 철학은 존중되어야 하나 국내법이 이를 인정할 것인지는 별개의 이슈이다. 사용자의 시간과 노력을 적절히 보상해 줌으로써 건전한 게임 경제를 형성한다는 NFT 게임 측의 주장이 국내 정서와 법 테두리에서도 통할지 추이를 지켜봐야 한다.

누군가에게 작품은 그의 분신이다. 그래서 NFT는 나의 분신이 된다. 그 NFT가 디지털 세상을 진심으로 연결하는 매개체로서 역할을 제대로 할 때 비이성적 과열로 인한 거품은 사라지지 않을까. '진정성으로 연결된 세상'이 시대의 화두가 되기를 바라는, NFT를 지지하는 수많은 이들의 목소리가 들려온다. 인터넷이 독재자인 구글, 애플, 메타 같은 빅테크 기업에서 벗어나야 한다는 것이다. 이들 기업은 온라인상의 자유를 핑계로 지식재산권을 무시했고, 콘텐츠 크리에이터들은 정당한 대가를 받지 못했다. 이처럼 NFT는 분명히 존재 의의가 있지만, 그럼에도 묻지마 투자는 경계해야 한다.

디지털 미가 그리는
미래 투자 지도

딥러닝과 투자

'돈나무 언니', 캐시 우드는 DM 기술의 구현이나 연결성 관련 주식의 높은 성장성을 강조한다. 딥러닝, 데이터센터 혁신, 가상세계, 전자 지갑, 비트코인 기반 서비스 등은 그녀의 눈길을 끄는 분야이다. 우선 DM의 기초 기술인 딥러닝에 대한 아크인베스트의 견해를 살펴보자. DM은 강인공지능의 일종이고 많은 연산을 필요로 할 것이다. 향후 10년 동안 가장 중요한 소프트웨어는 인공지능 딥러닝 기술로부터 만들어질 것이라는 예측이 많다. 딥러닝이 컴퓨팅 플랫폼의 다음 세대를 만들면서 소프트웨어가 소프트웨어를 만드는 시대가 되었다. 아크는 딥러닝을 소프트웨어 2.0이라고 이름

붙였다. 우리는 AI 스피커, 자율주행차, 사용자의 취향을 딥러닝으로 파악해 자동으로 맞는 동영상을 추천해주는 기술을 이미 알고 있다. 딥러닝은 무한한 컴퓨팅 파워를 필요로 하기에 AI 칩 시장이 상당한 규모로 성장할 것으로 본다. AI 칩으로 인해 데이터 센터 지출이 크게 증가할 전망이다.

2020년은 대화형 AI가 인간과 비슷하게 언어를 이해하고 생성하는 시기였다. 대화형 AI는 이미지 인식 AI에 비해 10배 이상의 연산이 필요하여 앞으로도 이 분야에서 많은 투자를 불러올 것이다. 아크인베스트는 1997년부터 2020년까지를 인터넷 물결(internet wave)이 세상을 지배했고 이후 2020년부터 2037년까지는 딥러닝 물결(deep learning wave)이 세상을 휩쓸 것으로 본다.

소프트웨어 2.0으로서의 딥러닝

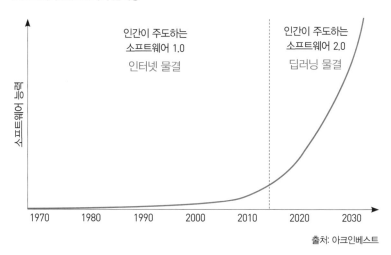

출처: 아크인베스트

이 딥러닝 물결 기간인 15~20년 뒤에는 딥러닝이 글로벌 자산시장에서 30조 달러 규모로 커질 것이라고 예상한다.

이 그림을 보면서 몇 가지 이야기를 덧붙여 보자. 1970년대에는 마이크로소프트(Microsoft), 오라클(Oracle), SAP의 설립과 함께 상업용 소프트웨어의 시대가 시작되었다. 2000년대에 인터넷은 소프트웨어를 민주화하고 시장을 수백만 명에서 수십억 명으로 성장시켰다. 2020년에 딥러닝은 검색, 소셜 미디어, 동영상 추천을 포함한 거의 모든 대규모 인터넷 서비스를 가능하게 했다.

웨이모(Waymo)의 자율주행 자동차는 샌프란시스코, 디트로이트, 피닉스 등 미국 주요 도시를 주행한다. 동영상 추천에 딥러닝을 활용하는 틱톡은 스냅챗과 핀터레스트를 합친 것보다 더 크게 성장했다.

인터넷은 전 세계 시가총액에 20년 동안 13조 달러를 추가했다. 2020년만 시가총액 2조 달러를 창출했다. 딥러닝은 인터넷보다 더 많은 경제적 가치를 창출할 수 있다.

딥러닝을 기반으로 한 소프트웨어

AI 스피커

자율주행차

소비자 앱 (유튜브, 틱톡 등)

AI 칩 시장 성장 전망

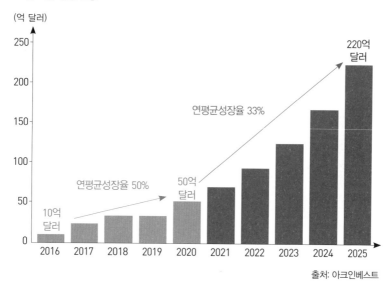

AI 칩 시장 성장 전망

(억 달러)

250

200

150 — 연평균성장율 33%

220억
달러

100

50 — 연평균성장율 50%   50억
                        달러

10억
달러

0
   2016 2017 2018 2019 2020 2021 2022 2023 2024 2025

출처: 아크인베스트

딥러닝과 인터넷의 시가총액 창출 규모

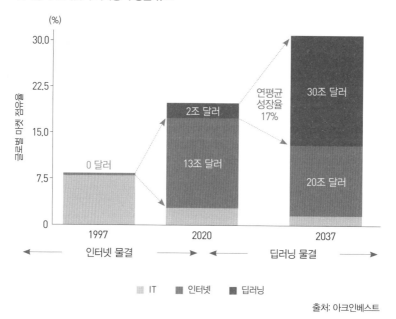

딥러닝과 인터넷의 시가총액 창출 규모

(%)

글로벌 마켓 점유율

30.0

22.5

15.0

7.5

0

           2조 달러
0 달러   연평균
                   성장율
                   17%   30조 달러

           13조 달러

                          20조 달러

   1997   2020   2037

← 인터넷 물결 → ← 딥러닝 물결 →

▨ IT   ■ 인터넷   ■ 딥러닝

출처: 아크인베스트

데이터 센터와 클라우드 시장의 확장

아크인베스트는 데이터 센터와 클라우드 시장의 폭발적 성장을 점치고 있다. 컴퓨터의 CPU는 일반적으로 속도가 느리고 전력이 부족하다. 빠르고, 저렴하고, 더 효율적인 프로세서가 시장의 90%를 장악중인 인텔(intel)을 대체할 것이다. 반도체 제조의 세계 선두주자였던 인텔은 갈 길을 잃고 있고 TSMC, AMD 등의 경쟁업체에게 시장을 넘겨주고 있다. 클라우드 컴퓨팅의 경우 ARM, RISC-V, GPU가 새로운 강자로 떠오를 것이다. 관련 시장은 2030년까지 매년 45%의 성장을 기록하며 총 190억 달러(약 20조 원) 규모의 매출이 기대된다. 데이터 센터의 경우에는 GPU가 지배하는 가속기(accelerator)들이 장악을 하여 21%의 연평균 성장률로 2030년까지 410억 달러(약 45조 원) 규모로 확대될 것으로 기대된다.

가속기는 개인용 컴퓨터의 처리 속도를 빠르게 하기 위한 장치이다. 처리 속도를 향상시키는 데는 CPU 자체의 속도를 빠르게 하는 것 외에 여러 방법이 있다. 특정 작업 집합만 수행하도록 완벽하게 최적화된 프로세서가 낮은 전력에서 빠르게 실행될 수 있으며, 특정 알고리즘을 더 빠르게 실행하는 데 도움이 된다는 사실이 밝혀졌다. 게임 처리와 그래픽 처리를 하는 GPU, 신호 처리를 신속하고 효율적으로 수행하도록 최적화되어 있는 DSP(digital signal processor) 등을 이용할 수 있다. 예를 들어 기계학습을 사용하는 자율주행 차량이 안전하다고 생각하려면 운전 중 다양한 시나리오를 인식할 수 있을 정도로 소프트웨어를 훈련하기 위해 수천 가지의 시나리오를 체험해야 하며 그에 맞는 가속기 장치가 필요하다.

NPU(neural processing unit, 신경망 처리장치)는 인공지능의 핵심이라고 할 수 있는 딥러닝 알고리즘 연산에 최적화된 프로세서로 AI 가속기, TPU 등으로 다양하게 불리는데, 머신러닝, 딥러닝을 빠르게 해주는 장치라고 생각하면 된다. FPGA(field programmable gate array, 프로그램 가능 반도체)는 비메모리 반도체의 일종이다. 항공, 우주, 방산 등의 특수한 영역이나 특정 전자 제품을 생산하기 전에 테스트용으로 사용됐다. FPGA는 회로 변경이 불가능한 일반 반도체와 달리 용도에 맞게 회로를 다시 새겨 넣을 수 있다. 사용자의 용도에 따라 반도체의 기능을 변형시킬 수 있어 급속도로 변화하는 인공지능 환경에 적합하다.

아크인베스트는 향후 10년 뒤 GPU, TPU, FPGA 등의 가속기가 CPU 시장을 압도할 것으로 보고 있다. CPU 시장의 비중은 점차 줄고 많은 연산을 필요로 하는 GPU와 가속기 시장이 더 커질 것으로 본다. AI 시대가 도래함에 따라 기업의 IT 환경도 새로운 조직, 새로운 업무, 새로운 요구사항에 적극 대응해야 한다. 클라우드 환경이 보편화되면서 서버, 스토리지, 네트워크, 운영체제 등 IT 인프라 구성에 필요한 모든 요소를 통합, 운영하는 초융합인프라(HCI, hyper converged infrastructure)가 차세대 데이터센터의 표준으로 부상하고 있다. AI 알고리즘과 이를 뒷받침하는 컴퓨팅 인프라가 급속히 발전하면서 AI의 비즈니스 가치는 더욱 커지고 있다. 클라우드 중심의 IT 환경이 확산되면서 클라우드를 설계할 때에도 AI 관련 역량이 절대적으로 필요해졌다. ARM(advanced RISC machine)이 클라우드에서 새로운 표준이 될 수 있다. ARM CPU 기반 클라우드 컴퓨팅을 통해 고객은 기존 워크로드를 더욱 저렴한 가격으로 실행하고, 뛰어난 경제성과 성능에 기반해 새 앱을 구성할 수 있다.

엔비디아는 2020년 9월 400억 달러(약 44조 원)에 영국 팹리스 반도체 설계회사인 ARM을 인수한다고 발표했지만 각국의 반도

데이터 센터 아키텍처

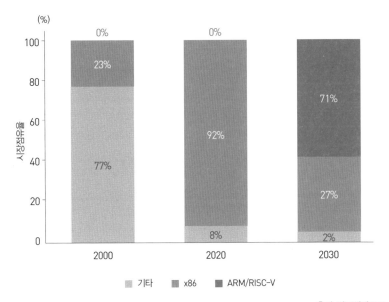

출처: 아크인베스트

체 패권 경쟁 속에 2021년 12월, 인수가 무산되었다. 엔비디아의 인수 계획 발표 직후 구글, 마이크로소프트, 퀄컴 등은 반대 의사를 분명히 했었다. 영국 경쟁당국의 우려 표명과 삼성전자, 아마존, 테슬라도 엔비디아의 ARM 인수에 우려를 표했다.

연결의 힘을 보여주는 가상세계로부터의 매출은 2025년 연간 3900억 달러 수준으로 연간 17% 증가할 것으로 예상된다.

✖

딥러닝을 넘어 딥필링이 이끄는 세계

☑

빅데이터 엔지니어와 AI 엔지니어

소셜 미디어 링크드인이 조사한 바에 따르면 2020년 미국에서 가장 주목받은 직업은 빅데이터 엔지니어와 AI 엔지니어였다. 데이터 엔지니어링은 데이터 분석과 수집의 실제 응용을 다루는 데이터 과학의 한 분야이다. 빅데이터 엔지니어는 데이터 생산에서 활용까지 전 과정을 담당하는 기술자이다. 이들은 비즈니스 의사결정에 직접 관여하진 않지만, 누구나 정보와 데이터에 쉽게 접근할 수 있도록 도와주는 시스템 개발에 열중한다. 데이터 엔지니어는 기본적으로 방대한 양의 데이터를 저장·구성·관리해야 하므로 데이터베이스의 설계와 구조에 대한 깊은 이해가 필요하다. 원시 형식으로 존재하는 데이터를 가공해 활용할 수 있는 형태로 변환시키는 데이터 변환 작업도 엔지니어들의 중요한 임무이다. 나아가 데이터 마이닝 작업도 엔지니어들이 해야 하는 작업이라 할 수 있다. 데이터를 관리하고 처리하는 경험이 축적돼야 훌륭한 데이터 엔지니어로 거듭날 수 있다.

AI 엔지니어는 데이터를 추출해 알고리즘을 설계하고 머신러닝 모델을 실제로 구축하는 기술자이다. 이들은 수학과 알고리즘 같은 복잡한 로직에 익숙해야 한다. 컴퓨터 알고리즘의 설계와 분석 최적화, 실험 평가를 반복하면서 알고리즘의 이론과 실제 응용 사이의 격차를 해소하는 직업이다. 기존 비즈니스 앱 논리 체계와 기계학습의 논리체계를 결합해 문제를 해결하는 역할을 한다.

✓

데이터 과학자

수많은 구조화, 비구조화된 빅데이터는 특정 비즈니스가 요구하는 성과나 목표를 달성하는 데 도움이 되는 통찰력을 제공해야 한다. 이를 위해서는 데이터를 체계적으로 분석하는 데이터 과학자의 역할이 중요하다. 이들은 기본적으로 데이터 분석을 한 최종 결과물을 모든 이해 당사자가 알기 쉽게 만들 수 있어야 한다.

✓

감성인식 전문가

조화로운 삶을 살아가기 위해서는 이성과 감성이 균형을 갖춰야 한다. 감성인식 기술은 감성을 정량적으로 측정·인식·평가·예측하는 기술이다. 기계가 인간의 감성을 읽어내기 위해서는 사람의 표정과 자세, 뇌와 심장의 신호, 피부의 온도, 목소리와 어휘 같은 반응을 통해 감성의 변화를 파악하는 것이 무엇보다 중요하다.

추가로 데이터 분석가, 빅테이터 솔루션 설계자, 딥러닝 연구 엔지니어 등도 유망 직종으로 떠오르고 있다.

☑

DM 관련 직업에 꼭 필요한 능력과 생각해 볼 사항들

기업의 빅데이터에 대한 기대와 실제 경험하는 현실 사이에는 간격이 크다. 이런 간격을 초래하는 요인 가운데 하나가 인적 역량 부족이다. 그동안 빅데이터가 기업 활동을 혁신시킬 것이라는 가능성을 제시했지만, 솔루션과 관련해 수많은 과장 광고가 범람했다. CEO들은 기존에는 활용하지 못했던 수많은 데이터를 수집·통합·분석하면 영업 마진과 기업가치를 높이거나 완전히 새로운 수익원을 창출할 수 있다고 기대한다.

이런 가능성은 여전히 유효하다. 그러나 가능성이 그냥 가능성으로만 머물지 않기 위해서는 제대로 된 데이터 과학 솔루션이 마련되어야 한다. 종합적인 데이터 과학 전략 수립을 견인하는 능력, 조직의 기술 역량, 기존 데이터 자산을 개발했을 때의 가치 등에 대해 소신껏 소통할 전문 인재를 제대로 갖추었는지 반문해 보자. 데이터 자산을 기획·통합·모델링할 수 있는 능력을 갖춘 유능한 데이터 과학자와 데이터 설계자가 절실히 필요하다. 그들은 데이터를 실제 활용 가능한 유용한 정보로 전환해주는 핵심 인적자원이기 때문이다. 누군가는 딥러닝을 넘어 딥필링(deep feeling)의 시대를 강조한다.

인간의 뇌 신경망에 있는 약 100조 개의 뉴런들의 전기 신호를 나노 전극으로 측정한 후, 뉴런 간의 연결을 보여주는 네트워크 지도를 메모리 반도체에 복사해 인간 뇌의 기능을 재현할 수 있는 기술. 이런 기술이 발전해도 인간처럼 매우 복잡한 마음, 의식, 윤리적 가치, 타인과 외부 환경과의 지속적인 감정적 교류를 통한 공감까지도 정확하게 구현하기는 어렵지 않을까. 생산력 향상과 소비력 감소라는 이슈를 제기하는 가운데 DM이 대체하는 세계에서 노동의 모습은 어떨까 생각해 본다. 사람이 DM 덕에 창조적인 일을 하고, 인류 모두가 노동의 가치를 체감하며 자아실현을 하는 행복한 유토피아가 올까.

✖

엔비디아, 인도, 메타버스, NFT에서 찾은 IT의 미래

☑

무어의 법칙은 가고, 황의 법칙으로 성장하는 엔비디아

액면분할이나 자사주 매입 등을 고려하여 현 주식 가치로 환산했을 때 20년 전 엔비디아의 주가는 대략 0.4달러대였다. 그 주식이 약 550배 올랐다면 거품일까? 실적이 뒷받침되고 미래 성장 가능성이 높으니 그렇지 않다고 보는 것이 일반적이다. 엔비디아의 주가는 2020년 연간 110.27% 폭등했으며, 2021년에도 폭발적으로 성장했다.

2019년부터 엔비디아 주가가 오른 이유와 향후 주가전망은 인공지능 반도체 시장 규모의 성장과 관련된다. 이 시장은 2019년부터 급속하게 커지기 시작해서 연평균 42%씩 성장할 것으로 예상되는데 그 뒷배경에 데이터 센터의 증가가 자리 잡고 있다. 데이터 센터 사업이 상당한 소프트웨어를 갖춘 하드웨어로 진화하고 있는 것이다. 엔비디아가 소프트웨어에 더 집중함으로써 수익성도 개선될 것으로 예상한다. 2020년 9월 《월스트리트 저널》은 엔비디아의 창업자이자 CEO인 젠슨 황이 제시한 반도체 발달 로드맵(황의 법칙)이 '무어의 법칙'을 대체하고 있다고 강조했다. 이는 인텔이 무어의 법칙으로 반도체 산업의 발달 가이드라인을 제시하고 끌어온 표준설정자의 역할을 했다면, 앞으로는 엔비디아가 '황의 법칙'을 통해 그 역할을 대신할 것이라는 관측으로 이어졌다.

황의 법칙은 반도체의 집적도가 아니라 처리능력을 기준으로 제시된 주장이다. 인공지능 연산을 처리하는 엔비디아의 칩 성능은 2012년 11월부터 2020년 5월까지 317배 증가했다. 이는 엔비디아 칩의 성능이 매년 두 배씩 증대되어 왔음을 의미한다. 《월스트리트 저널》에 따르면, 미국의 비영리 인공지능 연구조직인 '오픈 AI'도 인공지능의 이미지 인식 테스트 능력을 기준으로 할 때 지금까지 매년 성능이 2배씩 향상되어 왔다고 밝혔다. 반도체 처리능력은 하드웨어인 칩의 집적도만이 아니라, 소프트웨어 처리능력도 함께 고려된 개념이다. 무어의 법칙은 소멸하고 있다.

☑

IT 기업이 많은 인도 주식 시장에 주목하라

2021년 9월 골드만삭스는 인도의 150개 신생 기업이 주식시장에 상장할 계획인 상황에서 글로벌 투자자들이 인도에 돈을 쏟아부어 2024년까지 인도 주식시장이 5조 달러(약 5920조 원) 규모로 성장할 수 있을 것으로 전망했다. 인도 증시 규모가 7위에서 향후 3년간 40% 이상 성장한다는 골드만삭스의 전망이 적중할 경우 세계 증시에서 인도가 차지하는 점유율은 2021년 2.8%에서 2024년 3.7%로 증가하여 영국을 제치고 세계 5위 규모의 주식시장으로 자리 잡게 될 것이다.

인도가 유망한 이유는 무엇일까? 골드만삭스는 전자상거래, 미디어, 인터넷 소매, IT 부문이 인도 증시 성장을 이끌 것으로 본다. 지난 10년 동안 중국 증시가 엄청난 성장을 보여준 것처럼 투자자들은 앞으로 인도 주식 시장에서 비슷한 경험을 할 것으로 골드만삭스는 내다보았다.

☑

메타버스와 NFT 관련 종목에 계속 관심을 두자

메타버스의 선두주자인 로블록스는 2021년 3월 미국 증시에 상장할 당시 기업가치가 383억 달러(약 44조 원)로 평가되었다. 이는 메타버스가 IT 분야를 넘어 투자시장까지 들썩이게 한 도화선이 됐다. 메타버스를 주목하는 이유는 이것이 Z세대의 새로운 플랫폼으로 부상하고 있기 때문이다. 로블록스는 게임을 개발해 공유할 수 있는 플랫폼으로 미국 어린이들이 가장 많이 이용하는 플랫폼이다. 메타버스 산업 초기에는 게임 업체가 기반을 구축했다. 이후 로블록스, 유니티 등 플랫폼 및 소프트웨어·콘텐츠 업체들이 상승세를 주도했다.

앞으로 부상할 메타버스 사이클의 차기 주자는 하드웨어다. 메타버스 콘텐츠가 진화함에 따라 수년 내 VR·AR 기기의 대중화가 이뤄질 것으로 예상되기 때문이다. 그 이유는 과거 넷플릭스 사례에서 엿볼 수 있다. 넷플릭스 같은 OTT 서비스를 연동할 수 있는 스마트 TV는 넷플릭스가 전 세계 OTT 시장을 개화시켰던 2016년 판매량이 역대 최고 증가율을 나타냈다. 메타버스도 기존 디바이스로 3D까지는 구현할 수 있지만 증강현실이나 가상현실은 별도 디바이스 없이 구현할 수 없다. 향후 메타버스 플랫폼이 제공하는 증강현실과 가상현실을 경험하려면 이 기술을 구현해낼 수 있는 새로운 디바이스가 필요하다.

성장 가능성이 높은 테마주로 엮이면 주가 상승은 엄청나다. 2021년 코스닥시장에 입성한 맥스트를 비롯하여 자이언트스텝, 위지윅스튜디오, 덱스터스튜디오의 주가는 급격히 상승했다. 10배가 오르기도 하여 메타버스의 위력을 실감할 만했다. 네이버, 엔씨소프트, APS홀딩스, LG이노텍 등의 주가 상승 여부에도 관심이 쏠린다.

KB 글로벌 메타버스 경제 펀드는 국내에 처음 출시된 메타버스 관련 펀드이다. 메타, 애플, 마이크로소프트, 오토데스크, 엔비디아, 유니티소프트웨어 등에 투자한다. 플랫폼 및 콘텐츠 기업인 로블록스, 네이버, 하이브 등과 가상세계 인프라 관련 기업인 아마존, 퀄컴, 스노우플레이크 등에도 투자를 진행한다. 삼성 글로벌 메타버스 펀드 역시 메타버스와 관련된 글로벌 기업에 투자한다. 집중투자그룹은 클라우드 컴퓨팅과 가상현실 관련 기업이다. 시장 관심도와 모멘텀에 따라 리스크 관리와 수익률을 극대화할 수 있는 기업에 투자하고 있다. 모빌리티, 온라인 게임, 온라인 결제, 온라인 플랫폼, 럭셔리 상품, 3D 디자인 툴 등으로 투자대상을 구성했다.

NFT 관련 종목으로 엔씨소프트, 갤럭시아머니트리, 위메이드, 초록뱀미디어, 비덴트, 위지트, 버킷스튜디오 같은 기업 주식이 선호되나 상당수 회사의 주가가 상당히 오른 점을 감안해야 한다. 2021년 주가 상승이 돋보이는 BTS 관련 회사 하이브는 메타버스, NFT 관련 주식으로 묶여 있다.

제2장

공감의 힘_서브미

구독경제와 블록체인,
기존 시장의 판도를 뒤흔들다

구독경제(Subscription Economy)

전통 사업 모델과 달리 일회성으로 제품을 판매하고
소유권을 이전하는 것이 아니라 소비자가 제품을 사용하면서
지속적으로 서비스를 제공받는 형태

공감, 그리고
구독

배우자는 구독할 수 없나요?

하루의 바쁜 일과는 해가 뜨며 늘 찾아온다. 꽉 찬 일상 속에서 사랑하는 사람이 곁에 있지만, 그 소중함을 잊고 사는 경우가 많다. 바쁜 일정과 일에 대한 욕심으로 사랑하는 이가 2순위로 밀려난다면 슬픈 일이다. 사소한 감정의 골이 큰 감정의 골을 잉태하고 사랑하는 사람들은 이별이라는 파국으로 치닫는다.

결혼과 출산이 선택인 시대다. 여성의 사회경제적 진출이 늘어날수록 결혼을 필수로 생각하지 않는 경향이 늘어난다. 경제활동을 하는 여성의 수와 결혼한 여성의 수를 비교하면 그 감소 추세는 뚜렷해 보인다. 남성이나 여성이나 더 나은 상대를 찾을 수 있다는 기대를 버리지 못하고 결혼을 비용으로 생각한다면 혼인 건수는 줄어들 수밖에 없다.

비혼이나 만혼 인구가 늘고 아이를 낳는 일이 두려워지는 시대에서 정부는 저출산으로 골머리를 앓는다. 여성도 직업이 없이는 결혼이 어렵고 남성의 수입이 결혼과 이혼에 결정적 영향을 준다는 이야기도 회식 중에 곧잘 회자된다. 결혼을 앞당기고 유지시키는 역할을 하는 것이 다름 아닌 배우자의 수입 수준이라는 이야기를 들으면 현실이 슬퍼진다. 인간은 비용과 편익의 관점에서 행동하며, 가족 내에서 벌어지는 행위들 역시 경제적 계산의 결과라고 보는 사람들도 있다.

비용과 편익을 따지는 경제학자에 의하면 가족은 재화와 시간을 사용해서 음식, 주택, 자녀, 건강관리 같은 생존에 필요한 기본재를 생산하는 공장이다. 자녀는 가족이라는 공장에서 생산되는 기본재의 하나로 자녀 수, 자녀에 대한 투자 정도도 철저히 비용과 편익의 차원에서 분석된다. 소비자가 자신의 예산 범위 안에서 편익과 비용을 생각하며 제품을 구매하듯, 부모도 비슷한 과정으로 자녀 수와 교육에 투자할 금액을 결정한다.

누군가는 이런 게 다 싫다며 혼자 살기로 마음먹는다. 그는 서울의 높은 주택 가격을 원망하며 내집마련은 포기하고 SK디앤디(SK D&D)가 제공하는 주택 구독 서비스를 찾는다.

에피소드, 저마다의 경험을 담습니다

종합 부동산 기업 SK D&D의 주거 브랜드 '에피소드'가 브랜드 디자인과 운영 분야에서 잇따라 수상했다. 2021년 5월, 에피소드는 유럽 지역 공유 주거 협회에서 주최하는 제1회 '코리빙 어워드' 올해의 베스트 운영 부문 우승을 차지했다. 코리빙 어워드는 심사평에서 "에피소드는 커뮤니티의 질, 시설, 지속가능성, 운영 전략 같은 종합적인 측면에서 다른 업체들보다 한 단계 앞서 있다"며 "입주민들의 안전과 웰빙을 위해 커뮤니티의 활성화 정도를 정량화하여 접근하는 전략이 인상 깊었다"고 말했다. SK D&D의 에피소드는 밀레니얼 세대의 라이프스타일을 반영한 커뮤니티 중심의 주거 브랜드이다. 입주자의 개성과 취향을 반영한 공간과 소셜 네트워킹 프로그램을 포함한 임대주택을 제공한다. 주택은 성수, 신촌, 수유 등 서울의 번화가에 분포되어 있다.

에피소드는 다양한 취향을 고려해 이케아룸, 디자이너룸 등을 배치해 다양한 인테리어를 꾸몄다. 가구 구독 서비스로 개성에 맞는 연출도 가능하다. 세대별로 주방과 화장실이 별도로 마련돼 입주자가 원할 때만 타인과 연결될 수 있도록 공간을 설계했다. MZ세대를 공략하는 상품인 만큼 SK D&D는 임차인을 '엣피(edge people)'라고 부른다. 그들의 철학을 한번 들어보자.

"엣피에게 집이란 미래를 위한 투자 대상이 아닌 오늘의 나를 위한 생활공간이다. 우리 고객들은 유목민적 삶을 즐기며 새로운 이웃과 만나고, 소유보다 경험을 중시하며 자신을 위한 소비에 망설임이 없다."

구성도 MZ세대를 겨냥해 차별화했다. 1층에 소규모 무인 편의점이 입점해 있고 지하에는 커피와 술을 판매하는 카페가 있다. 공연이나 강연이 열리는 라운지에서는 입주자 간의 네트워크가 생긴다. 이케아와 협업해 6개의 각각 다른 콘셉트로 꾸민 이케아 룸도 있다. 후기를 보면 호평 일색인데 문제가 있다. 비싼 월세 때문에 계약이 미진하다. MZ세대는 '가성비(가격 대비 성능)'나 '가심비(가격 대비 심리적 만족도)'도 꼼꼼히 따지기 때문이다.

에피소드 성수 101 지하에 있는 공용 공간 '에피제로'에서는 소규모 음악 공연과 강연, 쿠킹 스튜디오 같은 프로그램이 제공된다. 에피소드 성수 121은 높은 층고를 활용한 복층 구조 설계로 오피스텔의 정형성에서 탈피했다. 1인 가구가 늘면서 반려동물 수도 증가하는 추세를 반영해 옥상에는 반려동물 산책이 가능한 펫 파크도 조성했다.

SK D&D가 에피소드를 개시하게 된 이유는 무엇일까? 소유하기보다 경험을 더 중시하는 MZ세대의 등장 이후 주거 공간에 대한 개념이 변화하고 있다. 이들 세대는 넷플릭스(Netflix)를 구독하듯 주거 공간도 원하는 기간만큼 구독하기를 원한다. 집·가구·차량도 구매를 통해 소유하기보다 원하는 기간만큼만 경험하는 '스트리밍 라이프'를 지향하는 경향이 커지고 있다. 물론 주거 공간을 구독만 하고 싶다고 하기에는 '영끌'해서 집을 사고자 하는 2030 세대들도 있는 것이 사실이다. 하지만 집을 단순히 '사는 곳'이 아니라 나의 생활을 행복하게 만들어주는 공간으로 보는 인식은 이제 MZ세대 사이에서 자연스러운 것이 되었다.

지금까지는 소유와 재산 가치, 하드웨어에 편중된 주택만이 존재했지만 MZ 세대의 등장과 함께 공간 안에서 시간을 어떻게 보내는지에 대한 이야기가 더 중요해졌다. 이들은 종전의 단순 주거 개념을 넘어 에피소드에 입주자 개인의 개성과 취향을 담기를 희망한다. 이따금 연결되고 싶어 하는 사람들과 함께하는 다양한 교류 기회를 통해 더 나은 도시 생활을 위한 공간과 경험을 함께 체험하기도 한다.

구독경제와 블록체인 플랫폼이 만드는 K-코인

이 장의 제목 서브미(Sub me)는 'Subscribe me'의 준말로 구독경제(subscription economy)를 상징한다. 구독경제는 정기 구독료를 내고 일정 기간 상품이나 서비스를 제공받는 개념으로, 미디어 콘텐츠에서 시작되었지만 이제는 소비재, 내구재, 사치재, 공간, 서비스로 확대되는 추세이다. 구독경제가 전통 사업 모델과 다른 점은 일회성으로 제품을 판매하고 소유권을 이전하는 것이 아니라 소비자가 제품을 사용하면서 지속적으로 서비스를 제공받는다는 점이다.

구독경제가 기업의 전통적인 사업 모델과 가장 크게 다른 점은 '반복'과 '선불'에 있다. 소비자는 일시에 금액을 지불하고 상품의 소유권을 얻거나 서비스를 소비하는 데서 그치는 것이 아니라 일정 금액을 정기적으로 선지급한다. 선지급 기간 동안에만 상품 또는 서비스를 소비하는 것이 구독경제의 특징이다. 상품에 따라 '소유' 여부도 다르다. 물이나 비누를 구독하면 소유하게 되지만 명품이나 자동차를 구독하면 일정 기간 사용하고 소유권을 반납한다. 구독하는 상품에 '서비스'가 붙는다는 점도 차별점이다.

이에 대한 추가 설명은 잠시 뒤로 미루기로 하고 코인 이야기를 해 보자. 코인마켓캡(coinmarketcap)에서 코인의 시가총액을 볼 때가 있다. 카카오 그라운드X가 내놓은 블록체인 플랫폼 클레이튼에서는 '카카오 코인'이라고 불리는 클레이(KLAY)를 사용한다. 클레이튼 생태계 조성에 기여한 사람에게는 클레이 코인으로 보상을 해주는 방법이 플랫폼 확장의 동력으로 사용된다. 클레이 외에 국내 블록체인 프로젝트 '테라'에서 쓰이는 루나(LUNA)가 전 세계 코인 시가총액 20위권 순위 안에 있어 K-코인의 위력을 보여주고 있다. 2021년 비트코인 열풍에 편승하여 국내도 코인이 상승세를 탔다. 2018년 8월 네이버의 라인이 자체 블록체인 네트워크인 링크체인(LINKCHAIN)과 함께 공개한 자체 개발 코인 링크(LINK)의 시세 역시 올랐다. 링크는 라인 생태계 내의 특정 서비스 이용을 통해 보상으로 획득하게 되는 '유저 보상(reward)' 개념을 적용했다. 라인의 여러 콘텐츠 앱과 커머스, 소셜, 게임 같은 다양한 서비스를 이용하며 코인도 얻을 수 있으니 일석이조다.

K-코인은 아니나 내가 눈여겨보는 코인이 있다. 해당 코인의 가치가 매년 100% 증가하는 구독경제에 연동된다고 광고하는 서브(SUB) 코인이다. 서브 토큰의 가치는 실물 세계의 비즈니스 아이디어, 파트너십, 상품과 서비스를 기반으로 해서 투기와는 거리가 멀다는 것이 관계자의 설명이다.

구독경제에 대해 개략적인 설명을 하니 협업 소비를 근간으로 하는 공유경제와 어떤 차이가 있는지 궁금해진다. 코로나19의 영향으로 인해 공유경제가 주춤하는 사이 디지털 기술과 다양한 비즈니스 모델을 내세운 구독경제가 견고하게 자리잡기 시작했다.

그 시절 신문구독과 지금의 구독은 무엇이 다를까?

요즘은 뜸해졌지만 신문구독을 해달라면서 현금이나 자전거 같은 현물까지 내밀던 분들도 있었다. 우유를 배달해 먹던 어린 시절 기억도 새록새록 떠오른다. 집을 비우게 되면 꼭 전화를 미리 걸어 우유를 넣지 말아달라고 이야기해야 했다. 과거에도 구독은 존재했지만, 지금에 와서 그 의미가 다르게 느껴지는 이유는 무엇일까?

과거에는 유통·소비재에 국한되었던 구독경제가 디지털 플랫폼과 소비자의 취향을 반영하여 전 산업 영역으로 확대되는 추세에 있기 때문일 것이다. 무엇이든 간편하게 배송받는 '구독경제 시대'가 우리 눈앞에 펼쳐지고 있다. 카카오는 국민 메신저 카카오톡을 활용한 정기구독 플랫폼 '구독 ON'을 출시했다. 구독 메뉴에는 내 반려견을 위한 펫푸드도 있고 청소와 세탁 등 다양한 종류의 서비스까지 있다. 구독경제는 크게 멤버십형, 렌털형, 정기배송형으로 나눌 수 있다. 각각의 대표적인 예로 멤버십형은 넷플릭스, 렌털형은 정수기, 정기배송형은 쿠팡을 들 수 있다.

구독경제라는 주제어에서 '공감'이라는 단어를 떠올려본다. 디지털 구독경제의 핵심은 개인 맞춤형 큐레이션 서비스다. 구독경제는 공감 저격이란 맥을 짚고 있는 것이다. 우리가 공감한다는 말을 할 때는 대상을 알고 이해하거나, 대상이 느끼는 상황 혹은 기분을 비슷하게 경험한다는 의미가 내포되어 있다.

구독경제는 분명 공감형 브랜드를 확산해 나가고 있다. '구독'과 '좋아요'에서 보이듯 유튜브는 공감을 먹고 산다. 공감이 디지털 구독 서비스의 대명사 넷플릭스를 넘어 화장품, 꽃, 도서, 의류, 다이어트 용품, 생필품, 인테리어 소품, 취미 용품 등 개인의 라이프스타일과 밀접한 영역에 서비스를 제공함으로써 일상에 자연스럽게 스며들고 있다. 이 과정에서 소비자들의 만족도는 높아지고 있다. 이제는 유통·소비재뿐만 아니라 의료·헬스 분야에서도 개인 맞춤형 구독 서비스를 내세운 스타트업들이 활약 중이다.

공감에 기반한 '개인 맞춤형' 구독경제 확산의 배경은 무엇일까? 여러 이유를 거론할 수 있겠지만 정보통신 기술 발달과 디지

구독경제의 유형

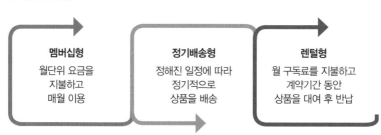

멤버십형
월단위 요금을
지불하고
매월 이용

정기배송형
정해진 일정에 따라
정기적으로
상품을 배송

렌털형
월 구독료를 지불하고
계약기간 동안
상품을 대여 후 반납

털 전환이 기여한 바가 크다고 하겠다. 과거 오프라인을 중심으로 펼쳐진 산업들에서 그저 보조적인 역할만을 하던 온라인 서비스에 반전이 펼쳐지고 있는 것이다. KT경제경영연구소는 2020년 국내 구독경제 시장 규모가 40조 1000억 원으로 2016년의 25조 9000억 원 대비 50% 이상 커졌다고 발표했다. 한국무역협회는 2020년 구독 비즈니스를 이용해 본 경험이 있는 소비자가 70%를 넘어섰다는 자료를 배포했다. 국내 구독경제 규모가 2025년 100조 원까지 성장할 것으로 예상되는 가운데, 글로벌 투자은행 UBS는 2020년 6500억 달러 규모의 세계 구독경제 시장이 2025년 1조 5000억 달러까지 커질 것으로 전망했다. UBS는 구독경제 시장은 연평균 18% 성장하며 가장 높은 성장률을 기록하는 산업이 될 것이라고 말했다.

구독(購讀)이란 사전적으로는 책, 신문, 잡지를 구입해 읽는다는 뜻이지만, 요즘에는 돈을 내고 정기적으로 제품이나 서비스를 이용하는 모든 행위를 칭한다. 귀걸이나 향수 구독 서비스도 있다.

장기 저성장 기조와 중개 플랫폼을 활용하여 노동력이 필요한 사람과 노동력을 제공할 사람을 연결해 임시 계약 형태로 서비스와 대가를 교환하는 긱 이코노미(gig economy)의 확산, 혼인률 감소와 1인 가구의 증가, 소유보다 경험을 중시하는 MZ세대의 소비 성향⋯⋯ 이 모든 현상들이 구독경제의 확산과 관계가 있다. 정보통신 기반으로 소비자 수요에 대응하는 즉각 대응하는 온디맨드(on-demand) 경제와 제조업에 서비스를 융합하는 제조업의 서비스화(servitization) 트렌드 역시 공급 형태를 일회성 판매에서 소비자와의 지속적 관계 형성으로 변화시켰다. 온디맨드 경제란 각종 서비스와 재화가 모바일 네트워크 또는 온라인 장터 등을 통해 수요자가 원하는 형태로 즉각 제공되는 경제 시스템을 말한다.

구독경제 모델별 차이점

분류	멤버십형	정기배송형	렌털형
적용 상품	주류, 커피, 병원, 헬스클럽, 영화관, 동영상, 음원 디지털 콘텐츠 등	속옷, 생리대, 칫솔, 영양제, 면도날 등 생활용품	자동차, 정수기, 명품 의류 등 고가 제품
이용 방식	월 구독료 납부 후 매월 무제한 사용	월 구독료 납부 후 매달 집으로 배송	월 구독료 납부 후 품목을 바꾸면서 이용가능
글로벌 대표 업체	무비패스 (월 9.95달러 지불 시 매월 영화관 관람)	달러쉐이브클럽 (월 9달러 지불 시 매월 면도날 4~6개 배송)	캐딜락 (월 1800달러 지불 시 모든 차종을 바꾸며 이용 가능)

출처: 포춘코리아

머신러닝으로 우리 강아지를 행복하게

현대인은 구독 서비스가 제공하는 맞춤형 만족이 지속되지 않는다면 언제든 그 서비스와 이별할 준비가 되어 있다. 혹시나 업체에서 꼼수를 부린다면 언제 구독을 해지할지 모른다. 구독 서비스 제공자는 구독자에게 불이익을 주어서는 안 된다. 소비자가 깔끔하게 떠날 자세가 되어 있다는 것을 인지해야 한다. 공감을 저격하는 맞춤형 큐레이션 서비스에 대해 한 회사를 예로 들어 이야기해보자.

바크박스(BarkBox)는 매월 합리적인 수준의 구독료를 내면 매달 강아지 인형, 장난감, 사료, 간식 등 다양한 구성품을 배송해준다. 이는 2012년부터 시작된 사업으로 상당한 규모의 가입자를 보유하고 있다. 반려동물을 위한 장난감 소재는 재활용 의류를 사용해 매월 새롭게 제작해 그중 임의로 선택하여 배송한다. 간식도 매월 테마를 정해 구성한다. 단순히 애견용품을 집으로 매달 보내주는 것 이상으로 바크박스가 보인 전략의 핵심은 '디자인'과 '옴니채널'에 있었다.

바크박스 안에는 강아지의 낙이 되는 것은 다 들어 있다. 장난감, 간식, 뼈와 개껌 등 강아지들을 기쁘고 건강하게 해주는 모든 것이 들어 있어, '개팔자가 상팔자'라고 생각할 법하다. 바크박스의 모회사 '오리지널 바크 컴퍼니(Original Bark Company)' 주식은 2021년 그다지 좋은 성과를 보여주지 못했다. 스팩(SPAC, Special Purpose Acquisition Company, 기업인수 목적회사) 상장의 열기로 급등한 후 흥분이 가라앉은 상태이기 때문이다. 하지만 2021년 분기별 구독 출하량은 크게 증가했는데, 이는 반려동물을 돌보려는 사람들의 열기가 전혀 식지 않았다는 것을 보여준다. 2022년부터의 주가전망은 '맑음'으로 돌아설 수 있다. 그도 그럴 것이 이 회사는 인공지능 머신러닝 기술을 구독 서비스에 접목하고 있다. 또한 비혼이나 딩크 성향이 증가하면서 강아지를 자식처럼 사랑하는 사람들이 늘고 있다. 미국에서는 4500만 가구가 반려견을 키우고 있고 약 8000만 마리의 반려견이 있기 때문에 바크박스의 성장 가능성은 어마어마할 수 있다.

반려동물의 건강을 추구하다 보니 견주들은 유기농 식품처럼 좋은 음식을 제공하려 한다. 바크박스의 직원 중에는 회사의 제품이 반려견에게 유해하지 않은지를 검토하는 수의사도 있다. 반려견의 크기에 따라 배송 상자도 맞춤형으로 제작된다. 어떤 강아지는 큰 상자와 큰 장난감을 좋아한다. 크기 외에 다른 요소도 고려하여 상자를 만들기도 한다. 가금류에 알레르기가 있는 강아지도 있고, 성격 때문에 내구성이 강한 장난감을 필요로 하는 강아지도 있다. 바크박스는 다양한 방법으로 반려견을 위한 제품군을 구성하는 데 AI 머신러닝을 활용한다. 수의사를 위한 우버(UBER)도 따로 있다. 이는 수의사가 집을 방문해서 진찰을 해주는, 반려동물 헬스케어 사업의 일환이다.

디지털 구독 서비스 급등의 이유

디지털 구독 서비스 급등의 배경에는 관련 플랫폼이 급증하면서 정보의 접근성이 높아지고, 구매 과정의 간소화가 가능해졌다는 사실이 영향을 미쳤다. 무엇보다도 구독 서비스에 인공지능, 데이터 분석, 클라우드 같은 정보통신 기술을 접목해 고객이 원하는 상품과 서비스를 판매하는 인프라가 제대로 갖춰졌다. 고객 데이터베이스를 수집하고, 지속적으로 업데이트하는 클라우드와 데이터를 기반으로 개인의 니즈를 분석하는 AI 덕분이라 하겠다. 정보기술의 발전, 배송 시스템의 고도화, 결제방식의 혁신에 힘입어 디지털 구독 서비스는 한층 진화에 진화를 거듭하고 있다.

이러한 기술을 보유한 일부 빅테크 기업들이 구독경제를 주도하고 그 기반을 다져놓을 수 있었다. MAGA(마이크로소프트·애플·구글·아마존)나 넷플릭스 같은 빅테크 회사가 구독경제에 뛰어들고 있다. 구독경제는 성장 정체에 빠졌던 빅테크가 체질 개선에 성공할 수 있었던 비결로 꼽힌다. 구독경제를 새로운 사업 모델로 도입한 기업들의 실적과 주가를 주목해야 하는 이유다.

구독경제의 산업 규모가 지속적으로 성장하고, 다양한 비즈니스 모델과 전략을 앞세운 스타트업이 등장하면서 이제는 무한 경쟁에 돌입하고 있다. 구독경제에서 승리하기 위해서는 어떤 단어에 집중해야 할까. '구독 여정(subscription journey)의 로드맵'은 어떤가? 구독 단계별 서비스를 고도화하고, 소비자의 욕구를 충족

디지털 구독경제의 성공 요인

구독 여정 로드맵	고객 기반 유지
중장기적 관점에서 구독경제 관련 일관된 목표 및 방향 수립	차별화된 가치 제안이 가능한 요소를 검토하고, 고객접점을 강화할 수 있는 영역을 모색
고객 유지 및 고객 경험 강화	지속가능한 수익 구조
개인 맞춤형 고객 경험과 차별화 서비스를 제공하며 락인(lock-in) 효과를 극대화	시너지 창출이 가능한 기업에 대해 M&A·투자·파트너십 등을 고려하고 구독 비즈니스 관련 정기적 모멘텀을 확보

하고 최적의 경험을 제공하는 것을 고민해야만 잠재 구독자를 실질 구독자로 전환할 수 있고 기존 구독자를 제공 서비스 테두리 안에 유지할 수 있다. 지속가능한 수익구조를 마련하기 위해서는 고객경험이란 공감 능력과 편안한 관계 설정이 필요하지 않을까? 그래야 소비자가 서비스에서 떠나지 않고 구독경제의 세계에 남아 있을 수 있다.

공감은 어떻게
기업의 매출이 되는가

'규칙 없음'이 규칙인 넷플릭스

구독경제 성공모델의 효시는 세계 최대의 콘텐츠 플랫폼으로 자리매김한 넷플릭스다. 넷플릭스는 '인터넷(internet)'과 '영화(flicks)'의 합성어이다. 넷플릭스 구독자는 적은 월정액을 내고 영화와 드라마, 다큐멘터리를 무제한 스트리밍으로 볼 수 있다. 넷플릭스는 1997년 미국 캘리포니아에서 비디오와 DVD를 우편이나 택배로 배달하는 서비스로 시작했다가 2007년 온라인 스트리밍 사업을 열며 구독 모델을 사용했다.

넷플릭스의 사업 모델이 과거의 정기구독과 다른 점은 스마트폰이 확산되고 실시간 스트리밍이 가능해지면서 기존에 구독 형태로 제공하기 어려웠던 상품과 사용자 경험을 제공한다는 점이다. 고객의 사용 패턴을 실시간으로 분석해 주는 체계는 얼마나 매력적인가. 게다가 서비스를 해지하고 싶다면 언제든 해지할 수 있다. 위약금을 비롯해 어떤 불이익도 없다. 이것이 오랫동안 넷플릭스가 존중해 온 문화이다. 산업계에 지각 변동을 일으켜 '포스트 잡스'로 불리는 리드 헤이스팅스(Reid Hastings)가 끊임없는 혁신으로 넷플릭스의 성공가도를 이끌었다. 그 비결은 무엇일까.

흔히 '자유와 책임 문화'가 그 이유로 꼽힌다. 넷플릭스에는 정해진 출퇴근 시간이나 근무 시간이 없다. 휴가와 경비에 관한 규정이나 결재 승인 절차도 없다. 무규칙이 규칙인 셈이다. 리드 헤이스팅스의 경영 철학을 담은 책『규칙 없음』은 조직을 운영하는 데 공감 가는 이야기를 많이 담고 있다.

2001년, 닷컴 버블이 꺼지고 벤처 캐피털 자금이 사라지자 사정이 어려워진 넷플릭스는 120명의 직원 중 3분의 1을 해고했다. 헤이스팅스와 인사 책임자는 누가 '회사를 지키는 유지군'인지에 대해 고민하면서 가장 창의적이고 협력적인 사람들을 우선시했다. 해이스팅스는 정리해고 후 몇 달 동안은 사기가 바닥으로 떨어질 것이라고 예상했다. 그런데 현실은 예상과 달랐다. 그는 당시를 이렇게 회고한다.

"사무실 전체가 일에 미친 듯이 빠져 있는 사람들로 가득 차 있었다. 그렇게 느껴졌다."

넷플릭스는 근로자를 해고하는 데 있어 엄격한 규정이 없다. 헤이스팅스는 이 과정에서 조직 운영에는 소수 인재의 역할보다는 팀워크가 훨씬 중요하다는 교훈을 얻었다. 넷플릭스가 재능 있는 사람들을 위해 최고의 임금을 지불하는 다른 실리콘밸리의 기술 신생업체들과 얼마나 다른지에 대해서는 논쟁의 여지가 있다. 그렇다 하더라도 넷플릭스는 넷플릭스답게 이런 생각을 한다. 능력주의 못지않게 팀의 화합을 조화롭게 추구하는 것이 조직을 구성하는 직원들 사이의 괴리감을 줄이는 데 중요한 요소라고.

"한두 명의 우수한 선수에만 의지하는 팀은 오히려 팀 내 모든 사람들의 성과를 떨어뜨릴 수 있다."

넷플릭스의 솔직한 피드백 정책은 헤이스팅스의 부부 상담에서 비롯되었다. 1990년대 중반 버그를 없애는 컴퓨터 소프트웨어 회사인 퓨어 소프트웨어(Pure Software)의 CEO였을 때, 헤이스팅스는 자주 집을 비웠다. 그의 아내는 실망했고 그와 거리감을 느꼈다. 그들은 불화로 인해 부부 상담을 하러 갔고, 그곳에서 그는 분노를 표현하고 정직해지는 법을 배웠다고 한다. 그 후 사무실로 돌아와서 이렇게 행동하기 시작했다.

"나는 직원 모두가 그들이 정말로 생각하고 있는 것을 털어놓도록, 긍정적 의도로 말하도록 격려하기 시작했습니다."

사소한 오해가 쌓이면 불화가 된다. 넷플릭스에서는 어떤 아이디어에 동의하지 않는 경우에 그 의견 차이를 표현해야 한다. 혹시 누군가 이를 표현하지 못하게 한다면 그 사람은 넷플릭스 직원의 자격이 불충분할 뿐만 아니라 조직에 충성하지 않는 것으로 인식될 수 있다. 또한 넷플릭스에서 일할 때 직원들은 특정한 전략적 결정에 대한 사전 승인이 필요하지 않다. 어리석은 행동을 하면 해고되고, 대신 일을 잘한다면 임금 인상이라는 혜택을 받을수 있다.

어떤 이들은 회사가 '자유와 책임' 접근 방식만으로 잘 운영될수 있다는 데 공감하지 않을 수 있다. 헤이스팅스 역시 감독과 규칙을 완전히 없애는 것이 불가능하다는 것은 인정한다. 그는 직원안전과 성희롱, 고객 데이터, 개인 정보 보호와 재무 보고, 안전관리를 위한 회사 운영과정에서의 '규칙 있음'은 중요하다고 언급한다. 그의 말 중 가슴에 가장 와닿는 말이 있다.

"우리가 (지금까지) 배운 것은 전 세계에 걸쳐서 기업 문화를 (제대로) 통합하기 위해서는 무엇보다도 겸손해야 하고 호기심을 가져야 한다는 것입니다. 그리고 반드시 말하기 전에 경청해야 하고, 가르치기 전에 배워야 한다는 것을 기억해야 합니다."

넷플릭스에서는 말단 직원도 자유롭게 의사를 결정하여 수십억짜리 계약서에 직접 서명한다. 회사가 규칙 없음을 외치며 얽

매이지 않으니 직원 만족도는 높아지고 회사의 우수한 조직문화
는 입소문을 타고 순식간에 확산된다. 서비스 기업의 성공은 궁극
적으로 시간이 지남에 따라 구축되는 고객과의 관계에 달려 있다.
신뢰의 다른 이름은 고객의 공감이다. 훌륭한 회사는 합리적인 요
소뿐만 아니라 고객의 감정도 함께 고려해야 한다.

치열한 OTT 경쟁 속에서도 자신만만한 넷플릭스의 비밀

구독 서비스를 평정하고 있는 글로벌 OTT(Over-the-top, 온라인
동영상 서비스) 업계의 경쟁은 갈수록 치열해지고 있다. 업계의 공룡
넷플릭스는 디즈니, 애플, HBO 등 다른 미디어 공룡들이 OTT 시
장에 뛰어드는 데 대해 여유로운 모습을 보이고 있다. 다양한 콘텐
츠가 생겨나 소비자들의 선택지가 늘어나는 것을 애써 고무적이라
며 동반 성장할 수 있는 기회라고 본다. 「킹덤」, 「스위트홈」, 「승리
호」 등의 흥행과 한국 드라마로는 처음으로 전 세계 넷플릭스 TV
쇼 부문 1위에 오른 「오징어 게임」과 「지옥」까지, 한국 콘텐츠가 세
계적으로 흥행에 성공한 배경에 대해 넷플릭스 관계자는 이렇게
말한다.

"우선 (한국의) 업계 생태계가 탄탄하고 훌륭하게 갖춰져 있습니다.
훌륭한 작가와 감독, 배우가 많아 다양하고 수준 높은 스토리가 많

이 나오는 것 같습니다. (한국산) 작품이 가진 감정과 감수성이 뛰어납니다. 다른 나라 콘텐츠보다 감정의 세세함에 많이 집중해서인지 더 공감이 갑니다."

구독경제를 이끄는 넷플릭스에서 공감은 조직문화에서도 사업 운영에서도 본질적인 요소로 작용하고 있음을 알 수 있다. 낙오자를 주요 인물로 등장시킨 「오징어 게임」에는 보편적인 공감의 정서가 쉽게 녹아들 수 있다. 보편성은 시대에 따라 달라진다. 곧 시대정신의 다른 말이다. 남을 밟고 올라서야 하는 극한 경쟁에 내몰린 현대인들에게 공정이란 무엇인지를 곱씹게 만드는 주제의식에 공감하지 않을 사람이 있을까.

넷플릭스에서 일하는 작가와 감독이 편안함을 느끼는 비결은 무엇일까? 넷플릭스는 광고주에 의존하지 않는다. 가입자로부터 창출되는 수익원이 보장되어 있다. 넷플릭스는 파일럿이 아닌 이야기 중 직접 제작하는 어떤 이야기든 두 개의 시즌을 주문한다. 이 덕분에 배우들과 작가들은 더 많은 유연성과 안정을 느낄 수 있고, 이러한 넷플릭스 문화에 편안함을 느낀다. 그들이 집중할 일은 오로지 좋은 콘텐츠를 만드는 것뿐이다. 작가들은 규칙 없이 자유롭게, 오직 시청자의 공감을 얻기 위해 노력한다. TV 프로그램의 일반적인 시간 제약에도 제한되지 않는다. 필요한 만큼 길게 또는 짧게 에피소드를 만들 수 있다.

넷플릭스는 게임 산업으로까지 눈을 돌리고 있다. MZ세대에 있어서 게임은 엄연한 문화다. 게임 구독 서비스도 도입되었고 클라우드 게임도 확대되고 있다. 게임을 관람하는 e-스포츠도 활황을 맞고 있다. MZ세대의 성장과 함께 게임의 미래가치가 매우 높아질 것으로 예상된다. 스마트폰 게임 시장의 성장률도 매우 높다. 예전에는 게임을 하는 데 PC와 콘솔 같은 기기가 필요했지만 스마트폰 성능이 개선되면서 이런 게임들을 스마트폰을 통해 간편하게 즐길 수 있게 된 영향이 크다.

그런 와중에 디즈니플러스(Disney+)가 2021년 11월 우리나라에 상륙했다. 디즈니플러스의 매력은 다양한 콘텐츠를 제공한다는 점이다. 디즈니플러스에 가입하면 디즈니를 비롯해 픽사(Pixar), 마블(Marvel), 스타워즈(Star Wars), 내셔널지오그래픽(National Geographic) 등의 콘텐츠 시청이 가능하다. '스타' 브랜드도 함께 선보이고 있다. ABC와 20세기 텔레비전(20th Television), 20세기 스튜디오(20th Century Studios), 서치라이트 픽처스(Searchlight Pictures) 등이 제작한 영화와 TV 프로그램들은 눈을 즐겁게 한다.

디즈니가 책정한 국내 디즈니플러스 이용료는 월 9900원, 연간 9만 9000원이다. 넷플릭스의 가장 저렴한 요금인 '베이식'과 비교하면 월 단위 기준 400원 더 비싸지만, 계정 공유에 따른 비용 분담을 고려하면 계산이 달라진다. 넷플릭스가 화질과 동시 시청 수에 따라 요금제 등급을 나눴다면, 디즈니플러스는 단일 요금제로 구성되어 있다. 월 이용료 한 번으로 최대 4명 동시 시청이 가능하고, 개인 맞춤형 추천 콘텐츠가 제공되는 프로필은 최대 7개까지 설정 가능하다. 때문에 디즈니플러스의 가격은 각각 4명, 7명이 분담할 경우 1인당 월 2475원, 1400원이라고 볼 수도 있다. 넷플릭스와 디즈니플러스 간의 경쟁으로 시청자는 더 즐거운 구독 서비스를 누릴 수 있지 않을까. 넷플릭스의 헤이스팅스는 혁신을 이렇게 본다.

> "혁신을 논할 때는 10년 후를 상상해야 한다. 10년 후에 대세가 될 기술이 지금은 빠르다고 느껴질 수 있지만 '폭발 시점'을 기다리면 너무 늦다. 따라서 10년 후를 대비하는 비즈니스를 미리 만들어야 한다. 2030년이면 TV 방송 시스템이 완전히 사라질 것이다."

그는 또 다른 미래를 준비하고 있다.

혁신 기업의 공감전략

대중이나 고객으로부터 어떻게 공감을 얻을 수 있을까? 타깃이 되는 집단에 대한 인터뷰나 통계 분석으로 얻을 수 있을까? 꼭 그렇지만은 않아 보인다. 우리가 공감 포인트를 알고자 하는 이유는 사람들을 움직이는 동기가 무엇인지를 파악하기 위함이다. 공감은 동기 유발의 아주 특별하고 강력한 힘이다.

공감에 대해 생각할 때 '연민(sympathy)'이라는 단어가 떠오를 수 있으나, 연민은 유교의 측은지심(惻隱之心)에 가까운 말이다. 이 말은 지금은 '가엾음', '측은함' 또는 '불행을 겪고 있는 누군가를 향한 슬픔'이라는 뜻을 담고 있다. 몇백 년 뒤에 생겨난 '공감(empathy)'이라는 단어는 반드시 똑같은 경험을 하지 않았더라도 그 느낌을 적극적으로 상상하며 느끼는 동질감을 말한다. 심지어 타인의 감정을 내 것처럼 느끼는 경우도 있다. 책『공감은 어떻게 기업의 매출이 되는가?』에서는 공감과 연민에 대해서 이렇게 이야기한다.

> "공감은 그 사람이 어떻게 그 감정에 이르게 되었는지를 주의 깊게 살핍니다. 반면 연민은 눈앞에 보이는 상황으로만 판단합니다. 연민은 그가 어떤 과정을 거쳐 현재 상황에 이르렀는지 개의치 않아요. 지금 이 순간의 결과에만 집중하죠. 하지만 공감은 결과뿐 아니라 그 과정도 이해하려 합니다."

누군가에게 공감하기 위해 특정 상황을 직접 겪어볼 필요는 없다. 그저 일련의 과정들을 이해하고 존중하면 된다. 이는 기업경영과 나를 경영하는 작은 혁신의 발로다. 타인의 관점에서 세상을 보고, 이해하고, 느껴야 한다. 더 나아가 행동하려는 의지와 능력까지 가미된다면 세상을 움직이는 큰 동력이 될 수 있다. 내가 타인에 대한 이해와 연결될 때 공감이란 힘이 생기고 지구촌을 질주하는 빛이 된다. 인간적 공감이 인류를 넘어 다른 생물과 지구 생태계까지 확장될 조짐을 보이고 있다. 동물을 인생의 반려로 여기고 벗 삼는 한편, 기후변화 대응 이슈에 관심을 갖고 자연에 대해 깊은 친화력을 갖게 되는 현상이 이를 단적으로 말해준다.

공감은 디자인적 사고에도 영향을 미친다. 공감을 통해 우리는 우리 자신, 다른 사람들, 사물, 그리고 세상을 이해하는 법을 배운다. 공감하는 소통과 연결을 통해, 그리고 다른 개인의 눈을 통해 세상을 발견한다. 많은 디자이너들은 다음 세대가 더 공감하는 세상을 위한 해결책을 만들 수 있도록 영감을 주는 방법에 대해 밤을 지새우며 고민하고 있다.

공감형 리더와 공감형 브랜드

기업을 경영하는 데 있어 리더의 역할은 매우 중요하다. 리더가 엉터리면 배가 산으로 간다. 폭풍우를 못 이겨 배가 전복되는 것보다 낫다고 할지 모르나 리더의 결단력은 회사를 흥하거나 망하게 하는 결정적 요인이다.

'공감'을 자신의 정치철학의 핵심으로 삼은 사람이 많은데, 대표적인 인물로 버락 오바마(Barack Obama) 전 미국 대통령을 들 수 있다. 오바마 대통령은 대외 정책에서부터 대법관 선임에 이르기까지 중요한 정치적 결정을 내릴 때마다 공감을 앞세웠다. 그가 대통령 당선 연설에서 강조한 "나는 여러분의 의견을 듣겠습니다"라는 문장은 세계인의 공감을 얻었다.

공감형 리더는 모든 사람을 만족시켜야 하므로 결단력이 부족해질 수밖에 없다고 여겨질 수 있다. 실은 그렇지 않다. 공감형 리더는 이해 당사자들의 요구에 굴복하는 것이 아니라, 정보를 수집해 심사숙고한 뒤 단호하게 실행에 옮긴다. 모두의 입장을 고려한 뒤 가장 유익한 판단을 내림으로써 균형을 잡으려 노력한다. 공감형 리더가 되고자 할 때 주의해야 할 점은 스스로를 먼저 돌봐야 한다는 것이다. 스스로 질문 리스트를 만들어 실험을 해보아야 한다.

"지금 당신의 상황은 어떠한가? 자신감이 충만한가? 자기 자신에게
공감하고 스스로를 따뜻한 눈길로 바라보고 있는가?"

공감형 브랜드의 기본 자세는 고객의 이야기에 귀 기울이는 것이다. 이메일 문의에 답장을 주지 않거나, 트위터에 쓴 불만 사항을 무시하거나, 평이 좋지 않은 인터넷 후기를 받아들이지 않는 기업이 있다면 지금 당장 공감의 정신을 배워라. 공감에는 대본이 없다. 공감을 실천하는 올바른 방법이나 틀린 방법도 없다. 그저 이야기를 들어주고 상대를 존중하며, 판단을 보류하고 상대에게 다가가는 것이다. 세계에 새로운 소통 혁명과 더불어 풀뿌리 자본주의 시대가 도래할 것이라는 이야기가 나온 지도 상당한 시간이

흘렀다. 석유 에너지를 기반으로 한 부의 집중과 적자생존을 초래한 경쟁 패러다임이 종언을 고할 것이라는 이야기도 꽤 오래되었다. 그러나 아직 기다리는 시대는 오지 않았다.

코로나19는 세상에 많은 어려움을 주었는데, 특히 소상공인의 어려움이 아주 컸다. 그들은 하루하루 버텨내는 것이 버거울 만큼 어려운 시간을 보내야만 했다. 소상공인 비율이 높은 우리나라에서 자영업자나 소상공인이 가장 필요로 하는 것은 안정적인 수익원일 것이다. 그렇다면 소상공인은 어떤 가치를 존중해야 할까? 단골 가게가 가지는 공감의 힘 아닐까. 확진자가 발생하는 와중에도 이웃집의 칼국수 가게는 맛 하나로 여전히 손님이 줄을 설 정도로 장사가 잘된다. 소비자 입장에서 믿을 것은 제품과 서비스의 질뿐이다. 구독경제는 신뢰와 공감의 자본이 축적되어야 하는 비즈니스 모델이다. 자영업자나 소상공인이 단골이 아닌 일반 소비자들로부터 대중적 신뢰를 얻기는 쉽지 않다.

정부나 지방자치단체가 좋은 자영업자나 소상공인을 발굴해서 각종 제품과 서비스를 일반 소비자가 구독할 수 있게 해줘야 한다. 정부나 지방자치단체가 운영하는 플랫폼에 이들의 서비스를 알려 네트워크 효과로 그들의 각종 제품과 서비스를 일반 소비자가 구독할 수 있게 해주는 것이 무엇보다 필요하다.

예를 들어 신선식품을 판매하는 소상공인이 구독 서비스를 제공하고 싶어도 배달이 문제가 될 수 있다. 신선식품은 대부분 새벽 냉장 배달이거나 총알 배송을 지향하기 때문에 자본이 없는 소상공인이나 자영업자가 이를 행하는 것은 어려운 일이다. 정부 또는 지방자치단체 차원에서 참여형 구독 서비스 플랫폼을 만들어 공동으로 배달 문제를 해결하면 어떨까. 이러한 공공 배달 앱이 경쟁에서 살아남기 위해서는 유지·운영비를 부담하는 것 외에 먼저 소비자로부터 사랑을 받아야 한다는 어려운 과제가 있다. 차라리 정부나 지방자치단체가 전자상거래 기업이나 배달 대기업과 협업을 유도해 주는 편이 바람직해 보인다. 구독경제에는 신뢰 자본과 일정 수준 이상의 경제 규모가 필요하므로, 자영업자와 소상공인이 독자적으로 구독 서비스를 제공하기에는 현실적인 어려움이 있을 수 있다. 또한 업종별, 지역별로 국민 세금을 낭비하지 않고 민과 관의 제대로 된 팀워크의 묘수를 만들어야 하기에 쉽지 않은 작업이 될 것으로 보인다.

펠로톤이 열어가는 신 구독경제

코로나19가 발생한 상황에서 사람들의 마음을 어떻게 사로잡을 수 있을까? 기업인들은 위기 상황에서 이러한 고민에 빠진다. 집에서 하는 운동인 '홈트레이닝'이 뜬 것도 이런 고민에서 탄생한 아이디어가 시작이었다. 팬데믹으로 두각을 나타낸 회사 중 스트리밍 피트니스 클래스에 참여하면서 운동하는 '피트니스계 넷플릭스' 펠로톤 이 눈에 띈다. 구독경제 관점에서 그 성공 요인에 대해 생각해 보자. 2021년에 펠로톤의 고도성장 시대는 끝났다는 보고서가 발표되기도 했고, 주가가 하루 만에 35% 폭락하는 상처도 입었지만 펠로톤이 홈피트니스의 대명사임은 여전히 부정할 수 없다. 코로나19 이후 피트니스 센터가 재개장되며 경쟁이 늘어나는 것은 어쩔 수 없는 펠로톤의 숙명이라 하겠다.

코로나19 팬데믹으로 오프라인 피트니스 센터가 모두 폐쇄되면서 계속 운동하고 싶은 사람들이 펠로톤으로 몰렸다. 홈트레이닝을 즐기는 이들의 급증과 더불어 매출은 크게 증가했다. 2006년 뉴욕에서 시작된 '소울 사이클'은 '즐겁게 운동하자'라는 슬로건을 내걸고 시작했다. 이후 이곳은 실내 스피드 라이딩 스튜디오로 모델, 패셔니스타, 커리어우먼이 즐겨 찾는 인기 있는 곳으로 성장했다. 이곳을 애용하던 존 폴리(John Foley) 부부는 아기를 낳고 운동하러 나갈 시간이 없어지자 집에서도 소울 사이클을 하는 방법을 고민하게 된다.

이들이 생각한 해법은 자전거 앞에 커다란 모니터를 달아 집에서 운동하면서도 마치 오프라인 스튜디오에 모여 강습을 받듯이 콘텐츠를 보면서 운동하는 것이었다. 이 방법대로라면 혼자 운동하는 지루함을 이겨내고, 원격 강습으로 운동 효과도 누리면서 경쟁심을 자극할 수 있을 것 같았다.

펠로톤은 애플과 비교되기도 하는데, 그 이유는 하드웨어와 소프트웨어를 동시에 판매하고 있기 때문이다. 펠로톤은 운동기구와 운동 콘텐츠를 함께 판매하는 기업이다. 펠로톤의 매출 비중은

펠로톤 판매 상품

자전거   러닝머신   기타 운동용품

하드웨어가 80%, 콘텐츠가 20% 정도이다. 하드웨어에는 실내용 자전거와 트레드밀(러닝머신)이 있다. 펠로톤 운동기구의 가장 큰 특징은 기구 앞쪽에 20인치 대형 터치 스크린과 카메라가 달려 있다는 점이다. 이 스크린으로 라이브 또는 녹화된 피트니스 영상을 보면서 운동을 즐길 수 있다. 기구에는 내장 컴퓨터가 설치되어 있어서 분당 회전수, 달린 거리, 속도, 심박수가 실시간으로 화면에 나타난다. 라이브 수업의 경우 이 정보들이 피트니스 강사에게 그대로 전달이 되어, 실시간으로 응원을 해주거나 운동 강도를 조절해 주기도 한다.

관련 피트니스 제품을 구매하면 고객들은 펠로톤이 제공한 독점적인 스포츠 콘텐츠를 구독할 수 있다. 펠로톤 고객은 펠로톤 구독 서비스에 가입하고 펠로톤이 제공하는 생방송 수업에 참여하여 다른 참여자와 비교하고 경쟁하면서 운동할 수 있다. 펠로톤이 매주 수십 개씩 새롭게 제공하는 광범위한 콘텐츠 라이브러리에서 마음에 드는 클래스를 선택해 운동을 할 수도 있다.

운동이 끝나면 펠로톤 머신은 자동으로 서버와 연결되어 이전 운동 성과와 오늘의 성과를 비교하면서 개선점을 정리하여 사용자에게 피드백을 준다. 펠로톤은 페이스북, 인스타그램 같은 소셜미디어를 잘 이용해 피트니스 경험을 공유한다. 공유는 또 다른 공감이 되어 매출 성장을 이끈다.

펠로톤 피트니스 앱인 스트라바(Strava)에서는 열정적인 팬들에게 샘플 클래스를 무료로 제공하여 커뮤니티 활성화에도 많은 노력을 기울였다. 펠로톤 커뮤니티는 배우 휴 잭맨(Hugh Jac킬로미터an), 올림픽 챔피언 스프린터 우사인 볼트(Usain Bolt), 억만장자 버진그룹(Virgin Group) 회장 리처드 브랜슨(Richard Branson)과 같은 유명인들과 수시로 만날 수 있도록 한다. 펠로톤 클래스에 참여하는 경우 누가 이 클래스에 참여하고 있는지, 누가 어느 정도의 성과를 내고 있는지, 나의 순위는 어느 정도인지 등이 표시된다. 이러한 정보는 운동에 참여하는 사람들에게 동기부여가 되고 경쟁심을 부추긴다. 그 결과 운동에 더 열중하게 만들고 다음 운동에 참여할 가능성을 높여 준다. 공감이란 상품이 동기부여가 되고 펠로톤의 확장을 이끄는 것이다. 아울러 이들은 능력 있는 강사 육성을 위해 많은 노력을 기울인다. 초창기에는 스톡옵션을 제공하면서까지 좋은 강사를 모셔오기 위해 애썼다. 펠로톤이 성장하고 고객이 증가하면서 펠로톤 인기 강사는 몇십만 명의 팔로워를 거느리는 인플루언서로 성장했다. 펠로톤은 넷플릭스와도 유사하다고 평가받는다. 콘텐츠 추천 시스템 때문이다. 넷플릭스가 유저의 취향을 분석해 작품을 추천하는 것과 마찬가지로 펠로톤도 이용자의 건강상태와 운동 습관을 고려해 운동을 추천해주기 때문이다.

펠로톤은 프랑스 단어 '플라툰'에서 유래되었다. 이는 경주에서 한 무리의 라이더(자전거나 오토바이 등을 타는 사람들)를 의미한다. 그들은 열정이라는 에너지를 함께 쏟는다. 단체 훈련 시간에 대한 존 폴리의 사랑은 공감이란 언어의 다른 표현이다. 그의 자전거 콘셉트는 자전거를 타는 사람들이 원격으로 계속 달리도록 격려하며 수업을 함께 하는 것이다. '함께'는 공감의 기초이다. 포브스에 따르면, 펠로톤의 로고는 바퀴와 'p'를 결합한 개념이다. 몇 년 동안 로고가 어떻게 바뀌었는지에 대한 정보는 많지 않다. 유일한 변화는 흰색 바탕에 주로 검은색, 또는 검은색 바탕에 흰색인 색상이란 것이다. p를 통과하는 바퀴는 '공감'이란 언어로 관통하는 홈피트니스 회사임을 상징한다. 공감의 영어 단어 'empathy'와 펠로톤에서 함께 나오는 p의 힘을 느껴본다. 미국에서는 '집에서 운동한다'는 말을 '펠로톤한다'고 한다. '검색하다'를 '구글링하다'로 쓰는 현상과 같다. 홈피트니스의 혁신 기업 펠로톤은 구글처럼 하나의 고유명사로 자리 잡았다.

조 바이든(Joe Biden) 미국 대통령도 취임 전까지 펠로톤 자전거를 즐겨 탄 것으로 알려졌다. 다만 보안 문제로 백악관에 펠로톤 자전거를 가져가지 못했다고 한다. 작가 홀리 번스

(Holly Burns)가 《뉴욕 타임스(The New York Times)》에 기고한 칼럼 「때론 남편의 펠로톤이 밉다(Sometimes I Hate My Husband's Peloton)」에는 다음과 같은 문구가 있다.

> "고(故) 다이애나 왕세자빈의 표현을 빌리자면 우리의 결혼에는 세 명이 있는 것 같다. 나와 남편, 그리고 펠로톤 자전거."

이 기고에서 번스는 코로나19 팬데믹 이후 미국인이 실내용 자전거 펠로톤에 얼마나 많이 의지하는지를 이야기한다. 홀리 번스에 의하면 한 여성은 마라톤 선수 출신이자 펠로톤 인기 강사인 로빈 아르존(Robin Arzon)을 '나의 세라피스트'라고 표현한다.

코로나19 이후에 다시 오프라인 피트니스 클럽이 문을 열면 홈 피트니스에 대한 관심이 식지 않을까 하는 우려도 있다. 하지만 펠로톤은 헬스장을 대체하는 회사가 아니다. 집집마다 넷플릭스를 본다고 해서 사람들이 코로나19 이후에 영화관에 가지 않게 되지는 않을 것이다. 홈피트니스는 우리가 건강에 예전보다 더 관심을 갖게 되면서 탄생한 또 하나의 공감 문화이다.

그러나 펠로톤 자전거에 끼인 어린이 사망사고와 자전거 리콜 사태로 펠로톤은 어려움에 봉착하기도 했다. 코로나19 백신 보급 이후 피트니스 클럽이 재개장하고 야외 활동이 늘어난 것도 악영향을 주었다. 룰루레몬의 미러(Mirror), 하이드로(Hydrow), 토널(Tonal) 등 후발업체들의 추격을 어떻게 따돌릴 것인지도 중요 과제다. 그런 와중에 2021년 8월, 펠로톤은 '펠로톤 어패럴(Peloton Apparel)'이라는 이름으로 의류사업에 뛰어들었다. 이는 수익 다각화 측면에서 기대를 모으고 있다.

구독경제 생태계의
변화

상품 중심에서 사람 중심으로의 전환

구독경제는 상품 패키지나 CD 같은 제품 중심 전략과는 거리가 멀다. 고객과 그의 개인화된 경험에 집중하는 신경제다. 구독경제에서 성공으로 가는 길은 사람에 집중하는 것이다. 구독경제는 전자상거래를 포함한 현대 산업의 수백 개 회사의 성장 지표를 반영하는 주오라(Zuora)의 구독경제 지수(Subscription Economy Index)에서 나온 개념이다.

구독경제라는 용어는 미국의 기업용 결제 및 정산 솔루션 기업인 주오라의 창립자 티엔 추오(Tien Tzuo)가 처음 사용했다. 그는 구독경제를 "제품 판매가 아니라 서비스 제공을 통해 반복적인 매출을 창출하고, 고객은 구매자에서 구독자로 전환하는 산업 환경"이라고 정의했다. 과거에는 대형마트에 입점하거나 홈쇼핑에만 나가도 큰 수익을 낼 수 있었다. 지금은 유통 환경이 달라졌다. 구독경제 서비스는 정기적으로 매출이 발생하고, 상품 가입 시 자동 결제되는 시스템이라 소비자가 해지하기 전까지 그대로 유지될 가능성이 높아 업체 입장에서 유리하다. 소비자 역시 번거로운 구매 과정을 생략하면서 효율적으로 구매할 수 있고, 가격 할인 혜택도 받을 수 있다. 결국 기업과 소비자가 상호 혜택을 보는 사업 모델이라는 얘기다.

그동안 일반적으로 기업은 가능한 한 많은 사람에게 특정 제품이나 해결책을 제공하는 데 집중해야 한다는 명제가 지배적이었다. 오늘날은 어떻게 소비자가 기업의 제품을 정기적으로 결제하여 가치를 얻는가에 집중하는 것이 중요하다. 소비자, 즉 구독자의 경험에서 유래한 가치를 확보하여 공감을 획득하는 것이 구독경제의 정신이라 하겠다.

주오라에서 집계하는 구독경제 지수에 따르면, 해당 지수에 포함되는 기업의 매출액은 2012년부터 2019년 6월까지 연평균 18.2% 상승했다. 2012년부터 2019년 6월 말까지 구독경제 비즈니스 매출 성장률은 18.2%로, S&P 500의 매출 성장률(3.6%)과 미국 소매 매출 인덱스(3.2%)보다 약 5배 높았다. 신규 구독 가입자의 순증가율은 연평균 15.4%를 기록했다.

구독경제는 글로벌 금융위기 이후에 성장했다. 소득 안정성이

신구 비즈니스 모델과 구독경제

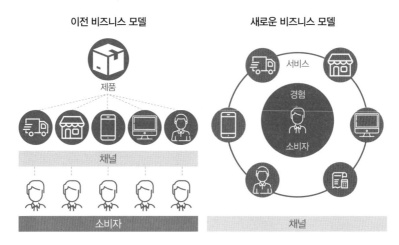

출처: 주오라

저하됨에 따라 한 번에 고액을 지출하기보다는 필요할 때 사용하고 그만큼만 지불하는 소비 형태가 유행하기 시작했다. 무리한 지출을 통해 재화를 소유하기보다는 집이나 자동차, 대형가전 같은 초기 구입비용이 높은 내구재를 공유하거나 구독하여 사용하는 형식의 소비가 대안으로 떠오른 것이다. 음악이나 영화 등의 콘텐츠도 굳이 다운로드하여 PC나 스마트폰 저장 용량을 낭비할 필요 없이 한번 보고 듣는 '소비'에 중점을 두는 소비자들이 늘어났다. 글로벌 경제의 장기 저성장 기조가 이어지면서 위와 같은 소비 형태는 전 세계로 번졌다. 특히 소비를 주도하는 MZ세대는 과거 세대보다 불황에 익숙하고 수축적인 소비 성향을 보이는데, 이들을 중심으로 월 구독료를 내고 필요한 물품과 서비스를 제공받는 구독경제가 본격적으로 인기를 끌기 시작했다.

그림의 새로운 비즈니스모델에서처럼 구독자를 중심에 두는 비즈니스 모델로 전환하려면 조직 내에서 많은 변화가 필요하다. 다양한 채널의 변화가 필요하고, 이는 결국 혁신 부서의 변화를 필요로 한다. 마케팅과 전통적인 판매 방식도 변화해야 한다. 가장 중요한 것은 회사가 세상에 제공하는 가치를 어떻게 표현하느냐에 대한 변화이다. 그 핵심에 소비자의 경험을 중시하는 공감 전략이 있다. 제품 중심 전략을 대신해서 사람 중심 전략으로 나아가기 위해서는 기업이 제품 경험을 바라보는 방식이 바뀌어야 한다. 패트릭 캠벨(Patrick Campbell)의 논문, 「왜 구독경제는 상품이 아니라 사람에 관한 것인가?」에 따르면 앞으로 일어날 변화는 아래와 같다.

❶ 소유가 아닌 접속에 대한 문제이다(It's about access, not ownership).

❷ 일반화된 접근이 아닌 맞춤형 접근이다(It's about customization, not generalization).

❸ 예정된 진부화가 아니라 지속적인 개선에 관한 것이다(It's about constant improvement, not planned obsolescence).

❹ 자동적인 개선과 관계 형성에 관한 것이다(It's about automating improvement and relationship building).

❺ 완벽함이 아니라 대응에 관한 것이다(It's not about perfect, it's about responsive).

이전에는 고객들이 사전에 기획된 일반 제품에 만족해 왔지만, 오늘날의 사용자는 그들의 필요에 부응하고, 신속하고 원활하게 제품을 제공하고 업데이트가 가능하며, 당면한 특정 문제 해결에 더 집중하는 서비스를 원한다. 한마디로 말하면 이런 것 아닐까.

"우리는 당신에게 실제 경험을 제공합니다. 고객인 당신을 위해 문제를 해결해 드립니다."

나이키도 유통채널을 거치지 않고 개별 소비자에게 맞춤형 상품을 제공하는 구독 서비스를 출시했다. 제조업에서도 빅데이터 기반 구독 서비스가 주목받고 있다. 구독경제의 핵심은 개인별 맞춤 결과물을 제공해 고객이 아무것도 요구할 필요가 없는 상태를 구현하는 것이다. 고객의 맞춤형 요구에 초점을 맞춤으로써 기업은 매출 성장과 고객 기대치를 직접 연결한다. 이를 통해 기업의 가치를 더 높이고 고객과의 오랜 지속 관계를 구축할 수 있다. 디지털 제품 시장과 산업이 성장함에 따라 고객 피드백을 수집하고 디지털 방식으로 제품에 대한 평가를 확인하는 것이 점점 더 쉬워지고 있다. 시간이 지남에 따라 구독경제 시장이 커질 수밖에 없다.

구독경제하에서 중요한 것은 거래를 늘리는 것이 아니라 공감에 기반한 관계 형성을 제대로 하는 것이다. 이런 철학으로 새로운 비즈니스 모델이 자리를 잡아가고 있어서인지 제조업과 서비스업이 수익률 하락에 허덕이고 있는 데 반해 구독경제는 높은 성장세를 보이고 있다. 안정적이고 예측 가능한 수익 전망, 소비자와의 직접적 관계 구축으로 얻은 데이터 중심의 통찰력, 갈수록 커지는 경제규모 덕택이다.

인공지능과 빅데이터 기술을 활용해 고객의 취향에 맞추어 상품을 추천하는 서비스를 제공하는 등 구독 서비스는 진화하고 있다. 모바일 기술의 발달은 언제 어디서든 손쉽게 제품과 서비스를 이용할 수 있는 '유비쿼터스 구독의 시대'를 여는 동력을 제공하고 있다. 공유경제에서와 같이 생산자와 소비자 중간에 있는 플랫폼이 이윤을 독점하는 것도 방지할 수 있다. 공유경제와 구독경제의 기본 개념에서 가장 크게 다른 점은 공유경제는 기본적으로 생산된 제품을 여럿이 공유하는 것이고, 구독경제는 효율을 기반으로 개인별 맞춤형 서비스를 제공하는 것이라는 점이다. 그렇다고 구독경제를 만능으로 생각하는 것은 여러 면에서 무리가 있다.

구독경제 시장에서 합리적으로 소비하고 분별력 있게 서비스를 제공하는 법

구독경제는 지금처럼 소비자가 마트에 가서 만들어진 물건을 수동적으로 사던 구매 행위와 다른 것이지, 소유 자체를 포기하는 것은 아니다. 기존 구매가 한 번으로 끝나는 '마침표'라면 구독은 지속해서 기업과 소비자의 관계가 계속되는 'ing(진행형)'이다. 진행형이기에 생기는 명(明)과 암(暗)이 있다. 소비자는 어떤 종류의 구독 서비스를 이용하고 있을까? 정기 배송형 구독 서비스의 경우 식음료 분야가 가장 많고 출판물이 다음으로 많다. 신문, 잡지 등의 출판물은 정기 배송형에서 유일하게 연령대가 높을수록 이용률이 높다. 무제한 이용형 구독 서비스의 경우에는 영상 콘텐츠 서비스, 온라인쇼핑 멤버십, 음원 스트리밍 서비스 등을 많이 이용한다. 영상 콘텐츠 서비스나 음원 스트리밍 서비스는 연령대가 낮을수록 이용률이 높다. 구독 서비스 시장이 성장해가는 가운데, 사람들이 구독 서비스를 이용하는 데 가장 중요하게 고려하는 요소는 무엇일까? 상품의 필요성과 서비스 비용이다.

구독경제에서는 소비자의 효용 극대화와 기업들의 이윤 극대화가 맞물려 서로의 암묵적 합의가 시장에서 이루어지고 있는 듯하다. 그러나 모든 기업이 윤리적이지 않듯 구독경제 참여 기업도 윤리적이지 않은 경우가 많다. 구독경제 하에서 현명하고 합리적인 소비자는 어떤 태도를 보일까? 소비자는 제품과 서비스를 자신이 원하는 시간이나 상황에 맞춰 사용하고 경험하며 사용한 만큼의 대가를 지불하고 싶어 할 것이다. 구독경제에 종사하는 기업은 어떤 이점이 있을까. 울며 겨자먹기로 공유 플랫폼에 올라타 수수료 떼이던 것을 막고 기업의 판매 방식을 혁신적 구독 비즈니스 모델로 바꾸어 고정적 매출을 유지하고 충성도 높은 고객을 확보할 수 있다.

이처럼 구독경제는 소비자와 기업에게 유익한 대안이 될 수 있지만, 악용될 소지도 많다. 구독 서비스는 일정 기간 무료 체험을 제공한 후 소비자의 선택에 따라 유료로 전환되곤 한다. 이때 무료 서비스에 제약을 걸고 유료 전환을 권유하면 어떻게 될까? 소비자는 속았다는 생각에 기분이 상할 수 있다. 무료 체험 기간이 종료되고 자동 결제 여부나 일정을 명확히 안내하지 않아 소비자가 유료 전환 사실을 인지하지 못한다면 상술에 희생되는 것이다. 악덕 기업이 구독 해지 방법을 의도적으로 복잡하고 어렵게 만들어 이용자의 이탈을 막는다면 점입가경이다. 계약 해지 시 환불이 어렵다는 것을 알게 될 때 소비자는 분노할 것이다. 한 번 서비스를 이용했을 뿐인데 한 달치 요금을 지불해야 한다면 사업자의 불공정한 행위라고 할 수 있겠다. 이는 자칫 공생을 추구하는 새로운 구독경제 비스니스 모델의 발전에 걸림돌이 될 수 있다.

구독 서비스에 가입할 때는 당장 눈에 보이는 지출이 적기 때문에 소비에 대한 심리적인 장벽이 낮아 계획에 없던 충동소비가 이뤄지기 쉽다. 식기 세척기 정기 렌털 서비스를 권유하는 경우를 보자. 나중에 별로 필요가 없다는 것을 알았다면 괜히 돈만 허비한 느낌이 든다. 구독 서비스 해지와 관련하여 문제를 느끼는 경우는 정기 배송형 이용자가 무제한 이용형 이용자보다 더 높게 나타나는 경향이 보인다. 따라서 소비자는 새로운 구독 서비스에 가입할 때 그것이 진정 필요한지 꼼꼼히 따져 봐야 한다. 여러 서비스를 구독하고 있다면 그중에서 중복되거나 불필요한 것은 없는

지 살펴보자. 구독경제가 우리의 삶에 밀접해질수록 기업과 소비자의 올바른 의식과 그에 걸맞은 사회 제도가 보장되어야 한다. 구독경제에 종사하는 기업은 혁신을 기반으로 해야 한다. 그 혁신을 통해서 기업은 성장하고 공동체에 이바지해야 한다.

혁신형 구독경제를 지탱하는 핵심 요소는 약정 기간이 최소인 구독 서비스다. 넷플릭스, 어도비(Adobe), 마이크로소프트 오피스 혹은《뉴욕 타임스》의 월정액 서비스를 구독형 서비스의 대표 주자로 삼는 것도 이 때문이다.

과거의 구독 서비스가 공급자 중심이었다면 지금의 구독 서비스는 수요자 중심이다. 물건이나 서비스를 낱개로 판매하다가 판매 방식을 구독형으로 전환하면 수익은 감소하고 비용은 증가한다. 이 일련의 과정을 버티고 버텨서 가입자를 늘릴 수 있어야만 수익이 늘어나고 투자는 감소하게 된다. 이 어려운 시간을 버틸 수 있는 인내, 경제적 능력, 계산을 골고루 갖추어야 가능한 것이 구독 서비스다. 가격이 내려가도 수요가 늘어 수입총액이 증가하는 마법의 순간이 찾아오면 기업은 혁신의 순간을 마주한다. 해당 서비스의 지속 여부는 가입자가 쥐고 있기에 기업인은 매일 매일 새로운 혁신의 준비자여야 한다. 가입자의 고객 경험과 만족도가 높아야만 구독경제가 유지될 수 있기 때문이다. 구독 서비스에서 혁신 유예 선언은 가능하지 않다. 기업의 무한 혁신과 소비자의 무한 만족이 있어야 구독경제는 존치할 수 있다.

구독경제가 항상 성공하는 것은 아니다. 따라서 실패를 버틸 수 있는 기초체력도 관건이다. 구글은 클라우드 게임 플랫폼 스태디아(STADIA)를 통해 구독경제의 다양한 가능성을 타진했다. 결국 자체 게임 개발 포기를 선언했는데, 게임 개발에 있어 투자 성과가 나오지 않았기 때문이다. 결국 구글 생태계 내부에서부터 구독경제 비즈니스가 휘청거렸다. 구독경제가 성공하기 위해서는 상품 하나, 서비스 하나를 정기적으로 배송하는 것을 넘어 고객의 시간을 절약하거나 고객이 생태계에 머무는 경험을 고도화시키는 작업이 필요하다. 구독경제의 타깃이 시간인 이유를 이해해야 한다.

제도만 탓하는 것은 기업가 정신에 반한다. 혁신은 제도의 장벽을 뛰어넘을 때 진정으로 의미가 있다. 우리나라에서 주류는 현행법에서 온라인 판매가 금지돼 있다. 그렇다면 주류 구독 서비스를 신청하려면 어떻게 해야 할까? 오프라인 매장에 직접 와서 신분 확인을 거친 후에 구독 서비스를 신청해야 한다. 다른 여타 구독 서비스와의 큰 차이점이다. 현행 국내 주류법은 명확하지 않다. 술 종류에 따라 허용 여부가 다르다는 입장이다. 전통주는 되지만 다른 술은 배달이 안 된다고 한다. 하지만 음식과 함께하면 배달이 되는데, 음식보다 술 배달이 더 많다고 판단되면 불법이다. 명확한 기준 설정이 필요한 상황이다. 한 수제맥주 배송업체는 이런 법의 장벽을 넘지 못해 문을 닫기도 했다.

주류 구독의 새 문을 연 퍼플독

국내에서 와인 구독 서비스업을 하는 '퍼플독'은 법을 탓하기보다는 MZ세대의 취향을 저격한다. 퍼플독은 '와인을 잘 설명해주는 집사'라는 의미를 담았다. 퍼플독의 '독(dog)'은 삶의 동반자이자 집사를 의미하고, '퍼플(purple)'은 고귀한 당신을 뜻한다. 본사 외에 오프라인 접점을 늘리기 위해서 오프라인 매장도 열었다. 다른 와인 가게와 외관은 같지만 구독을 할 수 있고 자신의 취향을 알려준다는 점에서 차별성이 있다. 오프라인 공간은 MZ세대가 와서 와인을 편하게 마시며 쉴 수 있는 체험형 공간이다.

퍼플독은 한국 와인 시장의 가파른 성장과 잠재적 가능성을 보고 와인 구독 서비스를 시작했다. 와인 구독 서비스는 미국과 유럽에서는 이미 검증된 비즈니스이다. 퍼플독은 개인고객을 넘어 기업 대상 B2B도 저격한다. 직원의 생일이나 회사 기념일 등에 와인을 보내는 방식이다.

사람들의 인생을 풍성하게 만드는 데 스토리가 있는 와인만 한 것도 없으리라. 월 구독료 3만 9000원(옐로 등급)부터 100만 원(블랙 등급)까지 원하는 멤버십을 등록하면 인공지능으로 파악한 고객의 '소울 와인'을 골라 집으로 배송해 준다.

MZ세대는 다양한 경험으로 자신의 삶을 향상시키려 하는 동시에 실패를 두려워한다는 특성이 있다. 취향에 맞춰주는 서비스가 중요한 이유다. 퍼플독의 구독 유지율은 90%대에 달한다. 이처럼 높은 유지율의 비결은 인공지능 와인 추천 서비스로 꼽힌다. 처음 구독을 신청하면 설문을 거쳐 와인 취향을 결정한다. 보디감(묵직한 느낌)과 산미, 타닌(tannin) 정도에 따라 내가 선호하는 와인 스타일은 10가지 중 하나로 결정되고, 이후 당도를 정하면 취향의 윤곽이 잡힌다. 선호하거나 싫어하는 포도 품종을 고를 수 있고 싫어하는 향도 걸러낼 수 있다.

설문을 1회만 진행하면 취향 매칭률이 50%에 못 미친다. 추천받은 와인을 마신 뒤 피드백을 통해 취향을 정교화하는 과정이 중요하다. 추천 서비스뿐 아니라 퍼플독이 취급하는 와인 수백 종과 다양한 와인 관련 콘텐츠도 인기가 많다. 와인 레이블 읽는 법, 포도 품종 특징, 음식 페어링(와인에 맞는 음식 추천) 정보 등이 담겼다.

퍼플독은 한국인의 와인 입맛 데이터를 모으고 있다. 퍼플독에 의하면 한국인이 선호하는 와인 취향은 '부드럽고 중간 정도 산미에 당도가 약간 있는 맛'이다. 떫은맛을 내는 타닌 성분이나 신맛에 익숙하지 않은 사람이 많기 때문이다. 와인 경험이 쌓이면 점점 드라이하고 개성 있는 와인을 좋아하게 된다. 눈에 띄는 상자가 배송되어 오면 그 안에 이달의 와인과 그 와인을 설명하는 소개지가 들어있다. 내가 마시는 와인을 기억하고 공부할 수 있다는 점이 이 서비스의 가장 큰 장점이다. 그 장점이 오래된 와인향마냥 은은하게 퍼진다.

새로운 서비스로, 여성 고객층을 위한 생리대 정기배송 구독 서비스를 생각해 보자. 이는 전형적인 상품 구독 서비스라고 할 수 있다. 생리대 제품을 소량씩 구매해서 사용하는 사람들은 자신에게 맞는 제품을 매달 찾아서 사야 한다. 이를 상대적으로 저렴한 비용으로 할인하여, 매달 적당량 알아서 배송한다면 여기에 가치를 느끼는 고객들을 사로잡고 회사는 성장할 수 있을 것이다.

스타트업이 상품 구독이나 서비스 구독으로 적정한 수준의 이익을 창출하려면 상품의 양보다는 기존 대규모 멤버십·정기배송 서비스업체들이 제공하지 못하는 해당 상품 영역에 있어서의 카테고리 킬러(category killer) 제품에 대한 역량을 확보할 필요가 있다. 상품 선택도 중요하지만, 차별적 상품 기획과 개별 브랜드화에 대한 고민도 적정한 단계에서 함께 이루어져야 한다. 세상에는 많은 제품이 있다. 구독 서비스를 처음 시작하는 판매자는 많은 종류의 제품 중 무언가를 선택해야 한다. 상품을 선정하는 데 고려해야 할 사항은 매우 많다. 그중에서 가장 먼저 해야 할 것은 수요와 공급을 확인하는 작업이다.

구독 서비스 시장의
게임 체인저들

구독 서비스와 ID 경제에서의 교훈

데이터 기반 경제에서는 데이터도 구독할 수밖에 없는 상황이 온다. 데이터 기반 IT 기술이 경쟁력을 가를 것이기 때문이다. 구독 기간 동안 수집한 데이터를 이용해 서비스를 고도화해 나가야 한다. 일반적인 경우, 데이터 거래는 양질의 데이터 부족과 불합리한 가격 산정 등의 어려움이 있으며 데이터 거래 시장의 형성 역시 쉽지 않다. 데이터 공급가격과 수요가격 간 괴리가 크고 데이터 공유 또는 제공에 따른 시장 교란행위 가능성이 있으며 데이터 정제, 연계, 분석 과정도 어렵다. 데이터 수집에 어려움이 있는 데이터 구독자는 소정의 정기 구독료를 내고 데이터를 구독하는 것이 유리할 수 있다. 공급자는 양질의 데이터를 암호화해 플랫폼에 제공하는 방식의 구독 플랫폼을 제공할 수 있다.

앞으로 정기적 수수료 기반 데이터 제공 비즈니스의 비중이 점차 커질 것으로 전망된다. 기업이 정기적이고 안정적인 데이터 공급을 원하게 되면서 데이터 구독에 대한 니즈가 발생할 가능성이 크기 때문이다. 데이터 공급자들은 컨설팅 사업에서 더 나아가 데이터 사업으로 한 단계 도약할 수 있게 된다. 지속가능한 데이터 공급을 위해 가장 중요한 것은 데이터의 표준화이다. 누군가 커피숍을 차리기 위해 역삼역 주요 상권에 위치한 커피 전문점의 최근 1년간 아메리카노 한 잔의 평균 가격과 총 판매량을 알고 싶다고 하자. 이때 서로 다른 지역, 메뉴, 가격이 제각각의 이름으로 표현되어 있는 매장별 판매정보를 어떻게 처리하고 결합하고 분류할지에 대한 기준이 필요하다. 표준화는 과거 경영관리에서도 필요했다.

산업혁명 이후 현대까지 경제학에서 가장 큰 화두는 효율성 극대화였다. 프레드릭 윈슬로 테일러(Frederick Winslow Taylor)는 과학적인 작업 관리법이라고 불리는 테일러 시스템을 만들었으며 우리는 그를 위대한 혁신가로 불렀다. 테일러 시스템은 노동자의 표준 작업량을 과학적으로 결정하기 위한 연구의 결과다. 노동 생산성을 높이기 위해 성과급 제도와 부문별 전문화된 기능별 조직 구축을 내용으로 하는데 이것이 우리가 오랫동안 신줏단지처럼 모셔온 경영관리 시스템이다.

테일러는 기본적으로 '표준화'에 공을 들였다. 테일러는 기계가 인간에게 맞추는 것이 아니라 값비싸고 무거운 기계에 인간이 적응하는 편이 효율적이라고 생각했던 것 같다. 유명한 포드 시스템도 컨베이어 벨트로 대표되는 표준화를 통한 대량생산 시스템이다.

이와 달리 구독경제에 임하는 기업들은 어떻게 해야 할까? 구독경제 시장이 커지면서 소비자의 눈높이는 높아지고 있다. 자신의 취향과 요구 사항을 반영한 맞춤형 서비스를 선호하는 추세다. 특히 소유보다 경험을 중시하는 MZ세대에서 이 같은 경향이 두드러진다. 구글, 아마존, 애플, 마이크로소프트 등 글로벌 빅테크 기업들은 상당히 오래전부터 개별 소비자의 ID를 확보하기 위해 엄청난 공을 들였다. 같은 사이트에 같은 ID가 있을 수 없고, 한 ID에 다른 비밀번호가 존재할 수 없다. 구독경제는 지금까지 대량의 물건을 파는 데만 집중하고, 물건을 팔고 나면 고객에 대해 신경 쓰지 않았던 경제 시스템을 바꾸어 놓았다.

구독경제의 필수적인 요소 중 첫째로 꼽을 수 있는 'ID 경제'는 ID를 통해 집약된 구독자의 의견이 자료화되어 그 욕구를 반영한 상품이 기획과 생산으로 이어지는 방식이다. 각 기업이 개별 소비자의 구독을 유지하기 위해서는 소비자 만족도를 최상으로 유지하는 것이 필수적이며 이는 데이터에 기반해야 한다. 소비자의 니즈는 때로 주문제작(customizing)이라고 할 수 있을 정도로 정교하고 세부적인 경우가 많다. 전호겸 서울벤처대학원대학교 구독경제전략연구센터장은 2018년 'ID 경제(ID economy)'를 이렇게 정의한다. 고개가 끄덕여지는 말이다.

> "ID 경제에서 ID는 'identity(신원)' 또는 'identification(신원 확인)'처럼 개인을 특정하는 것만을 의미하지 않는다. 매우 세밀하면서 깊게 파악해 간다는 'in-depth(깊이, 세밀한, 상세한)'라는 의미도 있으며, 인간의 본능적인 부분을 뜻하는 심리학의 'ID(이드)'를 뜻하기도 한다."

구독경제를 지속하기 위해 노력하는 개별 기업은 구독자 스스로도 인식하지 못하는 취향까지 저격할 수 있어야 한다. 구독경제의 선두주자 넷플릭스나 유튜브는 훌륭한 고객 맞춤형 체계를 이미 구축하고 있다. 해당 서비스를 경험하는 이용자는 자신의 취향과 꼭 맞는 동영상 추천을 받아 그중에서 취사선택할 수 있다고 느낀다. 이는 각 기업이 지금까지 해당 구독자가 본 영상이나 검색 키워드 같은 알고리즘을 분석해 비슷한 콘텐츠를 제시했기 때문이다. 이 부분에서 앞으로의 사회는 때로는 데이터의 표준화를, 때로는 제각기 다른 ID를 요구하는 시대임을 깨닫게 된다. 공감이라는 공통분모 하에서도 분자화된 개인의 취향은 모두가 다른 꿈을 꾸고 있다는 것을 말한다.

1989년 「행복은 성적순이 아니잖아요」라는 영화가 개봉되었다. 그럼에도 그 시절에는 아이였던 지금의 부모들은 영화의 의미를 저버린 채 아이들의 꿈을 '성공'이라는 획일화된 ID로 일원화하고

자 했다. 이제 사람은 각기 다르다는 부분에 공감하고 내 아이의 꿈과 행복을 재단할 수 있다고 생각하지 말자. 개성이 강한 자식 세대가 획일화된 성공 신화에 아파하고 있다. 그들은 그들 나름의 꿈과 행복을 자신의 작은 혁신으로 이루어 나갈 필요가 있지 않을까. 꿈과 행복은 표준화된 사회가 아닌 개인에게 맞춰져야 한다.

아마존의 양면시장 플랫폼 구독

공감에는 타인에 대한 공감도 있으나 자기 자신에 대한 공감도 있다. 지금은 내가 나를 위로하고 나를 따뜻하게 안아주는 자기 공감이 필요한 시대이다. 구독경제도 나의 만족을 위한 것이다. 그래서 자긍심이 바닥이 났을 때 나를 스스로 인정해주는 자기 공감이 타인의 위로보다 더 필요하다. 상대를 이해하는 공감에 더해 가끔은 "내가 옳다!"고 말해보자. 이는 나만이 옳다는 말과는 다르다. 나를 응원하는 메시지를 보내자는 의미이다. 물론 앞서 말했듯 상대의 입장에서 생각하는 공감도 자아를 성숙하게 만든다.

공감은 우리가 같은 인간으로서 지닌 공통점을 드러내주는 빛이다. 내게 최상의 서비스를 제공하는 모든 것을 연결하는 구독 서비스를 제공하는 플랫폼이 있을까? 사실 플랫폼은 중계 기능을 중심으로 한다면 구독경제와 친하지 않은 주체이다. 구독이라는 단어를 쓰기 위해서는 내가 모든 서비스의 공급을 통제할 수 있어야 한다.

넷플릭스의 모든 콘텐츠는 넷플릭스가 책임을 지기 때문에 구독이 가능하다. 마이크로소프트의 오피스(Office)나 포르쉐(Porsche)의 패스포트(Passport) 같은 대표적인 구독 서비스는 자회사의 상품이나 서비스를 대상으로 한다. 반면 플랫폼은 양면시장(two-sided market)이다. 양면시장은 양면 네트워크(two-sided network)로도 불린다. 단면시장(one-sided market)에서는 판매자가 구매자를 직접 상대하지만 양면시장에서는 플랫폼 내에서 다양한 판매자와 구매자 간에 상시적인 거래가 나타난다. 두 개의 개별 사용자 집단을 가지고 각 집단에 네트워크 혜택(network benefit)을 제공하는 중개 경제 플랫폼(intermediary economic platform)이다.

신문이 양면시장으로 구독 서비스를 제공하는 대표적인 예이다. 신문 구독자는 신문을 읽기 위해서 배송을 받는 것이지만 신문사는 광고주로서 광고를 싣기를 원하는 이들에게 광고 서비스를 제공하기도 한다. 신문 구독자와 광고 서비스 의뢰자는 두 개의 상이한 개별 집단이다. 양면시장의 플레이어인 구글이나 페이스북, 우버, 에어비엔비(airbnb) 같은 플랫폼은 구독 서비스 제공이 쉽지 않다. 이런 플랫폼 중에서 신문처럼 예외적으로 구독이라는 단어를 사용하는 사업자가 아마존이다. 플랫폼 기업인 아마존은 어떤 구독 서비스를 제공하며 세상을 흔들고 있을까?

아마존은 양면시장의 참여자에게 각각 아마존 FBA(Fulfillment by Amazon)와 아마존 프라임(Amazon Prime)이라는 개별적인 구독 서비스를 제공하면서 이를 플랫폼의 가장 핵심적인 경쟁요소로 설계했다. 판매자가 FBA를 이용하는 경우 아마존 주문 처리 센터에서 상품을 보관한다. 해당 상품에 대해 아마존이 선별, 포장, 배송과 고객 서비스를 진행하는 것이다. 이런 풀필먼트 서비스(fulfillment service)는 아마존이 제일 처음 도입했고, 국내에서는 쿠팡이 최초로 본격화했다.

물류 창고가 없는 판매자의 경우, 재고를 보관할 수 있는 방법이 한정적인데 이때 FBA를 활용하여 아마존 창고 공간을 빌려서 이용할 수 있다. 아마존 창고에 제품을 보내두면 아마존에서 주문 처리를 다 해주기 때문에 신경 쓸 일이 비교적 적다. FBA를 이용할 경우 재고를 한 번에 아마존에 보낼 때 배송 운임을 부담해야 한다. 이후 고객이 주문을 하고 배송 처리를 할 때 추가로 아마존에 수수료를 지불하게 된다.

아마존 프라임은 아마존이 제공하는 유료 구독 서비스의 하나로, 일반 아마존 고객이 이용할 수 없거나 추가 비용을 내야만 이용할 수 있는 서비스를 사용자에게 제공한다. 2004년 개시한 아마존 프라임은 월 12.99달러 혹은 연간 119달러를 지불하면 다양한 혜택을 누릴 수 있는 구독 서비스이다. 아마존 프라임 구독 고객은 아마존에서 판매하는 전체 상품 중 약 절반에 해당하는 상품들을 배송비 없이 단 이틀 만에 수령할 수 있다. 전자상거래 서비스 외에도 고객은 스트리밍 음악, 영화, 책, 게임 중계 등 OTT 서비스를 무제한으로 누릴 수 있고, 특가 판매 행사에도 참여할 수 있다.

판매자는 FBA를 구독해야 아마존 프라임의 대상이 될 수 있고 구매자는 아마존 프라임을 구독해야 FBA 대상 상품을 하루 만에 받아볼 수 있다. 전 세계 아마존 프라임 가입자 수가 2020년 2억 명을 돌파한 후에도 성장세는 계속되고 있다. 양면시장의 참여자들은 구독이라는 도구를 통해 지속적으로 늘어나며 서로의 시장을 키워주고 있다. 넷플릭스가 콘텐츠 구독을, 포르쉐가 상품 구독을 대표한다면 아마존 프라임은 멤버십 구독을 대표한다.

멤버십 구독이 타 구독과 다른 점은 구독을 통해 누리는 가치가 구독 이후 자신의 선택에 따라 달라진다는 것이다. 멤버가 된 후 아마존에서 구매를 전혀 하지 않으면 그 가치는 0에 수렴한다. 하지만 나의 모든 쇼핑을 아마존에 집중하면 연 119달러의 비용은 훌륭한 투자가 된다. 헬스클럽에 가입한 후 한두 번밖에 가지 못했던 경험을 떠올리면 이 말이 와닿을 것이다.

국내 기업 중에는 쿠팡이 처음으로 구독 모델 '로켓 와우'를 개시했다. 매달 일정한 금액을 지불하면 로켓배송 대상 상품들을 하루 만에 무료로, 빠르게는 새벽에도 배송받을 수 있다. 무료 반품도 가능하다. 로켓 와우 고객은 OTT 서비스인 쿠팡 플레이 또한 누릴 수 있다. 쿠팡은 '한국의 아마존'을 추구하는 업체로서 아마존과 유사한 고객 경험을 제공하고 있다. 아마존은 배송 기간 단축을 위해 수년간 미국 전역에 물류센터와 배송망을 구축하고 주요 대도시 공항 주변에 항공기 화물 물류센터를 세웠다. 또한 항공기를 임대하거나 구입하여 항공 물류망을 만들었다. 아마존의 물류망은 미국뿐만 아니라 세계로 확대되고 있다.

테슬라가 시작하는 자동차 구독 서비스

노이즈를 먹고 사는 걸까? 2021년 '천슬라'를 달성하며 세계 부호 1위 자리를 거머쥔 테슬라의 일론 머스크. 그의 삶은 보기만 해도 파란만장하다. 2020년 높은 주가 상승 후 500달러대로 하락했던 주가는 2021년에 다시 화려하게 부활했다. 전기차 판매량과 실적이 빠르게 개선되었고 자율주행 옵션 가격도 인상되면서 중장기 성장 기대감이 높아졌다. 돈나무 언니 캐시 우드가 가장 많이 보유한 종목의 운명을 많은 이들이 지켜보고 있다.

테슬라의 성장 원동력은 뭐니 뭐니 해도 자율주행이 아닐까 한다. 테슬라는 2021년 7월 완전자율주행 기능을 구독경제 형태로 제공한다고 발표했다. 완전자율주행 기능을 이용하고 싶은 테슬라 고객은 넷플릭스처럼 월 199달러(한화 약 22만 원)를 내면 이를 사용할 수 있다. 이전까지 테슬라 고객은 차량 구입 시 완전자율주행 기능을 옵션으로 선택해야만 했다. 테슬라가 구독 형태로 완전자율주행 기능을 제공하면서 가입자들이 늘어날 전망이다. 그래서였을까? 하향곡선과 박스권에서 오르락내리락하던 주가가 위로 고개를 튼 느낌이다. 물론 미국 금리에 대한 시장 우려도 클

것으로 예상되고 테슬라 자체적으로도 새로운 성장 모멘텀을 지속 발굴해야 하는 과제는 있다.

테슬라가 2021년 3분기부터 관심을 받게 된 것은 본격적인 구독경제 효과를 거둘 것이란 기대감 때문이다. 중기적으로 테슬라는 전기차와 자율주행이 주도할 새로운 모빌리티 산업에서 핵심 경쟁력을 확보하고 있다는 것을 명심하여야 한다. 경쟁업체와의 격차가 상당히 오랜 기간 지속될 가능성이 높다. 자율주행으로 대표되는 소프트웨어 부문에서의 역량은 중기적으로 기업가치를 대폭 성장시킬 잠재력이 된다. 단기 변동성이 추세 하락이라기보다는 중기 매수 기회이지 않을까.

하드웨어 측면에서도 테슬라는 경쟁 우위를 유지할 가능성이 높다. 뛰어난 배터리 운용 능력과 경험, 축적된 데이터를 바탕으로 배터리 원가 절감에서 앞서 나갈 가능성이 높고 기존 자동차업체와 달리 규모의 경제를 통한 고정비 절감에 유리하다. 이런 측면은 앞으로 더욱 중요해질 전망이다. 자율주행 성능이 대폭 개선될 수 있고 2차전지 4680셀이 양산되면서 중기 판매량 전망치가 상향 조정될 수 있다.

테슬라가 안정성이 담보되지도 않은 자율주행 서비스에 공격적으로 나서고 있는 이유는 무엇일까? 기존 자동차 사업의 매출 구조를 바꾸겠다는 의지 표명과 인공지능 회사로의 전환을 가속화하는 데 있지 않을까. 데이터가 모일수록 자율주행 기능의 성능은 좋아진다. 때마침 테슬라에도 대항마가 나타났다는 분석이 있다. 2021년 11월 미국 뉴욕증시에 상장한 전기차 기업 리비안 (RIVIAN)이 그 주인공이다. 2019년 리비안의 R.J. 스캐린지(R.J. Scaringe) CEO는 이렇게 말했다.

> "(테슬라와 같다면) 왜 우리가 세상에 존재해야 하는지, 나는 그 근본적인 질문에 답할 수 없었다."

리비안은 GM과 포드(Ford), 테슬라보다 먼저 전기 픽업트럭을 출시했다. 스캐린지는 2021년 9월 트위터를 통해 리비안의 역사적 순간을 묘사했다.

> "오늘 아침 첫 번째 고객용 차량이 생산라인을 떠났다. 우리 팀의 끊임없는 노력이 이 순간을 가능하게 했다. 빨리 고객들에게 우리 제품이 전달되길 바란다."

국내 투자자들은 리비안을 아마존 전기차라고 부른다. 지난 2019년 세계 최대 전자상거래업체 아마존이 7억 달러를 투자했기 때문이다. 아마존뿐 아니라 포드 자동차 같은 글로벌 기업들도 리비안에 투자했다. 전기 트럭 신생업체인 리비안은 2019년 스캐린지가 언급한 것처럼 구독 서비스를 제공할 것이다. 월별 요금을 내고 다양한 차량을 이용할 수 있는 고급형 구독 서비스 비즈니스 모델이 등장한 것은 소비자들의 선택을 넓혀준다는 점에서 의미가 크다.

현대자동차 역시 2019년 구독 서비스를 시작한 후 다양한 상품 출시로 구독자를 늘려가고 있다. 이제 구독경제는 자동차 시장에서 필수품으로 대두되고 있다. 현대자동차는 유럽에서 전기차 구독 서비스인 '모션(MOCEAN)' 시행 지역을 확대하고 있다. 전기차에 익숙하지 않은 소비자가 구독 서비스로 전기차를 운전하는 경험을 하고 이것이 결국 구매까지 이어질 가능성을 높인다. 이러한 효과 덕에 구독 모델이 향후 자동차 사용의 대세로 떠오를 것이라는 전망이다. 주행 데이터를 쌓고 운영 노하우를 축적하기 위해 구독 프로그램 운영이 증가할 것으로 보인다. 모션에는 보험료, 세금, 유지비, 수리비 등이 모두 포함되어 있다.

실패를 통한 테슬라의 혁신

문득 시간을 거꾸로 돌려 테슬라의 탄생 시점을 생각해 본다. 왜 많은 이들은 일론 머스크의 변덕스럽고 갈피를 못 잡는 성격에도 불구하고 그에게 매료될까? 불가능에 대한 도전은 언뜻 공감이 가지 않을 것 같지만 의외로 인간 내면에서 가장 공감하는 대상이 아닐까. 그처럼 스토리가 있는 삶에 우리는 공감한다.

자동차와 무관한 누군가가 나타나 2003년에 창업한 테슬라는 2008년 상반기까지 실적을 제대로 내지 못했다. 테슬라는 2인승 컨버터블 로드스터를 제작했으나 이는 사상 최대의 실패작이었다. 그러다 천지개벽할 일이 벌어졌다. 2012년 중반 모델S 세단을 출시해 엄청난 호평을 받은 것이다. 전통 자동차 제조사들은 처음에 모델S가 소비자의 눈을 현혹시키는 제품이어서 판매가 높았던 것뿐이고 그 상승세는 일시적 현상에 그치리라 예측했다. 2013년 테슬라의 주가는 모델S로 인해 328%나 급상승했고, 모델S는 소비자 전문지 《컨슈머 리포트(Consumer Reports)》에서 미국 최고의 자동차로 선정되었다. 100점 만점에 99점으로, 지금까지 생산된 자동차 중 최고라고 평가받은 것이다. 모델S는 그냥 전기 자동차가 아니라 소비자가 원했던 자동차였다. 여기에 공감하는 사람들이 테슬라의 주주가 되어 머스크의 성공을 바라게 되었다.

테슬라에 좋은 일만 있었던 것은 아니다. 연이은 사고로 자율주행 기술에 대한 우려가 커지면서 관련 산업이 위축될 가능성도 커지고 있었다. 테슬라를 비롯해 자율주행차 사업자들이 관련 법안 통과에 힘을 쓰는 상황에서 각국 정부가 자율주행 기술의 위험성을 조사할 가능성도 커졌다. 재산을 모두 잃을 각오로 도전한다고 했던 머스크는 실제로 빈털터리가 될 뻔했다. 모델S 개발에 참여했던 중역들이 떠나면서 주가가 폭락하는 어려움을 겪었고, 자신이 창업한 우주개발 기업 스페이스X(SpaceX)의 로켓이 폭발하기도 했다.

자동차 기업들이 자율주행차 생산에 속속 뛰어들면서 머스크는 더욱 주목받기 시작했지만 솔라시티(SolarCity)와의 합병 부담, 첫 보급형 차량 모델3의 양산 실패, 자금난과 주가 하락으로 불면의 밤을 보내야 했다. 많은 임직원이 애플로 이직한 상황에서 애플과 협력해 돌파구를 찾아야 한다는 주장도 나왔다. 그런 상황에서도 머스크는 스페이스X의 위성 광대역 인터넷 서비스 계획을 밝히는 등 기죽지 않은 모습을 보였다.

2018년, 테슬라는 위기에 처했고 주가는 곤두박질쳤다. 스트레스에 지친 머스크는 한 팟캐스트에서 마리화나를 피웠다. 테슬라 공장이 있는 캘리포니아에서는 기호용 마리화나 흡연이 합법이긴 하지만 방송의 일종인 팟캐스트에서 공공연하게 흡연 모습을 보여준 것은 부적절했다는 지적이 나왔다.

머스크의 이 모습이 공개된 뒤 테슬라 주식은 장 초반 9%나 폭락했다. 이후 머스크는 테슬라의 완전 자동화가 모델3 생산 지연의 원인이라는 사실을 인정했다. 그는 로봇이 때때로 생산 속도를 둔화시킨다는 것을 인정하고, 문제 해결을 위해 발 벗고 나섰다. 설상가상으로 테슬라 차량은 배터리 결함으로 추정되는 화재 사고에 시달렸다. 다행히 생산 지연의 문제를 극복한 그는 항상 그러하듯 '실패를 통해 혁신했다'는 스토리를 다시 한번 입증했다. 삶은 그렇다. 잘나가는가 싶어도 위기를 겪고, 이를 극복할 때 삶은 더욱 빛나게 되는 것이다.

구독경제 하에서 더욱 중요해지는
블록체인 기술

구독 서비스의 결제 수단

구독 서비스는 전 세계적으로 계속해서 성장하고 있다. 반면 구독으로 수익을 창출하는 앱은 극소수라고 한다. 모바일 소비자 지출의 대부분이 구독 앱에서 발생한다고 생각하면 수익을 내는 앱은 수익성이 높음에 틀림이 없다. 요즘 모바일 세계를 바라보면 시시각각으로 현금이 사라지는 느낌이 든다.

중국 당국이 알리바바 그룹 계열 핀테크 기업 앤트그룹(Ant Group)에서 핵심 사업인 소액 대출업을 분리해 국유화하는 작업에 속도를 내고 있다는 것은 널리 알려진 사실이다. 중국 정부는 앤트그룹에 모바일 결제 앱인 알리페이(ALIPAY)에서 대출 서비스를 분리해 별도의 앱을 출시하라고 지시했다. 알리페이는 중국 최대 전자상거래 기업 알리바바의 다양한 온라인 쇼핑몰에서 독점적인 결제 수단으로 쓰인다. 알리페이는 중국판 카카오톡인 위챗(WeChat)에 내장되어 있는 위챗페이와 중국 결제 시장을 양분하고 있다. 중국의 시골 시장에서 물건을 살 때도 더 이상 위안화를 사용하지 않고, 거래는 모두 휴대폰과 QR코드로 이루어진다.

2020년 전 세계 370억 건의 모바일 화폐 거래 중 3분의 2 이상이 사하라 사막 이남 아프리카에서 발생했다. 이곳은 은행이 부족하거나 없는 곳이다. 현금 거래가 전체 결제액의 10%도 채 안 되고 있어 스웨덴 정부는 디지털 통화로 완전히 전환하는 것을 고려하고 있다. 실제로 전 세계 중앙은행의 약 70%가 자체 디지털 화폐 발행을 고려하고 있다.

현금 없는 미래에 대한 생각은 새로운 것이 아니다. 코로나19는 온라인 결제로의 이동을 극적으로 가속화시켰다. 결제 수단의 관점에서 디지털 경제는 그만큼 앞당겨졌다. 거지도 QR코드로 동냥한다는 중국의 현실을 보자. 앤트그룹은 알리바바 플랫폼에서 발생하는 소비자들의 거래 정보를 바탕으로 독자적인 신용평가 체계를 갖추고 대형 은행으로부터 대출받기 어려운 사람에게도 돈을 빌려주는 사업을 벌여왔다. 초기엔 앤트그룹이 서민들의 금융 문제의 해결에 도움을 줬으나 최근에는 고리대금업으로 변질됐다는 것이 중국 당국의 판단이고 규제의 대상으로 판단한 이유이기도 하다.

구독경제에서 지불은 어떤 의미일까? 누군가는 구독의 세계에서 지불은 더 이상 중요하지 않다고 할 수 있고, 누군가는 구독 사업 모델을 운영할 때 지불은 그 어느 때보다 더 큰 도전이라고 주장할 수 있다. 구독 사업의 본질적인 특성 때문에 지불은 더 이상 중요하지 않다는 주장을 먼저 보자. 이에 따르면 구독은 익명의 거래가 아닌 관계로써 운영된다. 고객이 정기적으로 예정된 지불을 놓쳐도 나중에 지불할 수 있으므로 큰 문제가 아니라는 것이다. 예전에는 잡화점에서 외상으로 물건을 사곤 했다. 구독 서비스 기업은 코로나19로 어려움을 겪고 있는 고객들에게 지불 연기나 마일리지 사용 같은 전략으로 도움을 주었다. 구독은 과거에서처럼 상호 신뢰를 바탕으로 장기적인 관계를 발전시키는 익숙한 전략이다.

다른 한편으로, 지불은 단순한 이유로 그 어느 때보다 더 중요할 수 있다. 다양한 구독 서비스를 제공하며 성장하는 기업에서는 변경 주문이나 거래가 기하급수적으로 증가할 수 있다. 소비자들이 쓰는 신용카드는 보통 3년 후에 만료된다. 즉 일정 비율의 구독 감소 또는 비자발적 폐기가 발생할 수 있다는 것이다. 비자와 마스터카드(MasterCard)에 따르면, 매달 반복되는 신용카드 결제의 평균 15%가 거절되고 있다고 한다.

한 해 동안 월 1억 달러의 매출을 올리는 매우 성공적인 구독 업체로서 모든 가입자가 매달 동일한 금액을 지불한다고 가정해 보자. 15%의 이탈로 발생하는 감소 금액을 계산해 보면 심각한 수치이다. 고객이 계산대에 서 있는 동안 다른 카드를 꺼낼 수 없다면 그 손실은 막심하다. 그래서 구독경제 시스템에서는 결제 자동화가 매우 중요하고, 관련 지불 솔루션에도 투자가 필요하다.

구독경제는 기본적으로 선불제다. 제품과 서비스를 받기 전에 미리 구독료를 선불로 지불한다. 그렇기 때문에 구독자는 신뢰할 수 있는 구독 서비스 회사와 거래하길 선호한다. '뜨내기 장사'가 아닌 '단골 장사'다. 또한 구독경제 서비스는 구독자가 '락인(lock-in)'되기 때문에 일부 기업이 구독 서비스 시장을 선점하면 후발주자가 시장에 진입하거나 점유율을 높이기가 매우 어렵다. 결국 구독 서비스 기업도 규모의 경제가 적용된다. 앞으로 그런 상황은 더 심해질 것으로 전망된다.

세계 최초의 코인 기반 플랫폼형 구독 앱, 서브미

서브미(Subme)는 오프라인과 온라인에서 제품과 서비스를 모두 구독하는 데 초점을 맞춘 세계 최초의 블록체인 구독 앱이다. 구매자와 판매자를 연결하여 고객이 이전에 경험할 수 없었던 가장 좋아하는 제품과 서비스를 구독하는 비즈니스를 지향한다. 암호화 자산인 서브 토큰은 서브미 앱 전체에서 광범위하게 사용되고 있다.

결제, 할인, 캐시백, 스테이킹(Staking)은 서브 토큰을 앱 생태계의 진정한 핵심으로 만드는 몇 가지 사례이다. 스테이킹은 예금

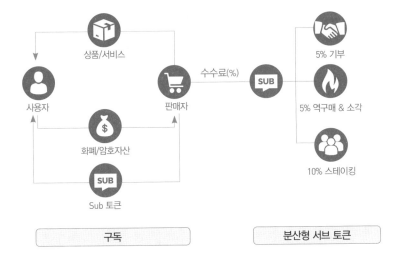

이나 적금과 비슷한 구조이다. 자신이 보유한 코인 일부를 특정 기간 동안 지분으로 예치해 두면 이 기간 동안 일정 수준의 코인을 받게 된다. 이 점에서는 은행 이자와 유사하다.

서브미의 목표는 구독에 대한 지금까지의 고정관념을 타파하고 실제 제품, 서비스를 주문하는 방식, 저축하는 방식, 자선 단체에 기부하는 방식을 완전히 바꾸는 데 있다. 예를 들어 세계 최대 음원 스트리밍 플랫폼 스포티파이(Spotify)나 넷플릭스를 구독하는 사람들이 있다고 할 때, 모든 구독 정보가 한 곳에 보관되지 않으며 구독 특성상 저장이나 분류가 번거롭다. 회사 입장에서는 빈번한 구독 취소로 인해 수익을 유지하기가 어려울 수 있다. 사용자는 주기적으로 서비스나 상품 구매를 일일이 기억할 필요가 없고 정기 서비스 예약만 하면 된다. 자신만의 구독 서비스 제안서를 만들 수도 있다. 서브미는 구독에 관련된 모든 문제들을 한 번에 쉽게 관리할 수 있는 앱을 지향하고 있다.

바쁜 현대사회에서 구독을 통해 필요한 제품을 정기적으로 받는다면 많은 시간을 절약할 수 있다. 서브미 플랫폼에서는 KYC(know your customer, 본인인증) 없이 디지털 화폐로 구독을 훨씬 쉽게 할 수 있다. KYC는 고객 신분을 알기 위한 절차로 금융기관이 은행 계좌 예금주의 신분을 확인하기 위해 반드시 따라야 하는 일련의 규정을 말하는 용어이다.

서브미가 암호화폐 시장에 출시하는 가상자산으로 서브미 캐시(Subme Cash) BEP-20 토큰이 있다. 이는 사용자가 플랫폼에서 구독할 때 받게 되는 캐시백 토큰이다(최대 3%). 토큰의 가치는 시장에 의해 결정되지만 서브미 수익 중 5%는 기부, 5%는 바이백·소각, 10%는 스테이킹에 사용된다.

서브미의 핵심은 서브 토큰이다. 수익의 일부로 토큰을 다시 사들이고 일정 부분을 소각함으로써 서브 토큰의 꾸준한 가치 성장을 보장하는 구조이다. 서브미는 매달 결제되는 정기구독, 정기결제 등을 모아 관리할 수 있는 편리한 앱이다. 구독자가 한 달에 어떤 항목으로 얼마나, 언제 결제되는지 모르고 서비스를 구독하고 있을 때 항목과 비용, 업체, 결제 날짜 등을 한 곳에서 확인할 수 있게 해주는 것이다. 이는 체계적인 지출 관리 방법으로 일상생활에 많은 도움을 줄 수 있다. 서브미 프로젝트의 첫 번째 파트너십

은 유럽에서 가장 큰 암호화폐 거래소 중 하나인 빗캔이다. 이에 더해 다양한 업체와 파트너십을 체결하고 있다.

구독 서비스와 블록체인이 결합된 새로운 사업

다양한 구독 서비스와 코인 결제를 통해 비즈니스의 새로운 모델을 구축할 수는 없을까? 명품 담보대출과 블록체인을 연계한 모니온(MONYON) 프로젝트가 국내 가동 중이다. 구독 서비스와 블록체인을 결합한 재미있는 구조라 여기서 소개해 보기로 한다. 이 비즈니스든 위의 서브미 비즈니스든 그 성공 여부는 누구도 장담할 수 없다.

모니온 프로젝트는 모니대부와 모니온이란 두 개의 법인으로 구성되어 있다. 모니대부는 대부업체이다. 사용자는 명품을 담보로 맡기고 대출을 받을 수 있다. 대출 이자는 연 24%로 높은 수준이다. 감정가의 최고 90%까지 대출이 가능한데, 모니대부가 주력으로 취급하는 담보는 명품과 자동차이다. 약 20~30년 전 급전이 필요한 사람들은 시계를 맡기고 돈을 융통했다. 모니대부는 전당대출과 럭셔리 제품 구독경제를 위한 플랫폼을 결합한 사업구조이다. 모니대부는 전당 대출 네트워크 구축과 여기서 파생되는 이자수익, 담보물 처분 수익을 포함하여 다양한 이윤 프로젝트를 추진한다.

담보물은 모니온 코인(MNO)을 운영하는 모니온에서 보관한다. 담보물에 대한 진위 여부를 검증한 데이터는 블록체인 위에 올라간다. 모니온 코인 소유자는 토큰뱅크 지갑 시스템을 이용하여 일 년간의 스테이킹을 신청한다. 회사는 스테이킹된 코인을 가지고 전당대출 관련 사업을 진행한다. 명품에 대한 담보 대출을 하고, 명품 렌털 매장이나 명품 쇼핑몰을 운영하는 것이다. 위에서 설명한 것처럼 고급 명품을 담보로 대출한 곳에서 받은 대출 이자나, 고객이 찾아가지 않는 물품의 처분 수익에서 이익을 취한다. 이후 수익의 일부를 스테이킹한 회원에게 주는 구조이다. 일 년 후에 모니온 코인이 상승하면 모니온 코인으로, 모니온 코인이 하락하면 신뢰도 높은 가상자산인 이더리움으로 이자를 보상하는 식이다.

만약 대출자가 원금과 이자를 두 달 동안 갚지 않을 경우 모니대부는 담보를 처분할 권리를 갖게 된다. 유질물을 팔면 원금과

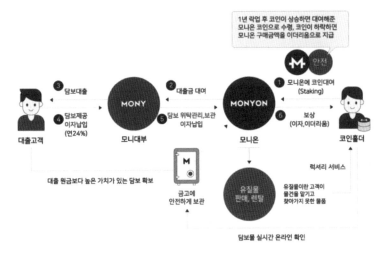

출처: 모니온

이자에 상응하는 이익을 얻을 수 있다. 유질물이 증가하면 모니온에서 이를 활용해 고객이 중고 명품을 구독할 수 있는 플랫폼이 번성하게 되는 구조다. 고이자 대부업에 대한 좋지 않은 시각이 사회 저변에 깔려 있지만, 경제를 바라보는 선악의 눈을 떠나 블록체인과 구독 서비스가 코인으로 연결되어 운영되고 있다는 것을 보여주기 위해 이 사례를 든 점을 특별히 유의하기 바란다.

모니온은 누구나 소유하고 싶어 하는 명품, 럭셔리한 외제차뿐 아니라 레저, 문화를 아우르는 경험의 구독경제를 추구한다. 모니온에 참여한 사람들의 라이프스타일을 한 단계 업그레이드 시키는 것이지만 대부를 위해서 맡긴 중고 명품에 의지하고 신상 명품을 살 수 없는 고객의 은밀한 욕구를 이용한다는 것은 알고 있어야 한다. 자금이 넉넉하지 않은 고객은 신상 명품 구매 대신 중고명품 렌털을 선호할 것이다. 구독경제는 블록체인 기반 앱의 확장에 따라 고객의 취향을 저격하며 다양한 조합으로 우리에게 다가올 것이다. 모쪼록 다양한 구독 서비스 제공으로 혁신의 불꽃을 활짝 피우길 바란다.

열심히 노력해서 받은 장학금과 누군가의 슬픔이나 아픔으로 받은 돈은 같을 수 없다. 그래서 돈에 어떤 꼬리표가 붙었는지에 따라 업종을 바라보는 마음이 달라지기도 한다. 대부업은 어떨까? 18세기 고전파 경제학의 시대에 이르러서야 이자소득은 더 이상 부도덕한 불로소득으로 여겨지지 않게 되었다. 애덤 스미스는 채권자가 돈을 빌려주면 그 돈을 다른 데 써서 얻을 수 있는 이익을 포기하는 것으로 보고 채무자가 지불하는 대가가 이자라고 정의했다.

현대에도 이슬람 국가들은 중세 유럽에서와 같은 이유로 이자를 받는 것을 금지한다. 많은 나라에서 합법적인 사채업의 이자율을 국가가 어디까지 제한해야 하느냐를 놓고 논쟁이 벌어지기도 한다. 대부업은 도덕적 논란에서 자유롭지 않다. 모니온이 더 좋은 구독 서비스로 보답해야 할 이유이다. 이런 업종은 그래서 공감에 더 각별히 주의를 기울여야 한다. 인간이 지닌 공감 능력은 평가나 판단 없이 오롯이 상대의 마음을 수용하고 품는 과정이다. 공감이야말로 무엇으로도 대체될 수 없는 오랜 역사를 통해 인간의 피 속에 흐르는 DNA이리라.

돈이 없는 연인들이 전당포에 시계를 맡기고 돈을 빌려서 데이트를 했던 시절의 오래된 추억이 떠오른다. 이것이 누군가에게 공감을 불러일으키는 회상 장면이길 바라며, 스포티파이에서 추억을 떠올리는 노래를 들어본다. 스포티파이에서는 지금 내가 듣고 있는 노래를 같이 듣고 있는 사람들을 검색해 볼 수 있다. 취향을 공유한다는 것은 공감 영역의 확대를 의미한다. 이것 또한 스포티파이가 공감을 얻고 있는 이유일 것이다.

구독경제가 그리는
미래 투자 지도

비트코인과 이더리움, 코인 투자의 전망

이번에도 돈나무 언니를 호출해 보자. 2021년 9월, 캐시 우드는 가상자산과 테슬라에 대한 긍정적 전망을 재확인했다. 가상자산 거래를 해본 사람이라면 익숙한 기업으로, 미국 최대의 가상화폐 거래소인 코인베이스 글로벌(Coinbase Global)이 있다.

우드는 전폭적으로 지지해오던 테슬라 지분을 일부 정리했는데, 이와 관련된 질문에 기술적 조치일 뿐이라고 해명했다. 그녀는 테슬라 주가가 5년 내 3000달러(약 352만 원)에서 최대 4000달러(약 489만 원)까지 오를 것이라고 평가했다. 구독 서비스로 테슬라의 주가가 무한 질주할 것인지 지켜보자.

가상자산의 대명사 비트코인과 이더리움에 대한 그녀의 생각은 어떨까? 우드는 비트코인이 향후 5년 동안 10배 급등할 수 있다고 내다봤다. 기업들이 보유 자산을 다각화하고, 기관 투자자들이 포트폴리오의 5%를 가상자산에 할당한다면 50만 달러(약 5억 8540만 원)까지 오를 수 있다는 분석이다. 돈나무 언니는 이더리움에 대한 확신도 커졌다고 주장한다.

> "NFT와 디파이(De-Fi·탈중앙화 금융)에 힘입어 이더리움이 폭발적으로 성장하고 있습니다. 아크의 가상자산 포트폴리오는 비트코인 60%와 이더리움 40%로 구성돼 있습니다."

블록체인 플랫폼은 이더리움 기반이라 2020년에도 이더리움의 상승률이 비트코인을 능가했다. NFT의 폭발적 성장은 이더리움의 가격을 견인할 것으로 보인다.

구독경제 시대의 수혜자들

이 장에서 설명한 구독경제 관련 기업 중에서 성장성이 높은 종목은 어떤 곳이 있을까? 구독의 대명사인 1등주 넷플릭스에 대해서는 이미 상세하게 다루었다. 오피스 365(Office 365), 애저(Azure), 다이나믹스 365(Dynamics 365) 등 클라우드 서비스에 구독모델을 도입한 마이크로소프트 역시 유망하다는 것은 주지의 사실이다. 아마존은 어떤가? 2014년, 아마존은 글로벌 운송 네트워크를 구축하기 시작했다. 2021년, 아마존은 전 세계적으로 운송을 담당하는 운전자 40만 명, 트럭 4만 대, 밴 3만 대 그리고 75대의 비행기를 보유하고 있다. 2021년 8월에는 켄터키에 15억 달러 규모의 투자를 통해 아마존 에어 허브 건설을 완료했다. 아마존은 리비안과의 사업 제휴와 투자를 통해 물류 배송 업계 거대 기업으로 성장을 꿈꾸고 있다.

포토샵(Photoshop), 일러스트레이터(Illustrator) 등 소프트웨어를 구독모델로 제공하는 어도비는 어떨까? 어도비 크리에이티브 클라우드(Adobe Creative Cloud)는 그래픽 디자이너, 영화 편집자, 특수 효과 아티스트, 소셜 인플루언서와 같은 전문가를 위해 제작된 소프트웨어이다. 어도비의 여러 제품은 각각 이미지, 필름 편집에 대한 업계 표준이 되어 수요가 지속되고 있다. 어도비 애크로뱃(Adobe Acrobat)을 사용하면 클라이언트가 모든 장치에서 디지털 문서를 만들고, 보고, 편집하고, 공유할 수 있으며 어도비 서명을 사용하면 클라이언트가 전자 서명을 추적, 저장 및 수집할 수 있다. 어도비는 다양한 사업을 하며 순이익을 성장시키고 있기에 장기 주가전망이 좋을 것으로 예상된다.

음악 스트리밍 플랫폼 스포티파이는 2021년 연초 이후 큰 조정을 받았다. 신규 사업자들이 진출하면서 경쟁이 치열해지고 있지만, 장기적인 관점에서는 성장 잠재력이 크다는 입장이다.

가입자 증가율 회복을 보며 1위 기업의 성장성을 가늠해 볼 필요가 있겠다.

넷플릭스, 디즈니플러스 등 글로벌 OTT 업체의 경쟁이 치열한 가운데 스트리밍 플레이어(셋톱박스) 업체인 로쿠(Roku)가 큰 폭의 성장을 하고 있다. 로쿠는 스트리밍 시대의 수혜주 가운데 하나로 최근 5년 동안 주가가 10배 뛰었다. OTT 대전의 최종 승자는 로쿠가 될 것이라는 관측도 나온다. 글로벌 투자은행의 목표주가도 올라가고 있다. 로쿠는 유튜브, 넷플릭스, 디즈니플러스를 볼 수 있는 플랫폼을 제공한다. 광고가 가능한 자체 채널도 보유하고 있다. 신규가입자의 큰 폭 증가, 급증하는 매출을 보며 캐시 우드는 넷플릭스, 디즈니 같은 거대 기업이 아니라 로쿠가 스트리밍 시대를 선도할 것으로 보고 있다. 코로나19로 동영상 스트리밍 서비스 이용이 늘어난 가운데 로쿠는 최대 수혜업체 중 하나로 꼽힌다.

또한 고객관계관리(CRM, consumer relationship management)로 높은 성장세를 보여주고 있는 세일즈포스(Salesforce), 멤버십 기반의 코스트코(COSTCO), 클라우드를 통한 구독 비즈니스를 영위하고 있는 오픈텍스트(opentext), 비바시스템즈(Veeva Systems), 결제와 컨설팅 제공 기업인 비자, 액센츄어(accenture), 구독 기반 의료 서비스와 관련된 텔라닥(Teladoc), 덱스콤(DexCom), 옴니셀(Omnicell), 고가의 전자제품을 장기 렌털 구독모델로 제공하는 웅진코웨이 등도 있다. 게임업체 넷마블이 인수한 웅진코웨이는 정수기 구독 서비스와 게임 서비스의 묘한 조합을 연상시킨다. 증권회사에 가면 '글로벌 구독경제 펀드'를 만날 수 있다. 구독 비즈니스를 도입한 기업 가운데 미래성장성이 뛰어나고, 적정한 주가 수준을 가진 기업에 집중 투자한다.

✖

기술력과 공감 능력을 모두 갖춘 미래 인재

☑

소프트웨어 개발자

소프트웨어를 개발하는 전문가가 없다면 컴퓨터나 로봇, 스마트폰 등이 제 기능을 하지 못할 것이다. 구독 서비스에도 하드웨어와 소프트웨어가 모두 필요하다. 인터넷이 비약적으로 성장하고 기계에 인공지능이 탑재되면서 공학계열 소프트웨어 개발자의 몸값이 크게 오르고 있다. 구독경제에서 중요한 역할을 하는 모바일 앱 개발자의 역할이 중요하며, 이러한 분야에서 향후 많은 일자리가 생길 전망이다.

☑

블록체인 개발자

구독 서비스는 블록체인 플랫폼과 연계되어 다양한 서비스를 제공할 수 있다. 블록체인은 인터넷이 그랬던 것처럼 우리 삶을 크게 바꿔놓을 전망이다. 블록체인 기술을 이용해 서비스와 제품을 개발하는 전문가 수요가 높아질 것이다.

☑

디지털 콘텐츠 전문가

구독 서비스의 핵심은 좋은 콘텐츠에 있다. 구독 유지를 위해서는 엔터테인먼트, 마케팅, 정보 등을 디지털 콘텐츠로 만들어 즐길 수 있게 해주는 디지털 콘텐츠 전문가의 역할이 매우 중요하다. 디지털 콘텐츠 전문가가 되려면 온라인 마케팅, 글쓰기, 멀티미디어 분야의 능력을 고루 갖추어야 한다.

비단 이뿐이랴. 다양한 구독 서비스의 성격에 맞는 창의성과 공감 능력을 함유한 인재는 미래 어느 비즈니스에도 필요하다. 콘텐츠는 확장성 없이는 생존이 불가능하므로 끊임없는 시도와 인내가 필요하다.

✖

쿠팡 vs. 카카오, 네이버 vs. SKT 플랫폼

☑

쿠팡은 한국의 아마존이 될 수 있을까?

미국에서 코로나19 수혜를 입었던 전자상거래업체에 대한 투자심리가 악화되고 있다. 국내에서는 대형 플랫폼 규제 이슈까지 더해졌다. 쿠팡의 주요 투자자였던 소프트뱅크까지 대규모 매도를 했다는 소식은 겹악재가 됐다. 흑자전환과 사업 다각화 기대로 밝았던 중장기 시각도 흔들리는 분위기다. 아마존이 오랜 적자를 냈듯 쿠팡에도 그런 상황이 벌어질 수 있다. 그래서 높은 성장성과 흑자전환 가능성을 보여주어야 한다. 수익 확대와 이용자 확보에 사활을 걸고, 유료회원제인 로켓와우에서 성과를 확실히 보여줄 필요가 있다. 정기 배송 서비스를 도입한 쿠팡은 '쿠팡플레이'를 통해 OTT 시장에까지 뛰어들었다.

관전 포인트는 해외 사업이다. 쿠팡은 대만, 일본, 싱가포르에서 성공 신화를 만들어내기 위해 분투 중이다. 그중에서 눈여겨봐야 할 곳은 대만이다. 쿠팡은 대만과 일본에서 오토바이를 활용한 도심 내 퀵 커머스(즉시 배송 서비스)를 실험하고 있다. 대만 소비자들의 빠른 배송에 대한 수요를 확인하고 한국과 같은 로켓 배송을 런칭할 준비를 하고 있다. 주가가 고평가되었다는 지적이 있으나 PSR(price sales ratio, 주가매출비율)로 밸류에이션을 평가한다면 아마존, 이베이, 알리바바 같은 주요 전자상거래업체 중 가장 낮다. 높은 성장성에도 불구하고 지속적인 영업이익 적자로 2021년 공모가 아래로 떨어진 주식이 훨훨 날 수 있을까. 2021년 3분기에 '월가의 전설적 투자자'로 불리는 조지 소로스(George Soros)가 쿠팡 주식 50만주를 매수했다.

✔

성장성이 담보된 무형자산가치가 지배하는 주식은 계속 뜬다

네이버의 구독 서비스는 네이버플러스 멤버십, 네이버 프리미엄 콘텐츠, 네이버 스마트스토어 정기구독처럼 다양한 부문에 적용되고 있다. 이는 궁극적으로 전자상거래-금융-광고-콘텐츠에 이르는 선순환 구조를 강화시킬 것이다. 나아가 고객 데이터베이스 확보를 통해 다양한 비즈니스 기회도 창출할 수 있을 것이다. 네이버가 쌓은 무형자산은 네이버의 성장성을 담보하는 지원군이라 하겠다. 스마트스토어에 입점한 다양한 상품을 대상으로 구독 서비스가 네이버의 주가를 견인할 수 있다. 네이버의 구독 서비스는 궁극적으로 자사 서비스의 선순환 강화에 기여할 전망이다. 외부업체와의 협업은 치열해진 구독 서비스 시장 내 이용자 확보를 위한 노력의 일환이다. 다양한 제휴 서비스로 수익성을 강화할 수 있다.

카카오는 다양한 유형의 상품과 무형의 서비스를 한 번에 확인하고 구독하는 플랫폼 '구독ON'을 출시했다. 별도의 앱을 설치하지 않고 카카오톡 더보기 탭을 통해 바로 접속이 가능하다. 한마디로 카카오 구독 서비스는 카카오톡을 중심으로 확장되고 있다. 카카오톡의 높은 이용 수준과 구독 서비스의 치열한 경쟁 상황을 고려했을 때 카카오톡 중심의 구독 서비스 확장 전략은 유효하다. 구독ON으로 식품, 가전, 생필품 같은 실물 상품은 물론 청소와 세탁 같은 무형 서비스까지 다양한 종류의 구독 상품을 경험할 수 있다. 또한 개인의 라이프스타일에 맞는 구독 상품을 발견하고 체험할 수 있도록 공간을 확장한 것이 특징이다. 카카오는 매주 상품을 업데이트하고, 다양한 형태의 정기구독 상품을 큐레이션한다. 그 과정에서 데이터로 대변되는 무형자산이 큰 역할을 해 그 가치가 높아진다.

☑

구독 서비스에 운명을 건 SKT의 향후 행보에 주목하라

'탈(脫)통신'을 내세운 이동통신사들이 구독 서비스 시장에 진출하며 플랫폼 기업으로의 변신을 시도하고 있다. 네이버, 카카오, 쿠팡 등과의 경계가 사라지면서 플랫폼 시장에서 치열한 격전이 한창이다. 2021년 11월 29일, SKT는 분할 후 재상장되었다. 존속법인 SKT와 신설법인 SKT스퀘어로 인적분할을 한 것이다. 온라인 쇼핑, OTT, 모빌리티 서비스, 메타버스 플랫폼을 섭렵하는 새로운 SKT의 종합 플랫폼사로서의 기업가치는 구독 서비스의 질에 달려 있다. SKT는 2021년 3분기에 미디어와 커머스 중심의 멤버십 형태 구독 패키지와 개별 구독 서비스를 출시했고, 2025년까지 가입자 3600만 명 이상을 목표로 한다고 밝혔다. 향후 주가는 구독 서비스의 성공 여부에 달려 있다. 이를 통해 웨이브, 플로 등 자회사 서비스가 더 부각될 수 있다. B2C 플랫폼을 직접 보유하며 고객 데이터를 확보하고 활용할 수 있어 구독 서비스 확대에 유리하다.

제3장

상상의 힘_유니버스 인 미

우주개발과 양자컴퓨터,

우주를 지배하는 자가 미래를 지배한다

양자컴퓨터(Quantum Computer)

동전이 회전하고 있는 상태처럼 0과 1을 동시에 가질 수 있는
'큐비트' 단위로 연산이 가능한 고속 컴퓨터

제프 베이조스와
우주를 향한 꿈

우주산업의 거물, 제프 베이조스의 운명

시애틀에 본사를 둔 아마존. 그 창업자인 인터넷 억만장자 제프 베이조스(Jeff Bezos)에게 바다는 어떤 의미일까? 그는 열광적인 우주 팬으로 대서양 바다 밑에 40년 이상 가라앉아 있는 아폴로 11호의 로켓엔진을 인양했다. 그에게 바다는 모험의 잔해를 찾아가는 장소였을 것이다.

시애틀 바다에서 제프 베이조스의 운명에 대해 생각해 본다. 그는 소설가 아내 매켄지 스콧(Mackenzie Scott)과 만난 지 3개월 만에 약혼하고 약혼한 지 3개월 만에 결혼했다. 베이조스와 매켄지의 성격은 서로 보완적이었다. 베이조스는 호탕한 웃음만큼 사교성이 풍부한 남자였고, 매켄지는 칵테일 파티에서도 긴장할 만큼 다른 성향의 여성이었다. 그녀는 간단한 대화나 나누면서 너무 많은 사람을 만나는 파티가 자신에게 적합한 곳은 아니라고 생각했다.

매켄지는 소설가였으나 베이조스의 꿈을 실현하기 위해 결혼 후 일을 그만두었고 아마존을 창립하기 위해 시애틀로 갔다. 소설가인 그녀에게는 글을 쓰는 작은 아파트가 있어서, 그곳에서 글을 쓰다 하교 시간에 맞춰 학교에 가서 아이들을 데려오곤 했다. 매켄지의 글을 가장 잘 읽어주는 남자가 제프 베이조스였다. 베이조스는 매켄지의 첫 소설 원고를 읽기 위해서 다른 계획을 멈출 만큼 그녀에게 헌신적이었다. 소설을 다 쓴 후 소설 속 인물의 성격에 대해 이야기를 나누는 것은 그들의 즐거움이었다.

그러던 베이조스가 이혼을 발표했다. 불륜 상대는 폭스TV 앵커 출신의 헬리콥터 조종사였다. 베이조스는 우주여행 기업인 블루 오리진(Blue Origin)과 관련된 업무를 그녀에게 맡겼다가 눈이 맞았다. 사랑은 한 남자와 한 여자를 운명으로 결합하는 것을 의미할까? 맞는 이야기인 것 같으면서도 인간의 본성을 생각하면 그렇지도 않은 것 같다.

사랑의 힘은 위대하다고들 하는데, 우주의 힘은 어떤가. 온 우주의 힘이 내게로 몰려오는 상상을 하며 이 장의 우주 이야기를 시작하기로 한다. 문득 베이조스가 냅킨에 그린 아마존의 역사를 떠올려 본다. 아마존은 아주 작은 기업으로 시작했고, 아주 작은

제프 베이조스가 미래 전략을 그린 냅킨

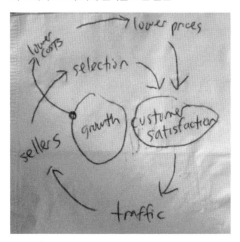

혁신을 쌓으며 큰 혁신을 이룬 대표적인 회사이다.

한 가지 빠져서는 안 되는 이야기가 있다. 제프 베이조스가 아마존을 창업하는 아이디어에 영감을 준 책이 있다. 그 책은 SF 소설 『다이아몬드 시대』이다. 그는 이 책을 읽고 전자책 단말기 '킨들'에 관한 아이디어를 얻었다. 『다이아몬드 시대』는 닐 스티븐슨 (Neal Stephenson)의 소설로, 나노 컴퓨팅 기술이 비약적으로 발전한 미래 사회의 모습을 그렸다. 나노 기술의 선구자인 주인공이 손녀를 교육하기 위해 '소녀의 그림책'을 만드는데, 베이조스는 이 지점에서 얻은 아이디어를 현실세계로 끌고 와 킨들을 탄생시켰다고 한다. 상상력이 세계의 모든 것을 연결하는 아마존을 탄생시킨 원천이 된 것이다. 상상력은 그렇게 뜻하지 않게 하나의 작품으로부터 시작되기도 한다.

제프 베이조스가 두 손 든 양자역학과 젊은 날의 방황

제프 베이조스가 직접 쓴 유일한 책인 『제프 베이조스, 발명과 방황』을 감명 깊게 읽었다. 서문을 쓴 월터 아이작슨(Walter Isaacson)은 베이조스를 아인슈타인, 레오나르도 다빈치, 벤저민 프랭클린, 스티브 잡스 같은 이제는 고인이 된 위인들과 동일한 반열에 올려놓는다. 아이작슨은 베이조스를 포함하여 이들 유명인의 공통점을 세심히 분석했다. 그들은 명석한 두뇌가 아닌 풍부한 상상력과 창의력의 소유자였다. 아이작슨은 전설적인 위인들과 비교할 때 베이조스의 혁신성이 결코 뒤지지 않는다고 주장한다.

베이조스의 끊임없는 상상력과 혁신의 원동력은 어디에서 왔을까? 베이조스는 농장을 운영하던 외할아버지 프레스턴 자이스(Preston Gise)와 어린 시절 많은 시간을 보냈다. 외할아버지는 우주 공학과 미사일 방어 시스템 분야의 전문가로 일했으며 원자력위원회에서 활동하기도 했다. 그는 기계를 수리하고 창의성을 발휘하여 필요한 무언가를 만들어내는 데 익숙한 분이었다. 베이조스는 자연스럽게 외할아버지 덕분에 자립심, 기지, 창의성을 발휘하는 환경에서 성장할 수 있었다.

베이조스는 원래 프린스턴 대학에서 물리학을 전공했다. 어느 날 그는 양자역학을 공부하다가 풀이 과정만 3쪽에 이르는 미분방정식을 머릿속으로 풀어버리는 동기를 보고 충격을 받는다. 그역시 통상적인 사람인지라 물리학 천재들에게서 노력으로 극복할 수 없는 간극을 느끼고 좌절한 것이다. 당시 함께 물리학을 공부하던 몇 명의 학우가 범접할 수 없는 역량을 가진 것을 보고 베이조스는 허탈함을 느꼈다. 베이조스가 1999년 미국 IT 전문지《와이어드(WIRED)》와의 인터뷰에서 한 말을 새겨보자.

> "교실 안을 둘러보니 반에서 나보다 물리학을 더 잘하는 친구가 적어도 세 명은 있는 것이 확실했어요. 그들의 뇌는 다른 사람들과는 분명 다르게 연결되어 있을 것이라고 생각했죠. 그 사실을 깨달은 것은 놀라운 인사이트였습니다."

그는 2018년 9월, 1400여 명이 참석한 워싱턴 경제클럽(Economic Club of Washington DC)의 한 행사에서도 다음과 같이 말했다.

> "그 편미분 방정식을 도저히 풀 수 없었습니다. 너무 어려웠죠. 나는 당시 룸메이트인 조와 함께 공부하고 있었는데, 조는 수학을 정말 잘하는 친구였어요. 하지만 우리 두 사람이 그 문제를 풀기 위해 세 시간 동안 끙끙거렸는데도 결국 풀지 못했습니다."

그는 물리학자가 되기를 포기하고 재빨리 전기공학과 컴퓨터공학으로 전공을 바꾼다. 쉽지 않은 결정이었지만 위대한 물리학자로 성장할 수 없겠다는 한계를 직시하고 눈을 돌려 전공을 바꾼 것은 훗날을 생각하면 큰 축복이었다.

"그때가 내게 매우 중요한 순간이었습니다. 그 순간, 내가 결코 위대한 이론 물리학자가 될 수 없다는 것을 깨닫게 되었죠. 그제서야 비로소 자기 탐구를 시작했습니다. 대부분의 직업에서 만약 당신이 상위 10%에 든다면 당신이 속한 회사에서 무언가 가치 있는 기여를 할 수 있을 것입니다. 하지만 이론 물리학에서는 세계 50위 안에 들지 못한다면 세상에 별 도움이 되지 못한다고 생각했죠."

베이조스는 1986년에 프린스턴대학교(Princeton University)를 졸업하며 전기공학과 컴퓨터공학 학사학위를 받았다. 그러나 베이조스가 대학교를 졸업하고 바로 자신의 사업을 시작한 것은 아니었다. 헤지펀드에서 일하던 베이조스는 1994년에 웹이 매년 2300%씩 성장하고 있다는 놀라운 통계를 발견했다. 그는 1995년에 마침내 자신의 자동차에 트레일러 하나를 달랑 매달고 시애틀로 와 온라인 서점 아마존을 창업했다. 아내 매켄지의 내조도 컸다.

양자컴퓨터와 아마존의 운명적 만남

그는 물리학을 전공하며 양자역학(quantum mechanics)을 공부했다. 양자역학이란 무엇일까? 개념이 상당히 난해하기에 상세한 설명보다는 기본 원리만 알고 넘어가자. 원자는 물질을 이루는 가장 작은 단위이다. 현대 물리학의 관점에서 볼 때 원자는 원자핵과 전자로 이루어져 있다. 원자핵은 중성자와 양성자로 구성된다. 원자핵과 그 주위를 도는 전자의 움직임을 연구하는 학문이 양자역학이다.

양자역학이 없다면 TV도 컴퓨터도 스마트폰도 존재할 수 없다. 1980년대 이후 정보통신기술 분야에 본격적으로 양자역학이 영향을 미치기 시작했다. 물질의 가장 기본적인 구성 요소로 물질을 세분해 가면 분자 → 원자 → 원자핵 계열을 지나 소립자에 이른다. 이런 의미에서 소립자는 현재까지 알려진 가장 기본적인 입자라고 여겨진다. 분자부터 양성자에서 중성자까지 크기를 보면 이것들이 얼마나 작은지 알 수 있다. IT 분야에 종사하는 베이조스에게도 양자역학이 새롭게 다가왔을 것이다.

분자(10^{-6}m)-원자(10^{-10}m)-원자핵(10^{-15}m)-양성자/중성자(10^{-18}m)-소립자

이렇게 작은 소립자는 다시 매개 입자와 렙톤(lepton), 쿼크(quark) 등으로 구성된다. 결국 모든 물질은 쿼크와 렙톤으로 이루어졌다고 말할 수 있다. 물 분자는 두 개의 수소와 한 개의 산소 원자가 결합한 것이다. 이 원자는 화학 원소로서의 특성을 잃지 않는 범위에서 도달할 수 있는 물질의 기본적인 최소입자로서 더 이상 나눌 수 없다는 뜻으로 원자(atom)라는 이름을 갖게 되었다. 이 말은 그리스어의 비분할(非分割)을 의미하는 아토모스(atomos)에서 유래한 것이다.

역사는 아이러니하게 흐르기도 한다. 2019년 아마존의 클라우

드 자회사 AWS(Amazon Web Services, 아마존 웹 서비스)는 디웨이브 시스템(D-Wave System), 아이온큐(IonQ), 리게티 컴퓨팅(Rigetti Computing)이 개발한 양자컴퓨터로 클라우드 서비스를 제공하겠다고 발표했다. 그러다 2021년 8월, AWS는 자체 양자컴퓨터를 구축하고 이를 위한 소프트웨어와 알고리즘을 개발하고자 아마존 내부 프로젝트를 진행한다고 밝힌다. 양자컴퓨팅 시장에 진입할 수 있을 만큼 아마존의 기술이 충분히 발전했다는 견해를 덧붙였다. 베이조스는 물리학과 컴퓨터의 결합을 보면서 어떤 생각을 했을까. 세기의 천재가 열띤 토론을 벌였던 한 회의장을 기억하지 않을까.

1911년부터 3년 주기로 개최되는 솔베이 회의는 물리학 분야에서 권위를 인정받고 있다. 이 회의는 벨기에의 기업가인 에르네스트 솔베이(Ernest Solvay)가 1912년 벨기에 브뤼셀에서 세운 물리학과 화학을 위한 국제 솔베이 기구(International Solvay Institutes for Physics and Chemistry)라는 물리학 학회를 만들며 그 역사가 시작되었다. 가장 유명한 솔베이 회의는 1927년 10월 브뤼셀에서 열린 전자와 광자에 대한 다섯 번째 솔베이 국제회의이다. 세계적으로 매우 주목받았던 이 물리학 토론은 양자 역학에 대한 토대를 명확히 했다. 이 토론에서 주축이 된 인물은 알버트 아인슈타인(Albert Einstein)과 닐스 보어(Niels Bohr)였다. 아인슈타인은 베르너 하이젠베르크(Werner Karl Heisenberg)의 불확정성 원리에 크게 반대하며 이런 말을 한다.

"신은 주사위 놀이를 하지 않는다(God does not play dice)."

주사위를 던졌을 때 어떤 숫자가 나올지 우리는 모른다. 아인슈타인은 불확실한 확률 게임을 물리학에 적용하는 것을 반대했다. 실험실에서 관측한 내용이 확정될 수 없다는 양자역학의 이론에 이의를 제기하는 아인슈타인에게 보어는 이렇게 화답했다.

"아인슈타인, 신에게 명령하지 말게나(Einstein, stop telling God what to do)."

양자역학에서 말하는 불확정성의 원리는 입자의 위치와 운동량은 일정 수준의 정확도 이상으로는 동시에 측정되지 않는다는 의미다. 전자의 위치와 운동량을 전자로부터 직접 알아낼 방법은 없으며, 빛이나 다른 입자를 전자와 충돌시켜서 알아내야만 한다. 그런데 빛이나 다른 입자를 전자에 충돌시키는 순간, 전자의 위치와 운동량은 변하게 되므로 정확한 전자의 위치와 운동량은 알 수 없고, 단지 추측만 할 수 있을 뿐이다.

방 안에 헬륨 풍선이 하나 둥둥 떠다니고 있다고 상상해 보자. 방 안은 캄캄해 앞을 전혀 볼 수 없는 상황이라, 헬륨 풍선을 확인할 수 있는 방법은 손에 있는 막대기를 휘저어 풍선을 치는 방법뿐이다. 헬륨 풍선은 매우 가볍기 때문에, 아무리 세심하게 막대기를 휘둘러도 풍선을 건드려서 위치를 확인하는 순간 풍선은 다른 장소로 날아서 이동하게 된다. 따라서 풍선의 정확한 위치는 알 수 없으며, 단지 어디쯤 존재할 것이라고 추측만 할 수 있다.

아인슈타인과 보어의 열띤 토론을 생각하며 제프 베이조스와 일론 머스크를 생각해 본다. 요즘 두 인물의 우주를 향한 힘찬 발걸음이 연일 화제를 몰고 다닌다. 세계 갑부 1위와 2위 자리를 다투면서 말이다.

양자컴퓨터란 무엇인가

"세상은 양자인데 양자역학 원리에 따라 완벽하게 작동하는 기계로 세상을 시뮬레이션할 수 없을까?"

1981년 미국 보스턴의 MIT(매사추세츠 공과대학교)에서 있었던 일이다. 그날 MIT와 IBM이 개최한 컴퓨팅 물리학 콘퍼런스 행사에 물리학자, 컴퓨터 공학자들이 몰려들었다. 훗날 이곳은 양자컴퓨팅 기술의 발원지로 평가받게 된다. 교류가 없던 물리학자들과 컴퓨터 공학자들이 서로의 전공 분야에서 핵심 문제를 토론하면서 양자컴퓨팅 기술 논의가 시작됐다. 천재 양자물리학자로 꼽히는 리처드 파인만(Richard Feynman)은 이 자리에서 컴퓨터를 활용한 물리학 시뮬레이션 기법을 창안했다. 양자컴퓨팅 개념을 실제로 창시한 것이다.

통상의 컴퓨터는 0과 1이라는 2진법 연산의 디지털 비트(bit) 체계로 작동한다. 정보의 입력과 계산, 출력 과정에서 수많은 'Yes or No'를 반복해야 한다. 최고 수준의 슈퍼컴퓨터도 마찬가지이다. 아무리 CPU나 메모리의 속도가 빨라도 입력되는 정보나 변수의 양이 많다면 한계에 부딪힌다.

비트 체계는 동전을 던져 앞면 아니면 뒷면만 나오는 식이다. 반면에 양자컴퓨팅은 0과 1이 겹쳐져 있으며(중첩과 얽힘을 이용) 결과가 확률에 따라 정해진다는 큐비트(qubit, 양자비트)의 개념을 사용한다. 중첩(superposition)이란 입자가 동시에 두 가지 이상의 특성을 지니는 현상이다. 주사위의 경우 던져지는 순간 6가지 상태(1에서 6까지)가 중첩된다. 큐비트에서는 현실을 비트처럼 정확히 아는 것이 아니라 확률적으로 안다고 본다. 양자컴퓨터는 동전이 회전하고 있는 상태처럼 0과 1을 동시에 가질 수 있는 큐비트 단위로 연산이 가능하다. 그 결과 모든 변수를 한꺼번에 놓고 계산할 수 있다. 동시에 여러 데이터를 한꺼번에 처리할 수 있는 것이다.

슈퍼컴퓨터로 하면 100만 년이 걸릴 계산을 양자컴퓨터로는 2초 안에 끝낼 수 있다. 디지털 컴퓨터에서 1비트는 0과 1 중 한 가지로 표현된다고 했다(0 아니면 1이다). 비트가 4개라면 2의 4제곱의 경우의 수의 조합이 가능하다. 즉 0000부터 1111까지 16가지 정보를 표현할 수 있다. 중요한 것은 16가지 정보 중 한 번에 한 정보만 나타낼 수 있다는 점이다. 한 번에 0000만 표현하든

1111만 표현하든 한 가지만 표시할 수밖에 없다. 반면 양자컴퓨터에서 1큐비트는 4가지 표현이 가능하다. 그러므로 4큐비트면 4의 4제곱, 즉 16 곱하기 16이 되므로, 위의 16가지 서로 다른 정보를 동시에 나타낼 수 있는 능력을 갖게 된다.

광케이블을 통해 초전도 방식으로 같은 시간에 같은 양의 빛을 전송해도 정보 전달의 양에서 차이가 많이 난다. 8큐비트, 16큐비트 등으로 큐비트가 계속 증가하면 양자컴퓨터에서는 계산 공간이 기하급수적으로 확대되기 때문에 숫자 단위가 큰 계산도 빠르게 처리할 수 있다. 양자컴퓨터는 빠른 속도로 많은 정보를 처리할 수 있어 인공지능과 머신러닝, 금융, 제약, 화학, 교통 등 다양한 분야에서 활용이 가능하다.

구글과 IBM이 이끄는 양자컴퓨터 산업

미국 보스턴컨설팅그룹(BCG)은 전 세계 양자컴퓨터 시장이 2035년 20억 달러(약 2조 3370억 원), 2050년 2600억 달러(약 303조 8620억 원)로 커질 것으로 예측했다. 전 세계 과학계에선 이 같은 양자역학의 원리를 응용해 양자컴퓨터, 양자암호통신, 양자센서 등에서 활발한 연구를 진행하고 있다. 2019년 9월 구글이 50큐비트급 양자컴퓨터 칩인 시커모어(Sycamore)를 만들었는데 슈퍼컴퓨터보다 뛰어난 연산 속도로 세계 최초 '양자 우월성'을 달성했다.

시장을 주도하는 회사는 구글과 IBM이다. 2018년에 IBM이 했던 이야기를 들어보자.

> "양자컴퓨터가 먼 미래의 이야기처럼 느껴질 수도 있지만, 3~5년 안에 상용화된다. 양자컴퓨터는 지금까지 인류가 경험한 기술혁신 중 가장 파괴적인 변화를 가져다줄 것이다. 모든 산업, 모든 사회 시스템, 모든 사람에게 영향을 미칠 것이다. 단적인 예를 들면 현재 금융권에서 사용하는 모든 보안체계가 무력화된다. 이 정도면 업그레이드가 아니라 '천지개벽'에 가깝다고 볼 수 있다."

2018년, IBM은 세계 최초로 '퀀텀(모델명 Q)'이라는 양자컴퓨터를 상용화하는 데 성공했다. IBM은 1949년에 세계 최초로 컴퓨터가 개발되어 우리의 삶을 바꾼 것처럼, 양자컴퓨터도 상상할 수 없을 만큼 세상을 변화시킬 것"이라고 강조했다. 양자컴퓨팅을 비롯한 양자정보기술은 단순히 연산 속도만 빠른 컴퓨터나 해킹 불가능 암호기술 정도가 아니다. 엄청난 연산 속도가 웨어러블 컴퓨터, 인공지능, 선박·자동차·비행기 등의 자율주행, 메타버스 등에 적용되어 미래 사회를 완전히 바꿔놓을 수 있는 인프라이다.

상용화 단계인 5G 통신 기술과 위성 통신으로 더 업그레이드될 6G 초고속 통신 기술이 결합한다고 생각해 보자. 이 경우 4G가 유튜브 같은 인터넷 동영상 서비스의 전성시대를 열었던 것 이상의 파괴적 혁신 효과가 기대된다. 현재의 기술로는 커피 속 카페인 원자 하나도 파악하기 힘들지만, 양자컴퓨터로는 커피 분자가 가진 에너지를 완벽히 계산할 수 있다.

IBM은 2018년 '양자컴퓨터 상용화가 먼 미래가 아니다'라고 했지만, 구글은 이를 조금 미룬다. 구글에서는 2021년 9월 양자컴퓨터의 모습을 선보이면서 이렇게 말한다.

"양자컴퓨터는 가장 정확하게 자연을 시뮬레이션하고 실험할 수 있다. 10년 내 오류 보정 문제를 끝내고 지금까지 해결하기 어려웠던 에너지, 환경, 의료, 우주 등 여러 분야에 적용할 수 있을 것이다."

양자컴퓨터가 해결할 수 있는 문제에는 기계 학습과 인공지능

IBM 양자컴퓨터의 모습

의 최적화뿐 아니라 암호학의 특별한 알고리즘이 포함된다. 많은 데이터를 동시에 분석하고 최적화하는 것을 넘어서 예측을 위해 인공지능을 이용한 패턴 감지 실시간 시스템 구축도 양자컴퓨터의 엄청난 컴퓨팅 능력으로 가능하다. 무엇보다도 양자컴퓨터는 4차 산업혁명 시대에 사물인터넷 환경의 최적화 프로세스에 매우 적합하다.

구글은 캘리포니아주 산타바바라에 위치한 퀀텀 인공지능 캠퍼스를 소개하는 구글 퀀텀 AI 캠퍼스 버추얼 투어를 진행했다. 양자컴퓨터는 금속 원기둥 형태로 일종의 거대한 통조림 캔처럼 보였다. 내부에는 비슷한 구조의 통이 6단계로 겹겹이 채워져 있고, 가장 안쪽의 통에 양자 프로세서인 시커모어가 설치됐다. 구글은 양자에 접근할 수 있는 모든 외부 자극을 완전히 차단하고 극저온

구글 양자컴퓨터의 모습

상태를 유지하기 위한 구조를 디자인했다. 구글은 10년 정도 후에는 오류가 보정된 양자컴퓨터를 만들 수 있다고 보고, 10년 로드맵을 제시하고 있다. 이 단계에 도달한다면 지금 해결하기 어려운 많은 문제를 혁신적으로 해결할 수 있을 것이다.

왜 양자컴퓨터는 아직 보편화되지 않았을까? 양자통신이 사용하는 양자암호는 수학의 방식이 아니라 빛의 편광 방식을 활용한다. 빛의 알갱이인 광자(光子, photon)를 사용하는 것이다. 우리가 보통 광케이블을 통해 초전도 방식으로 통신을 할 때는 수천만 개의 광자가 동시에 이동한다. 그러나 양자암호를 쓸 때는 한 개의 광자를 이동시켜 신호를 보낸다. 이 하나의 광자는 에너지가 약해 중간에 사라질 수 있다. 양자암호를 보낼 수 있는 거리는 현재 기술 수준으로 100킬로미터 정도밖에 안 된다. 미국뿐만 아니라 중국 역시 국가가 주도해 양자암호 분야에서 성과를 내고 있다. 중국은 베이징에서 상하이까지 2000킬로미터를 광통신으로 연결해 양자통신망을 구축했다. 양자통신의 한계가 100킬로미터이기 때문에 100킬로미터마다 양자 중계기를 설치했다. 중국은 위성 통신까지 양자암호화하는 데 성공했다. 양자암호용 통신 위성은 춘추전국시대의 사상가였던 묵자(墨子)의 이름을 따서 묵자호라는 이름을 얻게 되었다. 사람들이 서로 사랑해야 한다는 겸애설(兼愛說)을 주장한 묵자는 유명한 엔지니어이기도 했다. 중국은 양자암호를 활용해 유럽과 시범적으로 무선 통신을 했다.

양자컴퓨터 전문가들은 지금이 처음 컴퓨터를 개발하던

1960년대와 비슷하다고 말한다. 개발 당시에 컴퓨터란 그저 성능이 조금 좋은 휴대용 계산기라고 생각했다. 하지만 지금 컴퓨터가 없는 현실을 상상하기 힘들듯 양자컴퓨터가 가져올 미래도 그러하다는 것이다. 꿈과 혁신으로 무장한 그들의 자신감 있는 어조가 설득력 있게 들린다.

우주 그 자체가 양자컴퓨터

양자컴퓨터를 활용하면 베일로 덮여 있는 자연 현상과 우주의 비밀까지 풀 수 있다. 이 대목에서 우주산업에 흠뻑 빠진 제프 베이조스의 설렘을 상상할 수 있을 것 같다. 양자컴퓨터가 시장에 언제 나올지는 확실하지는 않더라도 엔지니어, 과학기술 종사자, 연구원들은 이미 양자 시뮬레이터라고 알려진 것을 사용해 미래의 응용 프로그램과 알고리즘을 개발할 수 있다. 양자컴퓨터는 복잡한 암호화 기술을 해독할 수 있기 때문에 기업은 IT 보안을 최고급 수준으로 끌어올려야 한다.

그렇다고 해서 양자컴퓨터 때문에 암호화에 절대적인 믿음을 주는 블록체인 기술이 무용지물이 되지는 않을 것으로 보인다. 양자내성암호를 만들면 되기 때문이다. 이는 슈퍼컴퓨터를 능가하는 양자컴퓨터의 공격에도 견딜 수 있는 새로운 암호 체계를 구축하고 양자암호 키 생성도 가능하게 한다.

주요국 정부는 전 세계 암호 연구자들과 양자컴퓨터 시대를 대비한 대책 만들기와 표준화 작업에 나섰다. 영국 국립사이버보안센터(NCSC, National Computer Security Center)는 모든 정부기관과 군사 분야에서 양자컴퓨터 위협에 최적의 대안은 양자내성암호라고 발표했다. 미국 국가안보국(NSA, National Security Agency)은 2016년부터 미국표준기술연구소(NIST, National Institute of Standards and Technology)를 통해 양자내성 알고리즘 표준공모전을 진행하고 있다.

양자컴퓨터는 인류의 큰 도전에 대처하고, 거대 도시 인프라를 관리하고, 질병을 치료하거나 기후 변화에 대응하기 위한 혁신 시스템을 개발하는 데 사용될 수 있다. 양자컴퓨팅은 21세기의 획기적인 최고의 혁신 기술이 될 수 있다.

비행을 하는 중에는 복잡한 여러 문제와 종종 마주하게 된다. 예를 들어 대규모 폭풍으로 항공기 운항이 중단될 위험이 있다고 가정해 보자. 기하급수적인 변수를 고려할 수 있는 양자컴퓨터가 매 항로에 대한 최적의 대안을 마련할 수 있으므로 항공 운행 중단으로 인한 영향도 줄일 수 있다. 다른 예를 들어 보자. 전국적으로나 전 세계적으로 항공사가 비행기용 예비 부품을 사전 배치할 수 있는 가장 좋은 공항 위치를 정해야 할 경우가 발생할 수 있다. 양자컴퓨터는 승객, 승무원, 정비 일정에 미치는 영향을 최소화하도록 항공 자원을 할당하는 최적의 방법을 쉽게 찾아준다. 먼 훗날 우주선을 타고 우주를 탐험한다면 양자컴퓨터를 통해서 편안한 여행을 할 수 있지 않을까.

'세상은 양자'라는 인식은 '우주 그 자체가 전체 프로그램을 실행하는 하나의 위대한 양자컴퓨터'라고 주장하는 견해와 일맥상통한다. 우주는 항상 근원적인 수준에서 정보를 처리하고 있다. 우리 주변에서 일어나는 모든 일들이 이 거대한 프로그램에 정보를 지속적으로 공급하고 있다 해도 과언이 아니다. 우리가 발을 디디고 있는 이 땅에서 발생하는 것들이야말로 현실 그 자체의 모습 아니겠나. 이 거대한 우주의 비밀을 캔다니 가슴이 설렌다.

여기서 뇌공학(brain engineering)과 양자컴퓨터의 접점을 찾아보자. 뇌공학은 뇌와 기계, 특히 컴퓨터를 접목하는 학문이다. 뇌신호를 종류별로 판독한 후 다시 기계나 다른 뇌로 보내서 원하는 몸과 마음의 변화를 유도하려면 중간에 인공 뇌의 막강한 계산력이 꼭 필요하다. 뇌를 해킹하는 것이 가능하듯 양자컴퓨터로 우주를 해킹해서 시뮬레이션하는 것도 가능할 것이다. 우리가 원자, 광자, 그리고 소립자의 가장 작은 수준에서 양자컴퓨팅을 사용할 수 있다면 우주도 해독 대상이 된다. 언젠가 우주를 해킹해서 양자 물리학의 실제적인 표준 연구인 '우주 코드, 자연의 언어로서의 양자 물리학'을 발전시킬 수 있는 해답을 찾기를 상상해 본다.

미중 기술 패권 전쟁이 한창이다. 안보 전쟁으로 치닫고 있는 가운데 핵심은 인공지능과 양자기술에 있다. 양자기술 중 양자컴퓨터는 미국이, 양자암호와 양자통신은 중국이 우세하다는 주장이 제기되고 있다.

우주관광을 넘어
우주살이로

내 안의 우주, 그 상상력의 세계로

스스로 키우는 상상력은 과거에는 결코 없었던 미지의 세계로 우리를 인도한다. 상상력 없이 갈 수 있는 곳은 없다고 미국의 천문학자 칼 세이건(Carl Edward Sagan)은 그의 저서『코스모스』에서 주장한다. 우리는 저마다 마음속에 펼치고 싶은 나만의 우주를 품고 있다. 누군가의 상상력은 별들이 가득한 우주로 이어졌다. 2021년 7월 아마존 이사회 의장 제프 베이조스가 지구로부터 고도 106킬로미터의 우주 공간까지 진출하는 우주여행을 마치고 성공적으로 귀환했다.

칼 세이건은 "인간의 상상력은 인간이 미처 경험하지 못한

저 하늘 끝을 가리킨다"라고 했는데, 베이조스는 외할아버지와의 어린 시절에 그런 상상력을 키웠던 것일까? 베이조스는 자신이 설립한 우주항공 기업 블루 오리진의 우주선 '뉴 셰퍼드(New Shepard)' 호를 통한 우주여행에 나섰다. 베이조스는 자신의 동생인 마크 베이조스(Mark Bezos), 역대 최연소 민간 우주인 올리버 데이먼(Oliver Damon), 역대 최고령 민간 우주인 월리 펑크(Wally Funk) 등 3명의 동승자와 함께 우주선에 탑승했다. 그가 본 우주와 칼 세이건이 상상한 눈에 보이지 않는 미지의 우주는 어떤 차이가 있을까? 다른 점도 물론 있겠지만 상상력, 인내, 불굴의 의지의 산물이라는 점에서는 같다고 본다.

종전까지 우주여행으로 기록된 최고 고도는 영국 버진그룹 리처드 브랜슨 회장이 기록한 86킬로미터였다. 베이조스의 뉴 셰퍼드는 고도 106킬로미터까지 날아올라 기록을 경신했다. 이는 파리에 소재한 국제항공우주연맹(International Aeronautics Federation)의 기준에서 정한 '우주 공간'인 고도 100킬로미터의 '카르만 라인(Karman Line)'을 넘어선 기록이다. 베이조스가 민간 차원의 우주관광 시대를 여는 역사적인 우주여행에 성공함으로써 기업들 간에 우주관광 산업 경쟁이 본격화될 전망이다.

달을 시작으로 이제 인류는 화성에 대해 새로운 꿈을 꾸고 있다. 화성 여행과 화성 식민지화는 이미 개발 중인 프로젝트다. 과연 인류는 지구가 아닌 다른 별에서 살 수 있을까. 상상력은 우리를 어디든 인도한다. 천재 물리학자 스티븐 호킹(Stephen

Hawking) 박사도 자신의 몸은 자유롭지 못하지만 상상을 통해 우주를 여행한다고 밝혔다. 상상은 우리에게 하늘 너머 우주 세계를 마음껏 유영할 수 있게 하는 유일한 수단이다. 나는 내 아들에게 미지의 세계가 궁금하냐고 묻곤 한다. 물질의 빈곤보다도 상상력의 빈곤이 삶을 더 피폐하게 만든다는 것을 알기 때문이다.

대우주 시대를 연 상상의 힘

많은 SF 영화는 상상력의 산물이다. 상상의 힘이 현실과 미래를 만드는 힘이 된다. 그런 상상력이 있었기에 제프 베이조스의 오늘이 가능한 것 아닐까? 다섯 살 때 우주선 아폴로 11호의 달 착륙 장면을 본 베이조스는 이후 SF 드라마 「스타트렉」 시리즈에 푹 빠져 우주를 향한 꿈을 다졌다.

21세기 안에 우주여행이 가능해지고 우주식민지가 건설될 수도 있다는 꿈은 그저 부호의 망상으로 치부될 이야기가 아니다. 앞으로 보통 사람들이 달나라를 여행할 때는 우주정거장을 거점으로 달을 오갈 수 있지 않을까. 우주정거장이 우주여행의 환승 시스템이 되는 것이다. 상상력의 힘이 헛된 망상이 되지 않으려면 구체적으로 원하는 모습을 그려보라. 아주 사소하고 세밀한 것까지 머릿속으로 느껴보라. 당신의 상상이 현실로 구체화되어 있을 때 자원이란 개념이 물질만이 전부가 아님을 알 수 있을 것이다.

왜 많은 창업주들이 상상력이나 영감을 얻기 위해서 노력할까. 그게 최고의 비즈니스의 원동력이 되기 때문이 아닐까.

마크 저커버그는 인도 여행과 명상으로 '세상 사람들을 연결한다'는 페이스북의 비전에 확신을 얻었다. 빌 게이츠(Bill Gates)는 '생각 주간(Think Week)' 동안 외부와 자신을 철저히 단절한다. 책을 읽거나 학술 논문과 보고서를 훑어보며 미래에 대해 생각을 다듬는 것으로 유명하다. 월마트의 CEO 더그 맥밀런(Douglas McMillon)은 디지털 비전을 제시하기 위해 다른 CEO들과 이야기를 나누거나 많은 질문을 던지며 학생처럼 공부했다고 한다. 다른 사람의 경험에서 배우는 노력을 중요하게 생각한 것이다.

베이조스와 그가 만든 미국의 우주 로켓 기업 블루 오리진이 그리는 큰 그림은 우주 관광보다는 우주 접근 비용 감소에 있다. 지구와 지구인들을 돕기 위해 사람들이 우주에서 살고 일하게 하자는 것이 회사의 궁극적인 목표다. 그는 인류와 지구 보호에 지대한 관심을 보여 왔고 블루 오리진은 그런 상상력의 실행 기관이다. 블루 오리진은 상업적 우주 비행이 가능한 준궤도 로켓과 궤도 로켓을 만들고 있는 우주개발 기업이다. 준궤도 로켓에 대해서는 뒤에서 설명하기로 한다. '한 걸음씩 맹렬하게(Gradatim Ferociter)'라는 회사의 모토처럼 2000년 설립 이후 10년 이상을 추진체인 로켓과 사람이 타는 캡슐의 시제품(프로토타입)을 만들고 실험해 왔다.

베이조스의 이러한 행보는 아마존의 ESG(environmental, social

and governance, 친환경·사회적 책임 경영·지배구조 개선) 행보에서도 드러난다. 아마존은 2040년까지 탄소중립 달성을 목표로 한 '아마존 기후서약'에 서명했고, 100개가 넘는 기업의 참여를 이끌어냈다. 베이조스는 2021년 3분기에 아마존 CEO 자리에서 물러났다. 그는 아마존 임직원들에게 보내는 글에서 이렇게 말했다.

> "올해 3분기부터 아마존의 CEO에서 물러나 의사회 의장을 맡습니다. 아마존의 차기 CEO는 앤디 재시(Andy Jassy) 현 아마존 웹서비스 CEO가 맡게 될 것입니다."

그는 아마존의 CEO 자리를 박수칠 때 떠났다. 대신 그는 지난 2000년 자신이 설립한 우주탐사 기업 블루 오리진, 본인 소유의 미디어 《워싱턴 포스트(The Washington Post)》, 그리고 자신의 이름이 걸려 있는 여러 자선사업의 운영에 매진하겠다는 의사를 블로그 글로 남겼다.

민간 기업에서의 우주개발이 본격화되면 일반인들의 우주여행도 불가능해 보이지 않는다. 과거에는 비행기 표가 비싸 해외여행을 가기 어려웠다. 하지만 비행기 여행이 대중화되면서 지금은 쉽게 해외여행을 하게 됐다. 우주여행도 해외여행과 같은 과정으로 진행될 것이다.

사람들은 나이가 들면서 소중한 것을 잃어버린다. 하지만 어떠한 일이 있더라도 유년 시절 수없이 많은 별들로 반짝이던 밤하늘을 보며 키웠던 우주 저 너머에 대한 상상력을 잊어서는 안 된다. 문득 피카소의 명언이 생각난다. 이 말이 베이조스와 머스크처럼 우주에 대한 상상력을 멈추지 말아야 할 이유다.

"당신이 상상한 모든 것은 현실이 된다."

베이조스는 블루 오리진을 통해 자신의 영원한 맞수인 테슬라의 CEO 일론 머스크의 '스페이스X'와 우주산업 분야에서 제대로 맞붙을 준비를 하고 있다. 우주라는 미지의 공간에서 머스크와의

블루 오리진 발사체 라인업

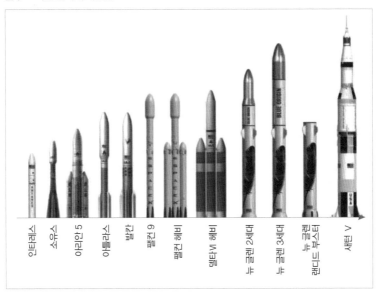

출처: 블루 오리진

일전을 준비하는 셈이다. 베이조스와 머스크의 행보에 세계가 숨죽이고 있다. 머스크는 헐리우드 배우 톰 크루즈(Tom Cruise)와 함께 세계 최초로 우주에서 촬영되는 영화를 제작하며 본격적인 '우주 시대'를 예고하고 있다. 장르는 액션 어드벤처로, 크루즈만큼 현실적 액션 시퀀스 촬영을 위해 자신을 위험에 빠뜨리는 배우는 없음을 감안할 때 멋진 영화가 완성될 것 같아 기대가 된다. 크루즈가 머스크의 우주선에서 프로젝트를 성공적으로 촬영한다면 헐리우드 역사에 남게 될 것이다.

테라포밍으로 바라본 우주살이의 가능성

화성의 환경을 지구처럼 개조하여 인간이 살 수 있도록 만든다는 이른바 '테라포밍(terraforming)'이라는 발상도 나온 지 오래다. 하지만 이는 가능할지 미지수일 뿐 아니라 설령 화성의 지구화에 성공한다고 해도 아주 먼 훗날의 얘기이고 일론 머스크의 주장처럼 '곧'은 아닐 것 같다.

테라포밍의 어원은 땅, 지구를 의미하는 'terra'와 개척, 형성을 뜻하는 'forming'을 합한 것으로 지구가 아닌 다른 천체에 생물체가 생존할 수 있는 환경과 생태계를 구현하여 인간이 생존할 수 있게 하는 과정을 뜻한다. 이를 최초로 언급했던 사람은 앞에서도 언급했던 미국의 천문학자 칼 세이건이다. 세이건은 1961년 《사이언스》 논문을 통해 테라포밍을 제안했다. 화성 테라포밍은 화성 개조의 다른 말이다. 이는 행성 공학 프로젝트로 지속가능한 지구를 만들자는 이야기다. 우리가 사는 땅이 지구 생명체에 적대적인 행성이어서야 되겠는가. 테라포밍은 인간과 다른 생명체를 지속해서 수용할 수 있는 지구로 변화시키는 것을 목표로 한다.

화성은 금성에 이어 지구에서 두 번째로 가깝다. 지구와 가까운 곳은 과거에 지구와 유사한 환경이었을 것으로 추정되며, 지금도 유사한 점이 상대적으로 많기 때문에 환경을 바꾸기에 적합하다고 본다. 하지만 낮은 중력과 지구에 비해 낮은 빛 수준, 자기장 부족 등이 화성 테라포밍에 어려움을 줄 수 있다.

현재의 기술이 화성을 사람이 살 수 있는 환경으로 만들 수 있는지에 대해서는 의견이 분분하다. 테라포밍 사업에 수반될 상당한 비용도 우려스럽다. 행성을 테라포밍하는 이유는 무엇일까. 지구 자원의 고갈에 대한 우려를 완화하고 다른 행성을 개척하여 정착하면 인류의 멸종 확률을 줄일 수 있다는 주장 때문이다.

미래에는 인구 증가와 자원 고갈로 새로운 주거 환경이 요구된다. 달이나 화성 같은 가까운 곳이 대안으로 거론된다. 다양한 방면에서 화성은 태양계에서 지구와 가장 비슷한 행성이다. 과거에 지구와 더욱 비슷했다는 증거들도 많이 있으나 현재는 물과 대기가 고갈된 상태이다. 열악한 화성 환경에서 극복해야 할 몇 가지 문제점을 열거해 본다.

감소된 빛의 세기(지구의 약 60%), 낮은 표면 중력(지구 중력의 38%), 독성의 대기, 낮은 대기압(지구의 약 1%, 암스트롱 한계보다 낮은 수치), 태양열의 이온화 및 표면에서의 우주방사선의 유입, 낮은 평균 기온(-63℃), 분자의 불안정성, 화성 어디에나 있는 황사 폭풍, 천연 음식 공급원 제로, 독성을 품은 토양, 태양풍으로부터 방어할 수 있는 자기장이 없음…….

이런 어려움을 딛고 베이조스나 머스크는 어떻게 인간을 우주로 보내는 상상을 할까. 탄소중립을 외치며 기후 위기에 대응하는 것이 훨씬 현실적이지 않을까? 이러한 단점에도 불구하고 왜 화성일까?

화성은 태양계에서 테라포밍하기에 가장 적합한 행성으로 평가되며, 많은 물이 고체상태로 존재한다. 이 얼음이 녹으면 11미터 깊이의 바다를 생성할 수 있다. 이 얼음에는 드라이아이스도 포함되는데, 이를 녹이면 일종의 대기를 생성하는 데 도움이 된다. 실제로 여름에는 이산화탄소가 구름을 생성하기도 한다.

발달 초기 단계에서는 화성의 대기 두께가 지구와 같았으며, 화성의 압력이 지표면에 풍부한 액체 상태의 물을 지탱하고 있었다는 강력한 징후가 있다. 한때 물이 화성 표면에 존재했던 것처럼 보이지만, 지하 얼음은 현재 중위도부터 극지방까지 존재한다. 화성의 토양과 대기는 황, 질소, 수소, 산소, 인, 탄소를 포함한 생명체에 중요한 많은 주요 요소들을 포함하고 있다. 화성에서 죽는 첫 사람으로 기억되고 싶어 하는 머스크의 꿈은 실현될까? 그의 모든 사업은 결국 우주로 가기 위한 방편이 아닐까.

스페이스X의 우주선 발사 성공과 의미

광대한 스케일의 우주 문명을 다룬 SF소설 작가 아이작 아시모프(Issac Asimov)의 대작 『파운데이션』은 일론 머스크가 2002년 스페이스X를 설립하는 데 큰 영감을 준 책이다. 파운데이션은 총 7권으로 거대 행성 제국의 몰락과 재탄생에 대한 서사를 그린 소설이다. 여기서 파운데이션은 은하 제국에서 암흑시대를 예견한 주인공이 암흑 기간을 줄이기 위해 세운 가상 국가이다. 지속가능한 문명을 위해 화성에 인류를 이주시킨다는 스페이스X의 비전과 놀랍도록 닮았다.

어린 시절부터 우주를 동경해 온 머스크는, 인류가 화성에 이주하여 정착하는 꿈을 실현하기 위하여 우주개발업체 스페이스X를 설립했다. 이는 한순간에 이루어진 사건이 아니다. 머스크는 9세 때 브리태니커 백과사전을 통독하고 하루 10시간 넘게 책을 읽은 인물로 유명하다. 그는 SF소설을 통해 기술과 인류의 미래를 고민하거나 우주에 대해 더 생각할 수 있었다고 말했다. 그는 다음과 같이 이야기했다.

"나는 대학생 때 '인류의 미래에 가장 큰 영향력을 끼치는 게 무엇일까?'라는 질문을 스스로에게 던졌고, 다섯 개의 답을 찾았습니다. 그것은 인터넷, 지속가능한 에너지, 지구를 넘어선 우주에서의 인류 생명 연장을 위한 우주탐사, 인공지능, 인간 유전자코드 재생 프로그래밍입니다."

그의 말과 행동 하나하나는 어찌 보면 계획된 것처럼 보인다. 삶은 우연과 필연의 조합이나 목표를 향한 몰입과 풍부한 상상력은 우리를 더 발전된 세상으로 이끄는 역할을 하는 것임에는 틀림없다. 인류 최초의 민간 우주탐사 시대는 머스크에 의해 이루어졌고 인류 역사의 한 획을 그었다.

2020년 5월 마지막 날, 미국 플로리다주 케네디 우주센터에서 일론 머스크의 민간 우주탐사 기업 스페이스X가 만든 민간 최초의 유인 우주선 '크루 드래건(Crew Dragon)'이 '팰컨 9호(Falcon 9)' 로켓에 실려 발사에 성공했다. 1969년 케네디 행정부 시절, 같은 장소에서 인류 최초로 닐 암스트롱(Neil Armstrong)이 '고요의 바다'로 불리는 달의 지점에 착륙했다. 그는 유인(有人) 우주선 아폴로 11호의 사령관으로 인류 최초로 달에 착륙한 우주인이다. 달 표면에 발을 내딛기 직전에 그는 이 역사적 사건을 "한 인간에게는 작은 첫 걸음이지만 인류 전체에게는 위대한 도약"이라고 외쳤다. 달의 암석과 토양 표본을 채집한 세 명의 우주인 닐 암스트롱, 에드윈 올드린(Edwin Aldrin), 마이클 콜린스(Michael Collins)는 지구로 귀환하면서 세계 73개국의 메시지를 담은 마이크로필름을 달에 남겼다. 케네디 대통령은 1961년에 이런 연설을 했다.

> "나는 1960년대가 가기 전에 이 나라가 인간을 달에 착륙시킨 뒤 지구로 무사히 귀환시키는 목표를 달성해야 함을 믿는다."

그로부터 51년 후, 머스크는 민간 최초의 유인 우주선을 발사했다. 사상 최초로 민간 기업이 우주개발을 주도하는 민간 우주탐사 시대의 신호탄은 발사되었다. 스페이스X가 달이나 화성으로 여행하기 위해 개발하고 있는 스타십(Starship)은 높이가 50미터에 달하고 150톤을 탑재할 수 있는 거대 우주선이다. 거대한 발사체인 슈퍼헤비 로켓의 상부를 구성하며 재활용이 가능하다.

상업 우주선 스페이스X의 무사귀환

NASA(National Aeronautics and Space Administration, 미항공우주국) 소속 우주비행사인 더글러스 헐리(Douglas Hurley)와 로버트 벤켄(Robert Behnken)을 태운 크루 드래건은 발사 10여 분만에 팰컨 9호 로켓의 1·2단 발사체가 성공적으로 분리되면서 우주 궤도에 진입했고, 발사 19시간 만에 지상에서 400킬로미터 상공에 떠 있는 ISS(International Space Station, 국제우주정거장)에 도킹하는 데 성공했다. 스페이스X의 모험은 계속되었다. 2021년 9월, 전문 우주비행사 없이 머스크, 간호사, 지구과학자, 데이터 엔지니어로 이루어진 순수 민간인 탑승 우주선이 임무를 마치고 사흘 만에 지구로 귀환했다.

스페이스X는 1년에 최대 6번의 우주 관광 비행을 계획하고 있다. 사진 속의 플로리다 바다를 바라보며 스페이스X의 꿈을 생각해 본다. 로켓 시스템을 혁신하여 지구를 떠나 은하계로 간다. 화성이나 목성으로 인간이 이주해서 번성하게 한다. 그 꿈이 낙하산이 펼쳐지는 것처럼 활짝 펼쳐질까. 스페이스X의 크루 드래건 발사 성공은 인류의 우주탐사 역사에 있어 다음과 같은 큰 의미를 갖는다.

❶ 비용 절감과 민간 주도 우주개발 시대로의 이행

우선 국가 주도의 우주개발 시대가 저물었다는 점과 엄청난 비용을 절감했다는 점이다. 과거에는 우주개발에 천문학적인 비용이 들었다. 하지만 크루 드래건의 개발 비용은 17억 달러(약 2조

1000억 원) 정도이다. 이 금액은 아폴로 우주선 개발 비용의 20분의 1 수준이다. 스페이스X는 NASA와 26억 달러(3조 3000억 원) 규모의 계약을 맺었고, NASA는 스페이스X뿐만 아니라 보잉(boeing)과도 49억 달러 규모의 계약을 맺었다. 이 같은 우주개발의 외주화(外注化)로 NASA는 상당한 예산을 절감했다.《워싱턴 포스트》는 이를 버락 오바마 행정부 시절의 공으로 돌린다. 2014년에 우주인 비행을 민간 영역으로 위임한 오바마의 선견지명을 생각하며 NASA의 과감한 결정이 성공을 거둔 것이라고 평가했다.

❷ 미국의 우주 패권전쟁 승리

또한 이는 미국의 우주 패권전쟁의 승리를 뜻하기도 한다. 스페이스X가 쏘아 올린 유인 우주선 크루 드래건의 발사 성공은 냉전 당시 펼쳐졌던 우주 경쟁을 재점화시키는 계기가 되었다. 2011년 우주왕복선 프로그램 종료 후 미국의 우주비행사들은 러시아 소유의 우주선을 빌려 타고 우주로 나가야만 했다. 크루 드래건 발사로 9년 만에 미국 영토에서 우주선을 쏘아 올림으로써 미국은 '우주 최강국'의 자존심을 되찾았다. 대신 러시아 우주연방공사는 2021년 10월 우주에서 영화를 찍기 위해서 우주선 소유스호(Soyuz)를 발사했다. 12일 동안 35~40분 분량을 우주에서 촬영했는데 영화의 내용은 '심장 질환을 겪는 우주비행사의 생명을 구하는 여의사 이야기'이다.

❸ 화성 이주를 향한 발걸음

머스크가 바라오던 화성 이주의 꿈에 한걸음 더 다가섰다는 의의도 있다. 그는 오래전부터 새로운 우주선으로 사람들을 대거 화성으로 보내겠다고 공언했다. 이를 바라보는 많은 사람들의 시선은 어땠을까? 일론 머스크는 2020년대 초반 무렵이면 화성에 첫 이주민들을 보낼 수 있을 것이라고 말했으나, 목표를 수정해 2026년에 100명을 태운 우주선을 화성으로 발사할 계획을 새로 세웠다. NASA가 공식적으로 추진하고 있는 유인 화성 탐사선 발사가 2030년대 초로 예상되는 것을 감안한다면, 일론 머스크의 발상은 무리한 것일 수도 있다.

게다가 단순히 우주 관광을 넘어 머나먼 화성에의 이주와 정착은 전혀 다른 문제이다. 화성에 인류가 거주할 수 있는 환경을 갖추고 많은 사람을 보내 무사히 착륙할 수 있는지에 의문이 들 수도 있다. 편도로만 최소 6개월 이상 걸리는 화성까지 갔다가 지구로 다시 무사히 귀환할 수 있을까? 소모되는 연료의 양만 해도 엄청나고 연료를 태우기 위한 산소는 더 많은 양을 실어야 한다. 화성 왕복에 필요한 막대한 연료와 산소를 거대 우주선에 싣는 것조차 쉽지 않아 보인다. 사람을 많이 태운 유인 우주선이 화성 부근까지는 잘 갔다고 하더라도 화성 표면에 무사히 착륙하는 일은 훨씬 더 어렵다. 인류는 화성 탐사가 시작된 1960년대부터 수십 차례에 걸쳐 화성에 탐사선을 보냈지만, 화성 착륙에 성공한 사례는 그다지 많지 않다.

성공 가능성은 2000년대 이후에 와서야 서서히 높아지고 있다. 그렇다면 몇 개의 나라가 화성 착륙에 성공했을까? 미국과 러시아, 그리고 2021년 5월 탐사선을 화성에 안착시킨 중국 이 세 나라만이 화성 착륙에 성공했다. 스페이스X의 과거 모습을 생각해 본다.

2008년 9월 28일 팰컨 1호가 발사대에 섰다. 1단 로켓이 떨어져 나가고 2단 로켓이 궤도를 향해 상승하자 직원들은 열렬히 환호했다. 발사한 지 약 9분이 지나자 팰컨 1호는 계획대로 궤도에 도달했다. 민간이 만든 기계로는 처음으로 궤도에 진입하는 위업을 달성했다. 머스크가 처음 계획했던 것보다 4년 반 정도 더 걸린 6년 동안 500명이 매달려 현대 과학과 비즈니스에서 기적을 일으킨 것이다. 2010년 12월 스페이스X는 팰컨 9호를 성공적으로 발사해 캡슐을 우주로 운송할 수 있고, 임무를 마치고 바다에 착수한 캡슐을 안전하게 회수할 수 있다는 주장을 입증해 보였다. 이는 영리기업이 최초로 이룩한 위업이었다.

그러나 100명의 사람을 태운 무게 150톤의 우주선이 화성에 착륙하면서 낙하산을 이용하기는 무척 어려울 것이다. 지구에서의 발사 착륙 기지처럼 착륙에 적합하도록 평평하고 잘 정비된 장소가 없고, 착륙 과정을 도울 지상 요원도 없는 상황에서 거대한 우주선이 안전하게 착륙할 수 있는 방법이 과연 있을까? 머스크는 화성 이주 과정에서 우주선 탑승자 중 상당수가 사망할 수도 있다고 언급했다. 이러한 위험을 감수하면서 많은 사람이 화성 이주에

발사에 성공한 스페이스X의 우주선 스타십

착륙에 실패해 부서진 스타십을 지켜보는 일론 머스크

동참할지 미지수이다. 행여 화성 이주 희망자가 많다고 하더라도 사람들의 희생과 위험을 대거 무릅쓰고서 화성 이주를 감행해야 하는지 의문이 남아 있다. 이러한 여러 가지 어려움 때문에 화성 이주 시기는 그가 목표한 2026년은 무리일 수 있으나 그래도 그 꿈은 언젠가는 실현될 것으로 믿는다.

머스크는 실현 가능한 것을 꿈꾸는 것이 아니라, 먼저 상상해 놓고 실현 방법을 찾았다. 그는 일단 비전이 있다고 느끼는 일에 대해서는 목표를 이룰 때까지 계속해서 노력하는 성격이다. 반대하는 사람들에게 전력을 다해 반격해서 자신의 주장을 관철시킨다. 자신이 진실하다고 믿는 생각을 조금도 숨기지 않아서 사회적으로 노이즈를 일으킨다. 그는 인류가 모두 화성으로 이주하기 전에 지구가 멸망할 수 있다고 생각한다. 그래서 우선 환경 악화를 막기 위해 태양광과 전기자동차에 몰두하는 것이다.

엄청난 상상력과 실행력을 함께 갖춘 머스크의 꿈은 나이 50이 넘어서도 계속 진행 중이다. 그 자신이 개발한 테슬라 전기자동차를 우주선에 실어 화성에 가져가서 직접 운전하는 날이 올 수 있음을 사람들이 믿고 기대하는 이유다. 그는 어릴 시절 따돌림을 당했고 의붓아버지의 폭행도 견뎌야 했다. 스페이스X는 처음 세 번은 로켓 발사에 실패했다. 하지만 결국 성공해냈다.

제프 베이조스와 일론 머스크의 우주전쟁은 계속된다

지금까지 우주에 미친 두 사나이의 꿈을 상상력과 함께 알아보았다. 그들은 우주개발을 꿈꾸는 경쟁자이면서도 앙숙 관계로도 유명하다. 시작은 2013년 NASA가 안 쓰게 된 로켓 발사대 39A를 장기 임대할 계약자를 선정하는 과정에서 스페이스X와 블루 오리진이 맞붙으면서다. 아폴로 11호를 쏘아올린 역사적인 발사대를 두고 두 사람은 경쟁했지만 승자는 스페이스X였다. 이후 1년도 채 지나지 않아 재사용이 가능한 로켓을 만드는 기술에 대한 특허를 두고 또 부딪혔고, 블루 오리진이 출원한 특허가 2014년에 인정받자 스페이스X가 이 특허를 무효로 해달라며 법원에 소송을 걸었다. 법원은 특허 15개 가운데 13개를 철회해 스페이스X의 손을 들어준 바 있다.

블루 오리진과 스페이스X는 우주탐사라는 목표는 같지만 사업 방식은 다르다. 스페이스X와는 달리 블루 오리진은 민간업체들과 적극 협력하는 방식으로 우주개발 사업을 진행해왔다. 블루 오리진은 록히드 마틴(Lockheed Martin)과 보잉 등 다른 민간기업에 로켓을 판매하고, 유럽의 에어버스(Airbus)와 공동으로 달 탐사 경연대회인 '문레이스(Moon Race)'를 개최하기도 했다.

우주개발의 지향점도 다르다. 베이조스는 달나라 여행을 목표로 달에 우주기지를 세웠지만, 머스크는 화성 이주를 추진하고 있다. 2021년 2월과 7월, 베이조스는 세계 부자 1위의 영광을 차지

로켓에 탑재돼 발사된 테슬라의 전기차 로드스터

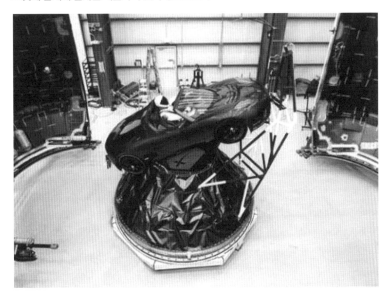

했었다. 2021년 9월, 머스크가 1월에 이어 재차 세계 부자 1위에 오르자 그는 이전 1위였던 베이조스에게 은메달을 수여하겠다는 말을 남긴다. 이들의 세계 1위 부자 싸움은 주가에 연동되는데, 우주개발만큼 치열해 보인다.

앞으로의
우주산업

위성 인터넷 사업 시대의 각축전

관광 다음으로 우주에서 꽃을 피울 수 있는 분야는 무엇일까? 위성 인터넷 사업이 꼽힌다. 일론 머스크와 제프 베이조스는 우주산업뿐만 아니라 위성 인터넷 프로젝트를 추진하고 있다. 지구의 인터넷은 해저 케이블로 연결되어 있다. 이 때문에 케이블이 연결되지 않은 곳에서는 인터넷을 이용할 수 없고, 속도도 지역마다 다르다.

위성 인터넷은 해저가 아닌 저고도 통신위성으로 인터넷을 연결해 전 세계 어느 지역에서나 초고속 인터넷을 제공할 수 있는 서비스이다. 스페이스X와 아마존이 위성 인터넷 시대를 열고 있다. 현재로서는 머스크의 스페이스X가 이 사업을 주도하고 있다.

스타링크(Starlink) 프로젝트는 우주 저궤도에 쏘아 올린 소형 통신위성으로 인터넷 서비스를 제공하는 스페이스X의 대형 위성 인터넷 사업이다. 이 프로젝트는 통신위성 1만 2000개를 저궤도에 쏘아 올리는 것이 목표이다. 워싱턴 레드먼드 공장에서 월 120대 이상의 위성을 제작하는 스페이스X는 미국 연방 통신위원회(FCC, Federal Communications Commission)로부터 보조금까지 확보하면서 사업 확장을 가속화하고 있다.

2020년 10월부터 북미 일부 지역에서 스타링크 베타 서비스를 시작했으며 2021년 10월에는 베타 서비스를 종료하고 정식 서비스를 시작했다. 위성 인터넷의 장점은 서비스 이용에 지리적 제약이 없다는 것이다. 위성 인터넷을 이용하면 인터넷 케이블이나 이동통신 네트워크가 없는 산악지역이나 사막지역에서도 초고속 인터넷 접속이 가능하다. 답답한 도시 생활에서 벗어나 외딴 섬이나 자연 속에서도 인터넷을 사용할 수 있다. 스타링크는 2020년 10월부터 북미 지역에서 월 사용료 99달러(약 11만 원)로 서비스를 제공하고 있다. 아직은 비싼 편이나 서비스가 본격화되면 가격은 낮아질 것으로 전망된다. 설치 키트 비용 499달러는 시범 인터넷 서비스에 추가된다. 스페이스X를 통해 기내 와이파이(WiFi) 서비스를 제공받으면 지루한 항공여행을 재미있게 할 수 있지 않을까.

스페이스X는 현재 20억 명 정도가 쓰는 인터넷을 전 지구로 확대하며 막대한 신규 서비스 수요를 창출할 수 있다고 본다. 위성 인터넷은 경제적인 이유로 유선 인터넷을 깔기 어려운 아프리카에서부터 극지방까지 서비스를 차별 없이 제공할 수 있다는 장점이 있다. 스페이스X는 '셸(Shell)'로 불리는 5개의 궤도 위성망을 단계적으로 구축해 1단계 위성 인터넷 사업을 오는 2027년 3월까지 완수한다는 구상이다. 스페이스X 측은 "스타링크 구축이 완료되면 연간 300억 달러(약 36조 원)의 매출을 올릴 것"이라고 내다봤다.

우주개발과 함께 해결해야 할 과제들

인터넷 사용에 일반적으로 이용되는 지상 광섬유 케이블의 기반시설을 구축하기 위해서는 많은 시간과 비용이 투입된다. 물론 인공위성을 우주로 쏘아 올리는 것 또한 간단한 일은 아니지만, 광케이블이 갖춰지지 않은 지역에 고속 인터넷 서비스를 제공할 수 있다는 것만으로도 위성 인터넷의 개발은 충분한 가치가 있다. 게다가 위성 인터넷 사업은 경쟁업체 수가 많지 않다. 스타링크 외 미국의 위성 인터넷 기업으로는 메릴랜드의 휴즈넷(HughesNet)과 캘리포니아의 비아셋(Viasat) 등이다. 문제는 없을까?

미국 투자은행 코웬 앤 컴퍼니(Cowen & Company)의 2020년 9월 발표 자료를 보자. 스페이스X가 목표한 바와 같이 1만 2000개의 저궤도 위성을 우주에 쏘아 올리더라도 이용자 수용에 한계가 있을 것이라 한다. 전문가들은 위성 인터넷이 많은 서비스 이용자로 인해 향후 몇 년 동안 접속 문제를 겪을 것이라 예상한다. 인터넷 속도가 미흡하다는 업계의 지적에 따라 스페이스X는 인터넷 속도를 지속적으로 끌어올리고, 인터넷 서버가 정보를 주고받는 데 걸리는 지연속도도 줄여 나갈 계획이다.

저궤도 우주 공간에서의 위성 간 충돌 위험에 대한 우려도 커지고 있다. 스페이스X는 2020년 4월 미국 연방 통신위원회에 약 2800개의 위성 고도를 당초 계획보다 낮춰줄 것을 요청했는데 아마존에서 이를 반대하고 있다. 아마존은 스페이스X의 궤도 수정이 향후 자사 위성과 충돌하거나 위성 간 전파 간섭이 일어날 위험이 있다며 관련하여 충분한 검토가 이뤄질 때까지 스페이스X의 위성을 최소 고도 580킬로미터로 제한해 줄 것을 미국 연방 통신위원회에 요청했다.

수익성 부문에서도 기존의 인터넷과의 경쟁에서 살아남을지 아직은 불확실하다. 월 이용료 50달러에 초고속 광케이블 지상 인터넷 서비스를 이용하는 고객들이 위성 인터넷을 사용할지 의문이다. 지상 인터넷 서비스 업체와의 경쟁에서 우위를 점하기 위해서는 인터넷 속도가 느린 지역을 중심으로 서비스를 제공해야 할 것으로 보인다.

아마존은 2018년부터 스페이스X의 스타링크 프로젝트와 비슷한 카이퍼 프로젝트(Project Kuiper)를 추진하고 있다. 2020년 8월 미국연방 통신위원회로부터 승인을 받았다. 위성 인터넷 사업의 핵심 하드웨어인 고객 수신용 안테나 개발까지는 성공했고, 아직 위성 제작이나 발사는 하지 못한 상태이다. 아마존은 막강한 자본력을 바탕으로 2026년까지 약 1600개의 위성을 쏘아 올리겠다고 밝혔다.

이런 가운데 중국도 정부 주도로 위성 인터넷 사업에 뛰어들었다. 위성 인터넷 사업이 본격화되면 인터넷 접근이 어려운 아프리카에도 보급이 원활해질 것이다. 새로운 인프라 구축 대상에 위성 인터넷을 추가했으며 저궤도 위성 인터넷을 구축하고 운영할 중국위성 네트워크그룹(CSNG)을 설립했다. 이 회사는 베이징 남쪽 허베이성에 조성 중인 경제개발특구 슝안신구에 본사를 두고 있다. 중국은 스페이스X를 겨냥해 총 1만 3000개의 통신위성을 쏘아 올릴 계획이다. 중국은 위성 인터넷망을 국가 네트워크라는 의미의 '궈왕'으로 이름 지었다.

중국의 위성 인터넷 사업은 '일대일로(一對一路)'와도 관련이 있다는 것이 정설이다. 일대일로는 아시아·아프리카·유럽을 육상·해상으로 연결해 다양한 분야의 협력을 추진하는 프로젝트인데 개발도상국에 인터넷을 보급하는 차원에서 위성 인터넷 사업을 추진하고 있다는 얘기다. 홍콩 매체 사우스차이나 모닝포스트(SCMP)는 "중국의 위성 인터넷 분야는 최신 기술에서 5~10년 뒤처져 있다"면서도 "중국은 창업 생태계가 돌아가는 속도, 정부 차원의 투자와 공급망 내 특정 부분의 낮은 비용 등 강점을 지니고 있다"고 분석했다.

위성 산업이 미국 민간기업인 스페이스X와 아마존에 의해 빠르게 성장하면서 통신위성 제작에 필요한 부품, 소프트웨어, 장비 수요가 증가하고 있다. 소형 위성은 위성 본체(satellite bus), 위성 탑재체(payloads), 태양전지판(solar panel), 안테나로 구성된다. 세부적으로 카메라, GPS 수신기, 발열소자, 온도센서, 출력조정소자 같은 다양한 센서와 장치도 필요하다. 통신 시장도 함께 성장할 것으로 보인다. 예를 들어 위성용 고성능 탑재 컴퓨터나 저궤도 인공위성의 통신을 제약 없이 송수신하기 위한 인공위성 안테나 시장의 성장도 기대된다.

준궤도 여행에 이어 또 다른 우주여행이 온다

2021년 7월, 어릴 적부터 우주로 가는 꿈을 품어온 두 억만장자 기업가 덕분에 준궤도 우주여행이라는 새로운 형태의 우주관광이 시작되었다. 준궤도 여행이란 우주경계선에서 잠시 무중력 상태를 체험하면서 푸르고 둥근 지구를 조망하고 오는 것을 말한다. 미국 올랜도에서 비슷한 놀이기구를 타본 사람이라면 이게 얼마나 짜릿할지 예상이 가능할 것이다. 물론 비용은 비교할 수 없을 만큼 많이 든다. '부자 놀이'라는 세간의 색안경이 등장하는 이유다.

두 억만장자는 버진그룹 버진 갤럭틱(Virgin Galactic)의 리처드 브랜슨 회장과 블루 오리진의 창업자 제프 베이조스이다. 이 둘은 각각 자신의 회사가 개발한 로켓과 우주선을 타고 직접 우주의 시작점까지 올라갔다 내려오는 꿈을 실현했다. 브랜슨은 우주 상공에 올라 나는 중에 이렇게 말한다.

"나는 하늘의 별을 바라보며 꿈을 꾸었던 아이였습니다. 이제 멋진 어른들과 우주선을 타고 아름다운 지구를 바라보고 있습니다."

우주를 향한 브랜슨의 사랑은 그가 19세가 되던 해부터 시작됐다. 1969년 닐 암스트롱은 아폴로 11호를 타고 달에 착륙했다. 그는 TV 속 암스트롱을 보면서 자신도 언젠가 우주를 가겠다는 생각을 했다. 그의 어릴 적 꿈은 실현되었지만, 누군가에게는 이것이 위험천만한 일이라고 여겨질 수도 있다. 그도 그럴 것이 버진 갤럭틱은 여러 차례 실패를 경험했고 2014년에는 비행사가 사망하기까지 했다. 브랜슨이 직접 탑승한 것은 자신의 목숨을 건 승부수인 셈이다. 그런 상황에서도 브랜슨은 자신의 우주여행 계획을 밝히는 SNS 문구에서 꿈꾸는 아이 같았다. 그는 "꿈을 현실로 바꾸는 시간"임을 내내 강조했다.

버진 갤럭틱과 블루 오리진의 여행은 준궤도 여행이라는 점에선 같지만 여행 방식은 다소 다르다. 버진 갤럭틱은 항공기와 로켓을 혼합한 활공 비행이고 블루 오리진은 전통적인 로켓을 이용한 수직 이착륙 비행이다.

블루 오리진의 준궤도 여행은 미 서부 텍사스의 도시 반혼 인근 사막에서 출발한다. 높이 18미터의 뉴 셰퍼드 로켓에 유인 캡슐을 싣고 수직으로 날아올랐다 내려오는 그 스릴을 상상해 보라. 누군가는 시간이 너무 짧다고 아쉬워할 수 있겠다. 이륙에서부터 카르만 라인으로 불리는 고도 100킬로미터의 우주경계선을 찍고 내려와 착륙하기까지 걸리는 시간은 10분에 불과하기 때문이다. 고도 상승 시 최고 속도는 음속의 3.5배다. 우주 롤러코스터라 불러도 무방할 듯하다. 캡슐은 이륙 3분 후 고도 75킬로미터 상공에서 로켓으로부터 분리된 뒤 100킬로미터 지점까지 올라갔다가 다시 지상을 향해 낙하한다. 그 기분을 어떻게 표현할 수 있을까? 착륙 1분 전이 되면 3개의 대형 낙하산이 펼쳐지고 사막 지역에 안전하게 내려온다. 마지막 순간 역추진 로켓으로 더욱 속도를 늦춰 착지할 때의 속도는 시속 1.6킬로미터다.

버진 갤럭틱의 준궤도 여행은 멕시코주의 사막지역에 지은 우주공항 스페이스포트 아메리카에서 출발한다. 항공기와 로켓이 순차적으로 결합한 2단계 비행이다. 두 개의 동체로 이뤄진 화이트나이트투(White Knight Two) 항공기 'VMS 이브(VMS Eve)'는 날개 길이가 43미터이다. 이 항공기가 스페이스십2 로켓여객기 'VSS 유니티(VSS Unity)'를 싣고 이륙한다. 고도 15킬로미터에서 로켓이 분리되는 과정이 1단계로 불린다. 유니티의 길이는 18미터로 뉴 셰퍼드와 거의 같다. 2단계에서는 다시 85킬로미터 이상으로 올라가 무중력 체험을 한 뒤 내려온다. 분리된 로켓여객기는 약 60초간 엔진을 점화해 고도를 85~90킬로미터까지 올린다. 이

때 최고 속도는 음속의 3배까지 치솟는다. 목표 고도에 도달하면 우주선의 뒷날개가 위로 접히며 배드민턴 셔틀콕처럼 수평으로 날아간다. 얼마나 멋진 장면인가. 이후 고도가 점차 낮아진다. 날개는 원위치로 돌아가고, 유니티는 일반 비행기처럼 활주로에 활강 착륙한다.

버진 갤럭틱과 블루 오리진이 우주 경계선 부근에서 무중력을 체험할 수 있는 시간은 4분이다. 누구는 이 짧은 시간에 비하여 비용이 너무 비싸다고 여길 수 있겠다. 무중력 지점에 다다르면 승객은 안전벨트를 풀고 자유롭게 무중력 상태를 즐길 수 있다. 버진 갤럭틱 뒤쪽에 있는 큰 원형 거울을 통해 자신의 무중력 체험 모습을 볼 때 그 짜릿한 순간은 평생의 기억으로 남을 것이다.

조종사가 없는 블루 오리진의 여행은 모든 과정이 자동이다. 놀이기구에서 하는 간단한 동작이면 충분하다. 승객은 캡슐 내 좌석에 앉아 안전벨트의 결합장치를 묶었다 풀기만 하면 된다. 넓은 조망 창 가장자리엔 비행 상황을 알려주는 스크린이 부착돼 있다.

우주산업의 새로운 도전자들

이런 와중에 2021년 9월, 애플의 공동 설립자이자 억만장자 스티브 워즈니악(Steve Wozniak)이 민간 우주 회사 프라이버티어 스페이스(Privateer Space) 설립을 발표한다. 그는 트위터에서 '다른 회사와 다를 것'이라면서 1분 분량의 티저 영상을 공개했다.

> "우리는 함께 멀리 갈 것이다. 우리는 서로를 바라보고 (인류의) 문제
> 를 함께 풀어나갈 것이다. (중략) 우리는 탐험가이고, 꿈꾸는 자들이
> 고, 리스크를 취하는 모험가이고, 별을 관측하는 자이며 엔지니어이
> 다. (중략) 다음 세대 모두가 더 나은 삶을 살기를 바란다."

멋진 영상에 감탄하면서 우주여행에 사활을 건 다른 이를 떠올
려 본다. 미국의 억만장자 로버트 비글로우(Robert Bigelow)는 버
짓 인 앤드 스위츠 호텔(Budget Inn and Suites) 회장이다. 직업은
못 속이나 보다. 멋진 곳이 있다면 호텔을 짓고 싶지 않겠는가. 거
대한 호텔 체인을 이끌고 있는 그는 우주선을 호텔식으로 짓겠다
는 야심을 품는다. 그는 비글로우 스페이스(BSO, Bigelow Space
Operations)를 통해 2007년부터 풍선처럼 부풀어 오르는 팽창식
호텔을 ISS에 부착하고 이를 운영하고 있다.

앞으로 우주경쟁이 치열해지고 우주 로켓 발사가 빈번해지면
우주에도 거주 공간이 필요할 것이다. 그가 생각한 풍선형 호텔
덕분에 우주에서도 쾌적하게 거주할 수 있다면 얼마나 멋질까. 그
는 앞으로 달과 지구 사이에 호텔을 건설하겠다는 포부를 제시했
다. 달 여행이 본격화되면 달 표면에도 '월면 호텔'을 짓겠다는 계
획이다. 사람들은 언젠가 그의 우주 호텔에서 저녁을 먹으며 지구
를 감상하게 될지도 모르겠다.

우주를 향한 골드러시를 보니 우주가 전 세계 부호들이 노리는 최고의 보물섬이 된 것처럼 느껴진다. 광활하고 수많은 잠재력이 있는 우주를 향해 부호들이 전진하고 있다. 우주는 그 누구의 것도 아니기에 개척하는 자가 가질 수 있으리라.

하지만 단순히 부호들의 취미 정도나 그들의 돈벌이 비즈니스 사업으로 우주가 독점되어서는 안 된다. 그들이 우주를 향한 꿈을 현실로 구현했다는 것은 인류가 우주를 향한 꿈을 실현할 수 있는 과학기술을 가지게 되었다는 의미이다. 과거 닐 암스트롱이 인류를 대표해 달에 역사적인 첫발을 디뎠던 것처럼 인류는 우주를 향한 또 다른 한 발걸음을 내딛게 되었다. 그곳은 하나의 은하계로 모든 지구인들에게 꿈과 희망을 선사하는 곳이어야 한다.

일론 머스크의 통일장 이론에서 혁신을 엿보다

일론 머스크를 보면 불가능은 없다는 생각이 든다. 그를 보며 물리학의 통일장 이론(unified field theory)을 생각해 본다. 사업 포트폴리오를 보면 힘의 안배가 잘되어 있고 회사 간 상호 연계되어 시너지를 일으키는 느낌이다. 자연계의 네 가지 힘으로 흔히 중력, 전자기력, 약한 상호작용(약력), 강한 상호작용(강력)을 든다. 이를 하나의 힘으로 합하려는 시도의 대표적인 접근이 통일장 이론이다. 통일장 이론은 중력장, 전기장, 자기장, 핵력장이 같은 근원에서

비롯되었다는 물리학 이론이다.

통일장 이론이 유명해지게 된 계기는 알버트 아인슈타인이 말년에 이 이론에 몰두했기 때문이다. 그는 모든 힘을 하나의 장(場)으로 나타내려 했다. 중력 이론의 완성이라는 큰 목표를 이루고 난 뒤 아인슈타인의 관심사는 그 당시까지 알려져 있던 힘인 중력과 전자기력을 통합하는 쪽으로 옮겨갔다. 그는 양자역학을 거부하고 통일장 이론에만 치중했다. 그 결과 아인슈타인은 주류 물리학계에서 멀어진다. 아인슈타인은 죽는 날까지도 통일장 이론에 대한 계산에 몰두했으나 결국 이론을 완성하지 못하고 세상을 떠났다.

그래도 일론 머스크가 그의 후계자로서 통일장 이론의 현실판을 완성하고 있으니 그는 무덤에서 행복하지 않을까? 애슐리 반스가 쓴 『일론 머스크, 미래의 설계자』에서 지금의 MZ세대에게 들려주고 싶은 말을 찾으라면 이 부분이다.

> "우리 자신의 그릇은 우리가 알고 있는 것보다 훨씬 더 크다. 그저 시도하라, 그것만이 혁신의 비결이다. 우리는 늘 도저히 감당할 수 없을 것 같은 도전에 직면해 있으므로 난관을 헤쳐 나가려면 힘을 모아야 한다는 분위기가 회사에 형성되어 있다."

실리콘밸리가 스티브 잡스의 뒤를 이어 기술 산업을 주도할 강력한 리더를 찾고 있다. 그중 머스크는 가장 가능성 높은 후계자로 부상했다. 신생 기업의 창업자들과 명망 있는 대기업 중역들도 머스크를 존경하는 인물로 꼽는다. 구글의 공동 창업자 래리 페이지(Larry Page)는 머스크의 열렬한 팬이자 절친한 친구이다. 그는 머스크가 급진적 아이디어를 기업에 적용하고 있는 것을 부러워하며 이렇게 말한다.

> "전반적으로 실리콘밸리나 기업 리더는 대개 돈이 부족하지 않아요. 기부도 할 수 있고, 쓰고 싶은 대로 쓰고도 남을 돈이 있는데 따지고 보면 별로 이익이 남지 않는 기업에 굳이 시간과 에너지를 투자할 이유가 있을까요? 머스크가 내게 좋은 본보기인 것은 바로 이 때문입니다. 머스크는 세상을 위해 자동차 문제와 지구 온난화 문제를 해결하고 우주 식민지를 개척해야 한다고 말합니다."

그의 말대로 머스크는 태양열, 배터리 기술, 항공 우주 기술의 영향력과 인간의 창의성에 기업의 사활을 걸었다. CEO의 성공을 거론할 때 대부분 한 분야에 한정해 이야기한다. 머스크는 성격이 상이한 분야인 자동차, 우주 항공, 태양광 사업에 도전했고 큰 성과를 얻었다. 이제 우리 손자들이 다중행성 생명체가 되는 꿈을 머스크가 실현하고 있다. 아인슈타인과 머스크의 유산은 부가 아니라 지속가능한 미래로 나아가는 혁신적 비전에 있다. 머스크가 신(新) 통일장 이론을 쓰는 역사를 우리는 목도하고 있다.

나의 우주를 외치는 BTS와 콜드플레이

혁신은 서로 다른 사람들이 모여서 시너지를 만들 때 생긴다. 나의 상상과 너의 상상이 모여 우리의 상상이 되는 따뜻한 이야기를 듣는다면 얼마나 좋을까. 콜드플레이(Coldplay)와 BTS가 만났다는 자체도 우주를 품을 만큼 무한 상상의 이야기가 된다. 뮤직비디오를 보니 화면은 환상적이고 메시지는 멋지다. 음악이 금지된 미래의 우주, BTS와 콜드플레이, 외계인 밴드 슈퍼노바 7 등 서로 다른 세 그룹이 공간을 뛰어넘어 합주하며 금기에 도전한다.

세계적 록밴드 콜드플레이의 보컬 크리스 마틴(Chris Martin)은 2021년 4월 BTS와 컬래버레이션 곡 '마이 유니버스(My Universe)'를 함께 작업하기 위해 내한했다. 팬데믹으로 국경의 장벽이 높아지고 사람 사이가 멀어진 시대에 원격으로 파일을 주고받으며 작업할 수도 있었지만, 크리스 마틴은 직접 한국에 날아와 BTS를 만나는 길을 택했다. 마이 유니버스에는 서로 다른 존재들이 이어지고 불가능해 보이는 만남과 공존이 가능하다는 메시지가 담겨 있다. 이를 우주적 사랑이라고 표현하면 어떨까.

우리는 티끌처럼 작고 우주란 여백은 너무 넓다. 내 작은 몸을 누일 좁은 방에서도 우리는 우주를 생각하며 상상의 힘이 가져다주는 경제적 자유, 여유로운 시간, 멋진 환경을 꿈꿀 수 있다. 상상하는 데는 돈이 들지 않는다. 모두에게 상상은 우주처럼 공평하게 펼쳐져 있다. 서양의 록밴드와 동양의 보이그룹이란 차이를 넘

BTS가 표현하는 우주

은 이들의 협업은 진정 우리가 추구해야 할 우주적 사랑의 가치가
아닐까.

낮에는 태양이 눈부셔서 다른 별을 볼 수 없을 뿐 별이 안 보인
다고 별이 없는 것은 아니다. 지구도 태양도 밤하늘의 무수한 별
도 다 별이다. 해가 지면 안 보이던 별이 나타날 것이다. 보이지
않는다고 상상의 문을 닫지는 말자. 활짝 열어보자.

우주개발이 그리는
미래 투자 지도

점점 커지는 우주와 양자컴퓨터 산업 규모

미국의 우주재단(Space Foundation)에 의하면 2020년 글로벌 세계
우주산업의 규모는 4470억 달러로, 5년 연속 성장했고 이런 추세
는 지속될 것으로 보인다. 상업용 우주산업은 2020년에 6.6% 성
장하여 우주 경제의 거의 80%를 차지했다. 각국 정부로 한정하면
이야기는 조금 달라진다. 미국, 중국, 유럽 우주국(ESA, European
Space Agency)은 세계 우주 경제에서 3대 투자자이다.

　2020년에 전 세계에서 우주 분야에 지출한 예산은 총 902억
달러(105조 원)로 2019년보다 1.2% 줄어들었다. 이 중 미국은
57.4%에 이르는 518억 달러를 지출했다. 2019년보다 5.6% 증가

한 규모이다. 다음으로 중국(14.8%), 유럽(6.5%), 일본(3.4%), 러시아(2.7%) 순이다. 미국 우주 예산의 51%는 미 국방부가, 43%는 NASA가 사용했다.

글로벌 투자은행 모건스탠리(Morgan Stanley)는 글로벌 우주 경제 규모가 연평균 3.1% 성장해 2040년 약 1.1조 달러에 이를 것이라고 전망했다. 우주개발이 활발해지고 산업이 번성하는 이유로는 발사비용이 저렴해진 것, 로켓의 재활용이 가능해진 것, IT 기술의 발달로 상용부품의 가격이 저렴해진 것 등을 들 수 있다. 발사체나 인공위성 상품을 효과적으로 통제하는 IT 인프라도 중요한 바, 클라우드와 인공지능이 활용되는 구독형 클라우드 서비스로 GSaaS(Ground Station as a Service)를 주목해 보자. 인공위성과 통신을 하려면 '위성-지상국(ground station)-통신망'을 갖추어야 하는데 지상국 업무를 클라우드 서비스로 제공하는 것을 GSaaS라고 한다.

스페이스X와 블루 오리진은 민간 우주여행에 성공하며 새로운 시대를 열고 있다. 스페이스X는 2023년을 목표로 달 관광용 우주선을 개발 중이고 블루 오리진은 연간 10억 달러 이상을 투자하며 미개척 지대인 우주개발에 공을 들이고 있다. 유럽연합(EU)은 한화시스템이 투자한 위성 통신 스타트업인 영국 원웹(OneWeb)을 스페이스X의 대항마로 키우려 한다. 유럽연합은 2030년까지 디지털 주권을 달성하기 위해 '디지털 10년 프로그램'을 진행하는데 그 한가운데에 원웹이 있다. 원웹은 600개 이상의 위성을 쏘아 올려 이를 통한 인터넷 사각지대를 없애고자 한다. 전 지구적 무선 네트워크를 구축하는 사업을 진행하는 것이다.

　미국 컨설팅업체 브라이스 테크(BryceTech)에 따르면 2020년 124개 스타트업 기업이 우주산업에 투자했다고 한다. 그 규모는 76억 달러(약 9조 원)로 이 가운데 57%를 세 개 회사가 차지하고 있다. 국내 기업 한화에서도 우주 사업 허브인 스페이스 허브를 출범시켰다. 초소형 인공위성 부품을 개발하는 나라스페이스 테크놀로지, 초소형 우주발사체 개발에 뛰어든 페리지 항공우주 등 스타트업도 잇달아 출범했다. 모건스탠리는 우주 경제 시장이 연평균 3.1% 성장해 2040년 1.1조 달러에 이를 것이란 전망을 내놓았다.

우주산업 스타트업 기업 투자규모

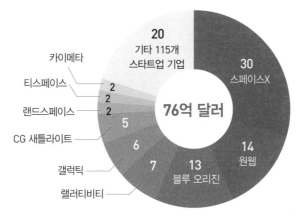

출처: BryceTech

떠오르는 투자처, 우주

민간 우주개발 시대가 본격화하자 글로벌 머니의 용광로인 미 증시에는 우주산업 관련 ETF(상장지수펀드)가 활황이다. 전 세계 ETF 정보를 제공하는 사이트 'ETF 닷컴(ETF.com)'에 따르면 세계 최대 투자회사인 블랙록(BlackRock)이 2006년 출시한 ITA ETF는 자산 규모만 20억 달러로 민간 항공 제조·조립업체와 방위산업체 등에 투자한다. 프로큐어 스페이스(Procure Space)의 UFO ETF는 우주 사업 매출이 50%를 넘어선 기업에만 투자한다. 세계 3대 회사 중 하나인 SSGA의 FITE ETF는 로봇, 드론, 우주, 사이버보안 기업에 투자한다. 우주산업은 이제 막 태동하고 있어 투자 범위가 제한적이지만 대규모 인프라 투자가 진행되는 상황에서 투자 기회를 모색할 타이밍이다. 프론티어스(Frontiers) ETF는 그런 정신을 말해주는 상품이다.

이 책 전반을 장식하는 테슬라, 아마존, 버진 갤럭틱의 성장 가능성은 논외로 하자. 대신 캐시 우드가 만든 ETF ARKX의 안목을 존중해 본다. 버진 갤럭틱은 2019년 10월 스팩을 통한 역인수합병으로 시가 12.34달러에 상장되었다. 2021년 2월 초 버진 갤럭틱의 주가는 62.80달러로 역대 최고치를 기록한 후 급락했다. 민간 우주개발 기업으로 첫 시범 우주여행에 성공한 이후 우주여행 사업 본격화를 앞두고 자금 조달을 위해 유상증자에 나섰기 때문이다. 버진 갤럭틱은 사전 예약을 받아 고객 600여 명을 대상으로 최대 25만 달러(2억 8000만 원)에 우주 관광 티켓을 팔았다. 2022년부터 상업용 우주비행을 시작해 연간 400편 내외로 증편한다는 목표다.

자산운용사 AB번스타인은 버진 갤럭틱이 상업용 우주 관광을 본격적으로 시작하면 티켓 가격이 40~50만 달러대가 될 수 있다고 예상했다. 반면 《월스트리트 저널(The Wall Street Journal)》은 「버진 갤럭틱이 정말 우주 회사인가」라는 제목의 기사에서 사업 모델에 대한 의구심을 제기했다. "블루 오리진은 준궤도 비행을 달과 그 너머로 가기 위한 디딤돌로 보고 있지만 버진 갤럭틱은 스릴을 경험하는 것 자체가 사업의 핵심"이라고 강조했다. 고도 50마일(약 80킬로미터)을 비행한 버진 갤럭틱은 국제항공연맹(FAI)이 고도 100킬로미터를 '카르만 라인'으로 부르며 이 너머를 우주로 보는 것과 차이를 보인다. 자세한 우주산업의 분류는 다음 페이지의 표와 같다.

다시 돌아가 아크인베스트먼트가 2021년 3월 출시한 '우주탐사 및 혁신 상장지수펀드(ARKX ETF)'를 좀 더 상세히 살펴보기로 하자. 포트폴리오에는 39개 종목이 포함되어 있다. 이중 가장 비중이 높은 곳은 트림블(Trimble)이다. 미국 기업인 트림블은 농업, 건설, 엔지니어링에 사용되는 인공위성 데이터 기반의 초정밀 위치 및 지리 정보와 레이저, 광학 관련 제품과 서비스를 제공한다. 인공위성 데이터의 산업적 가치와 활용도가 커질 것이라는 전망 하에 투자했다는 것이 전문가들의 주된 분석이다. 이들 데이터가

우주산업의 분류

	세부 산업
제조 부문	발사체 및 관련 시스템, 우주선, 위성 탑재체, 지상관제시스템 및 관련 장비 제조부문 연구·자문 등
운용 부문	발사주선, 장비 공급, 위성 소유·임대 및 매매, 제삼자 앞 지상관제 장비 임대 등
활용 부문	최종 소비자용 장비 제조, 부가서비스 제공, 위성방송(direct-to-home), 소구경 네트워크 장비 제공, 부가서비스 제공
전문가 그룹의 지원 부문	금융 및 법률 서비스, 보험, 연구용역 및 기타 서비스
기타	이용자 측면: 국가안보, 기상 및 환경 관련 서비스, 공공 효율성 제고, 전자거래 등 비이용자 측면: 연구개발과 관련 지식 파급에 따른 활용 분야

출처: 산업은행 미래전략 연구소

ARKX 보유 상위 10종목(2021년 3월 편입 시 기준)

	종목명	가중치(%)
1	TRIMBLE INC	8.3
2	THE 3D PRINTING ETF	6.1
3	KRATOS DEFENSE & SECURITY	5.6
4	L3HARRIS TECHNOLOGIES INC	5.0
5	JD.COM INC-ADR	4.8
6	KOMATSU LTD	4.6
7	LOCKHEED MARTIN CORP	4.5
8	IRIDIUM CUMMUNICATIONS INC	4.3
9	THALES SA	4.0
10	BOEING CO/THE	3.6
		50.7

5G와 결합하면 초정밀 위치와 지리 정보를 실시간으로 수신하고 분석할 수 있게 되어 드론이나 로봇을 이용한 무인 경작과 건설 작업이 가능해진다. 사람이 접근하기 힘든 험난한 지형의 정확한 측량과 개발도 사람 없이 가능해진다. 트림블은 최근 전파방해와 해킹이 어려운 이중 주파수 수신 모듈을 출시했는데, 이 역시 산업의 방향성을 고려한 제품으로 보인다.

이런 맥락에서 일본의 굴삭기업체 코마츠(Komatsu)와 미국의 농기계업체 디어 앤드 컴퍼니(Deere & Company) 또한 우주 ETF에 편입되었다. 두 회사 모두 수년 전부터 GPS의 위치정보를 기반으로 무인 정밀 작업이 가능한 장비를 생산하고 있다. 우주 ETF가 다음으로 주목한 것은 3D 프린팅이다. 아크인베스트가 포트폴리오에서 두 번째로 많은 6.1%를 자사의 3D 프린팅 ETF에 투자한 이유다. 3D 프린팅은 우주산업 성장의 견인차라 해도 과언이 아니다. 정교한 3D 프린팅 기술과 첨단 소재기술을 결합하여 표준화된 인공위성과 부품, 발사체 로켓 등을 '찍어내는' 연구와 실험이 전 세계 많은 기업에서 진행되고 있다.

이 기술이 상용화되면 지금보다 훨씬 짧은 시간에 더 많은 인공위성과 발사체를 더 낮은 가격에 제작할 수 있다. NASA도 3D 프린팅 기술에 큰 관심이 있는데 ISS의 유지보수 때문이다. 미국은 ISS의 유지보수를 위해 매년 3톤이 넘는 부품과 장비를 우주로 보내고 있고 이를 위해 천문학적 예산을 투입하고 있다. NASA는 예산 절약을 위한 노력의 일환으로 2014년 미국의 우주기업 메이드 인 스페이스(Made In Space)가 제작한 특수 3D 프린터를 ISS에 올려 이를 사용해 ISS의 유지보수에 필요한 부품을 현지에서 직접 생산하는 실험을 진행했다. 이 기술은 미국이 2030년경 달성을 목표로 추진하고 있는 유인 달 궤도선이나 달 표면 유인기지의 건설과 유지보수에도 사용될 전망이다. 유럽의 항공기 제작사인 에어버스는 우주에 3D 프린터 공장을 세워 인공위성과 안테나를 우주에서 만들어 궤도에 올리는 연구를 진행하고 있다. '페리오드(PERIOD, PERASPERA In-Orbit Demonstration)' 프로젝트는 에어버스가 유럽연합으로부터 지원을 받아 진행한다.

우주 ETF에는 보잉, 록히드마틴, 에어버스, 탈레스(Thales)처럼 발사체나 우주선 본체를 제작하는 기업들도 포함되어 있다. 첨단 산업의 기반이 되는 반도체와 소프트웨어 제작사도 다수 이름을 올렸다. 우주의 상업적 개발은 이미 시작됐고, 미국과 중국의 경쟁이 촉매제가 되어 개발에 가속도가 붙을 것이다. 우리의 삶과 우주의 접점은 앞으로 계속 넓어질 것이다. 아스트라(Astra), 이리듐통신(Iridium Commucated Inc.) 등도 주목해볼 만하다.

국내 우주산업의 전망

1990년대에는 글과 사진, 음악 등을 공유하는 도구 정도로만 여겨지던 인터넷이 오늘날 우리의 삶에 빼놓을 수 없는 부분이 된 것처럼 우주산업은 이제 시작이다. 국내 우주산업은 태동기라고 볼 수 있다. 대기업은 물론 중소기업도 우주산업에 참여할 수 있도록 대규모 투자와 제도적 기반이 필요한 상황이다. 한국이 강점을 가진 ICT 기술을 우주산업에 적극적으로 융합하고, 미국 등의 우주산업 선진국과의 국제 협력을 강화할 필요가 있다. 한국 우주산업은 위성체 비중이 가장 큰데 쎄트렉아이라는 대표 기업이 코스닥 시장에 상장되어 있다. 쎄트렉아이는 KAIST 인공위성연구센터 출신 연구진이 주축이 되어 설립된 중소형 인공위성 제조업체이다. 인공위성과 관련 시스템을 제조하는 수준을 넘어 고해상도 위성 카메라 제작기술을 바탕으로 위성 영상 분석과 판매에 이르기까지 사업영역을 지속적으로 확대하고 있다.

이 밖에도 발사체 분야는 한화에어로스페이스와 같은 대기업은 물론 항공우주산업, 두원중공업 등이 열정을 불태우고 있다. 기타 한화시스템, LIG 넥스원(항공전자 등 다양한 첨단 무기 체제 구축), 인텔리안테크(해상용 위성 통신 안테나 부분 시장 점유율 1위) 등도 관련 주로 시장의 눈길을 끈다. 이 장에서 다룬 양자컴퓨터는 초기 산업이고 유망주를 찾자면 IBM, 알파벳(Alphabet, 구글의 지주회사), 아마존, 마이크로소프트, 리게티컴퓨팅(Rigetti Computing), 디웨이브시스템(D-Wave Stytem) 등이 있다.

2018년 설립된 이스라엘 스타트업 퀸텀머신(Quantum Machines)은 기존의 어떤 프로세서보다 훨씬 강력한 잠재력으로 효과적인 클라우드 인프라를 구현하기 위해서 노력 중이다. 2021년 9월,

퀀텀머신에서 개발 중인 퀀텀 오케스트레이션 플랫폼

출처: 퀀텀머신

삼성전자는 양자컴퓨터 플랫폼 기술을 보유한 퀀텀머신 투자에 나섰다. 구글, IBM 등 빅테크 기업들이 양자컴퓨터 기술 선점에 열을 올리고 있는 가운데 초기 시장에 조기 진입하려는 노력의 일환이라고 할 수 있다.

양자컴퓨터 분야의 세계적인 리더인 김정상 듀크대 교수가 창업한 아이온큐(IonQ)가 2021년 10월 뉴욕증권거래소에 성공적으로 상장됐다. 삼성전자, 구글벤처스, AWS, 아랍에미리트(UAE) 국부펀드가 투자했다. 양자컴퓨터 전문기업으로는 최초 상장이다. 아이온큐의 모토는 '미래는 퀀텀(양자)'이다. 아이온큐는 양자컴퓨터의 크기를 비디오 게임기 수준으로 만드는 것에 집중하고 있다. 아이온큐는 전하를 띤 원자인 이온을 전자기장을 통해 잡아두는 이른바 '이온 트랩' 방식을 사용한다. 이온 트랩 방식으로 약 2센티미터 크기의 반도체에 큐비트 80개를 집어넣을 수 있다는 것이 아이온큐의 판단이다.

　아이온큐는 협업과 생태계 확장에도 주력하고 있다. 멀티코어 양자 아키텍처를 개발·출시했고 구글, 소프트뱅크(SoftBank), 액센츄어, GE리서치(GE Research), 피델리티(Fidelity), 골드만삭스 등과 파트너십을 맺고 양자컴퓨터가 상업적 용도로 사용될 수 있는지 탐색하는 중이다. AWS와 마이크로소프트를 통해 약 2000만 명에 달하는 개발자가 양자컴퓨터에 접근할 수 있도록 문을 열기도 했다.

직업의 미래

✖

전통적인 우주 직업과 새로운 우주 직업

☑

우주로 직접 나가는 직업들

미생물과 방사능 등 우주의 위험요소를 사전에 파악하고 대처하는 우주 분석가와 우주 정거장 정비공, 우주선 도킹을 담당할 우주 도선사가 새 일자리 리스트에 이름을 올릴 수 있다. 우주선이나 로켓에 화물이나 택배를 실어 나르는 화물 우주선 조종사나 우주 택배기사도 있다. 우주선 선장이기 전에 화물우주선 조종사인 영화 스타워즈 시리즈의 '한 솔로' 같은 직업이 생겨날 수 있다는 뜻이다.

☑

우주산업의 성장을 견인하는 직업들

조금 다른 의미일 수 있으나 드론 조종사나 3D 프린팅 전문가에도 관심을 가져보자. 드론은 생활 속 활용도가 높고 하늘에서 영상을 찍을 수 있는 한편, 3D 프린팅은 우주산업의 성장을 견인하고 있다.

드론 업계의 우버나 리프트처럼 되기를 원하는 스타트업 아퀼라인 드론은

2020년 '미래를 위한 도전'이라는 드론 자격증 시험 교육 프로그램을 개시했다. 3D 프린팅 기술은 부품수와 납품 기한을 줄인다. 세계 최대의 항공우주 회사인 미국의 보잉과 에어버스는 3D 프린팅 기술을 통해 모듈화된 부품을 생산, 인공위성 제작에 활용하고 있다. 에어버스는 유럽연합과 함께 우주에 3D 프린터 기반 인공위성 생산공장을 건설하는 '페리오드 프로젝트'에 참여하고 있다. 3D 프린팅 기술은 ISS 유지·보수에도 유용하게 쓰이고 있다.

☑

양자컴퓨터 관련 직업

많은 양의 데이터를 초고속으로 처리할 수 있는 슈퍼컴퓨터가 주목받고 있다. 양자역학의 특징을 살려 병렬처리가 가능해지면 기존 방식으로 해결하기 힘든 어려운 문제를 풀 수 있다. 기존 프로그래머보다 고도의 컴퓨터 지식을 요하는 양자컴퓨터 프로그래머도 미래 유망직종이라 하겠다. 양자컴퓨터는 배터리 소재 등 새로운 물질이나 신약 개발, 우주항공 등 분야에서 그동안의 난제를 풀어줄 미래기술이다. 300큐비트 수준의 고성능 양자컴퓨터가 개발된다면 우주에 있는 원자의 수보다 더 많은 수의 계산을 동시에 해낼 수 있다. 현재 핀란드 알토대학교에서는 과학자들이 양자 컴퓨터를 사용해 새로운 물리 규칙을 갖는 우주를 만들어 다양한 실험을 하고 있다.

✖

IBM의 부활과 우주투자에 대한 빌 게이츠의 반박

☑

IBM은 양자컴퓨터로 부활할까?

투자자 입장에서 '돈 먹는 하마'였던 IBM 주식에 빛이 조금 돌고 있는 상황이다. 과거의 영광과 명예를 찾기 위해 회사는 노력 중이다. 인수 합병이나 혁신 제품, 기술 도입을 통한 성장이 없다면 폭발적인 성장이 끝난 기업은 수익성 개선으로 안정적인 배당을 지급하는 기업으로 전환한다. IBM의 배당성향은 시가기준 3~5%로 안정적이다. 이런 주식은 배당성향이 5%선 아래로 가면 실적추이를 보고 매수 관점으로 볼 만하다. 회사의 전망과 관련해서는 경영개선 의지의 구체화와 클라우드 분야의 괄목할 만한 성장이 가능하냐가 키포인트다.

IBM은 오래전부터 양자컴퓨터 기술을 개발 중이다. 미국에서는 양자컴퓨터의 양대 산맥으로 IBM과 구글이 회자되고 있으나 기술개발 정도는 확인하기가 어렵다. IBM이 배당주에서 벗어나려면 양자컴퓨터 같은 유망 분야에서 독보적 기술을 보여주어야 한다. 주가가 과거의 영예를 찾기 위해서는 혁신 기업임을 실증해야 한다. 그러던 와중에 2021년 11월, IBM은 100큐비트 이상 탑재한 컴퓨터 개발에 성공했다.

✔

빌게이츠의 현실주의 vs. 미래 먹거리 산업 초기인 우주산업 투자

우주투자는 장기적 비전을 가지고 나서야 한다. 모두가 앞다투어 우주개발에 나설 때 우주에 관심을 두지 않는 마이크로소프트 공동 창업자 빌 게이츠는 이렇게 말한다.

"우주여행보다는 차라리 백신이나 기후변화에 돈을 쓰겠다. 화성 이주는 기후 위기의 해법이 될 수 없다. 1000달러면 홍역 백신을 사서 생명을 구할 수 있다."

1000달러로 로켓을 쏘아 올리는 대신 홍역 백신을 사는 것이 그에게는 더 숭고한 일일 수 있겠다. 하지만 인류가 미지의 세계로 발돋움하는 것 역시 가치 있는 일이다.

국내 대기업 중 가장 적극적으로 우주산업에 나서는 기업은 한화그룹이다. 한화는 2021년 1월 카이스트 인공위성연구센터 연구원 출신들이 창업한 우주 항공기업 쎄트렉아이의 지분을 인수했다. 쎄트렉아이는 상용 위성을 개발하는 회사로, 소형 위성 제작 분야에서 에어버스와 양강 구도를 이루고 있다. 한화에어로스페이스는 2021년 10월 발사된 누리호의 로켓 엔진을 제작하는 등 항공 우주 사업에 박차를 가하고 있다.

우리의 우주산업은 여타 선진국에 비해 더딘 편이다. 그 이유로 기초 과학에 대한 지원과 인력 부족이 꼽힌다. 우리는 2021년 10월 누리호를 발사했고, 2022년 8월 달 탐사선 'KPLO'를 발사한다. 아랍에미리트는 이미 탐사 위성을 화성 궤도에 진입시켰다. 아랍에미리트는 10년 전만 해도 쎄트렉아이의 도움을 받아 소형 위성을 쏜 나라였다. 하지만 국가 주도의 적극적인 투자로 미국, 러시아, 유럽,

인도에 이은 세계 다섯 번째 화성 궤도 진입 국가가 됐다. 우주산업이 큰 먹거리임에는 틀림없다. 쎄트렉아이는 관측위성을 확보하지 못한 아시아 신흥국들 중심의 수요 확대 전망이 예상된다. 저궤도 위성의 수명이 3~7년으로 짧은 만큼 지속적인 수주를 기대해볼 만하다. 다만 주가의 높은 변동성은 주의해야 한다.

☑

우리나라 유망 우주산업 관련 주식

우리나라의 관련주는 방산(전쟁무기) 관련 주식과 순수 우주산업 관련 주식이 섞여 있다. 전쟁에 사용되는 미사일과 우주로 가는 인공위성이나 탐사선은 큰 차이는 없다. 미사일의 추진체가 있다는 점에서는 동일하다. 미사일에는 목표를 맞추기 위해 유도 가능한 무기, 즉 유도체가 있다. 로켓은 목표를 맞추기 위한 유도체가 없다. 그렇다고 아무 목표 없이 로켓을 쏘는 것은 아니다. 인공위성이나 탐사선을 쏠 때는 정확하게 목표한 궤도에 올려야 한다. 미사일보다 더 먼 우주로 가는 것이므로 더 정밀한 기술이 필요하다. 우주발사체 기술 수준이 높을수록 고도 미사일 기술 역시 발전하게 된다.

굳이 구분하자면 쎄트렉아이, AP위성, 인텔리안테크는 직접적인 우주산업 관련주이고, 켄코아에어로스페이스는 일부만 우주산업(우주발사체 제조)을 하고 있고, 한화시스템, 한국항공우주, 한화에어로스페이스는 방산 관련 주식으로 봄이 타당하다. 원전 산업이 재개될 가능성을 감안하여 두산중공업 주가가 오르듯, 한국항공우주도 향후 과거의 영예를 재현할 수 있다. 한화시스템은 위성안테나 사업을 신사업으로 추진하고 있다.

제4장

뿌리의 힘_23앤드미

유전자와 바이오 산업,
죽음을 거슬러 신의 영역에 도전하다

유전자 가위(Gene Scissor)

특정 염기서열을 인지하여 해당 부위의 DNA를 절단하는 제한효소로,
유전자 교정을 가능하게 함

의사 없는 직접 유전자 검사 시대를 열어준
23앤드미

나의 뿌리를 찾아나서는 DNA 검사

호모 헌드레드(homo-hundred)는 사람을 의미하는 호모(homo)와 100(hundred)을 합성한 말로 인간의 기대수명이 100세에 다다른 시대를 맞아 생겨난 신조어다. 100세 시대에 가장 중요한 것은 건강이고, 치명적인 적은 질병이다. 건강하게 살려면 나를 잘 알아야 한다. 이를 위해 가장 중요한 것은 나의 유전적 성향일 것이다.

　나에 대한 유전정보는 DNA(deoxyribonucleic acid, 디옥시리보핵산)에 담겨 있다. DNA와 함께 대표적 유전물질로 RNA(ribonu cleic acid, 리보핵산)가 있다. DNA는 유전정보를 담고 있는 생명의 설계도다. DNA는 필요한 유전정보를 RNA에 전달할 수 있다.

내 유전정보를 보관하는 DNA와 유전정보를 전달하며 단백질 합성에 관여하는 RNA를 기억하며 이 장을 시작하기로 한다.

미국의 시사 잡지 《타임》은 매년 '올해의 발명품(Invention of the Year)'을 다수 발표한다. 2006년에는 유튜브가 최고의 발명품으로 지목되었다. 그해 10월, 유튜브는 세계 최대의 검색업체인 구글에 인수되었다. 그리고 2008년에 《타임》이 선정한 올해의 여러 발명품 중에 '23앤드미(23andMe)'가 있다.

23앤드미는 가정에서 사용할 수 있는 B2C(business to consumer) 유전자 검사 키트이자 이를 공급하는 유전체 검사 전문 회사다. 고객들은 이를 통해 본인의 DNA나 예상 병력, 조상 등에 대해 알 수 있다. 왜 이름에 23이라는 숫자가 들어갈까? 유전자가 포함된 인간 염색체가 23쌍이기 때문이다.

이 키트는 유전자 분석 정보를 통해 나의 조상, 즉 뿌리를 찾을 수 있어 화제가 되었다. 당신이 아버지라고 믿었던 사람이 아버지가 아니라면? 우연히 DNA 검사를 했는데, 나와 동생들의 유전적 유사성에 의심이 갈 만한 수치를 발견했다고 하자. 평소 아버지와 생김새가 너무 다르다고 생각했는데, 돌아가신 아버지 형제의 유전자와 나의 유전자가 아무런 관련성이 없다는 사실이 추가로 발견되었다. 어머니를 다그치며 진실을 말해달라고 하자, 놀란 어머니는 어떻게 알게 되었냐며 무덤까지 가져갈 이야기를 실토한다. 재미로 한 유전자 검사가 어머니의 혼인 중 외도란 가족의 비밀을 알려줄지도 모른다는 상상을 해보았다.

염색체 안의 유전자를 구성하는 물질의 종류와 배열에 따라 사람의 성격이나 건강 상태가 결정된다. 23쌍의 염색체는 '나(me)'와 다름없다는 말이 그래서 나온다. 순혈주의가 만연한 우리나라와 달리 다른 나라 사람들은 내 몸에 어느 민족의 피가 흐르는지 관심이 높을 수 있다. 그래서 가계도 조사가 늘 재미있는 화두인 것이다.

그들은 자신의 몸에 흐르는 유럽, 아프리카, 아시아로부터 온 피의 흔적을 찾아내면서 묘한 흥분을 느낄 수도 있겠다. 일란성 쌍둥이가 없다면 그 유전적 구성은 나만의 독특한 것이다. 누군가와 약 25%의 유전적 유사성을 공유하고 있다는 것은 그가 나의 할아버지, 삼촌, 이복동생 중 한 명이라는 것을 의미한다. 멘델의 법칙의 어려운 부분을 차치하더라도 나는 아버지, 어머니로부터 각각 50%의 유전적 특성을 물려받은 존재이다. 아무튼 23앤드미의 유전자 검사는 '뿌리 찾기'로 미국에서 활용되었고 이를 통해 수십 년 만에 가족을 찾는 사례가 나오며 인기가 치솟았다.

수명은 길어졌으나 그 시간 동안 건강하게 살 수 없고 각종 질환에 시달린다면 인생은 오히려 불행해진다. 이로 인해 자신의 의료 데이터와 유전체 데이터를 융합한 의료의 미래에 관심이 쏠리고 있다. 유전정보로 개인이 가지고 있는 유전적 특징, 건강 상태, 질병 발생의 위험도를 사전에 파악할 수 있기 때문이다. 우리가 23앤드미에 주목하는 이유이다.

23앤드미의 탄생과 성장

어디 조상 찾기만의 문제인가? 23앤드미 키트에 타액을 묻혀 회사로 보내면 일주일 안에 갖가지 유전 질환에 걸릴 가능성을 알려준다. 가족 병력을 다룰 수 있으니, 가족력으로 암에 걸리기 쉽다는 것을 확인하여 유전적 위험을 줄일 수도 있다.

23앤드미를 비롯한 많은 바이오업체에서 건강검진을 하면 피몇 방울로 유전정보를 분석해 미래에 걸릴 수 있는 질병을 예측할수 있다. 헐리우드 배우 앤젤리나 졸리(Angelina Jolie)가 유방, 난소 절제 수술을 받았다는 뉴스를 접한 지도 오래다. 앤젤리나 졸리가 난소까지 제거한 이유는 그녀의 가계도를 보면 알 수 있다. 외할머니는 난소암으로 45세에 숨졌고, 어머니는 49세에 난소암진단을 받아 57세에 세상을 등졌다. 이모도 유방암으로 61세에사망했다. 이런 상황에서 졸리에게는 선택의 여지가 없었던 것이다. 졸리의 주치의들은 그녀가 유방암에 걸릴 확률이 87%, 난소암에 걸릴 확률은 50%라고 추정했다.

미국 실리콘밸리에 본사를 둔 23앤드미의 창업자이자 CEO는앤 워치츠키(Anne Wojcicki)이다. 구글의 공동 창업자 세르게이 브린(Sergey Brin)의 아내였고 지금은 이혼한 사이다. 워치츠키와 브린의 관계를 브린의 신발과 관련해 이야기해 보자. 발가락 양말과닮은 브린의 신발은 가장 멋진 신발을 신는 것이 신분의 상징인실리콘밸리에서 오랫동안 회자된 재미난 이야깃거리였다. 워치츠

브린의 신발 1 - 발가락 신발

키는 이 신발을 어찌 생각했을까? 그녀에게 브린의 신발은 그의 성격을 상징했다. 《뉴욕 타임스》에서 그의 신발에 대한 질문을 받았을 때 그녀가 한 말이다.

"세르게이는 놀라울 정도로 창의적입니다. 내 말은, 그게 그의 재미라는 것이죠. 가끔 그의 입에서 나오는 말은 정말 대단합니다. 그는 진정으로 세상을 다른 방식으로 보고 있습니다. 그는 사람들이 그를 어떻게 생각하는지에 대해 걱정하지 않습니다."

워치츠키는 브린이 또 다른 특이한 신발을 갖고 있다고 말했다. 뒤꿈치에 스프링이 달린 RX신발이다. IT 업계의 창업자들은 자신이 만든 서비스를 홍보하기 위한 방법으로 패션을 이용하고 있

는 걸까. 남들과 다른 특이한 신발로 주목을 받고, '괴짜 천재' 이미지도 완성한 그들에게는 어떤 유전적 공통점이 있을까 궁금해진다. 궁금해서 웹을 검색하는데 눈에 띄는 대목이 들어온다.

스프링이 달린 RX신발 지코일은 미국에서 의료보험이 적용된다. 미국 의사들이 허리, 무릎, 발, 다리와 같은 근골격계 질환으로 어려움에 처한 사람들에게 재활 걷기에 처방하는 이 기능성 신발은 의료용품이 된다. 뒷굽 스프링은 몸의 충격을 50% 완화한다. 일반 신발을 신었을 때 몸에 가해지는 충격이 70킬로그램이라면, 지코일 신발을 신으면 35킬로그램의 충격이 가해져 허리디스크 같은 질환이 있을 때 통증이 완화된다. 이 대목에서 건강을 챙기는 세르게이 브린의 모습이 오버랩된다. 혹시 발가락 신발도 의학용이었을까?

23앤드미는 영국의 리처드 브랜슨 버진그룹 회장의 스팩인 VG 애퀴지션 코프(VG Acquisition Corp.)와의 합병을 단행해 2021년 6월 7일 뉴욕 증시에 입성했다. 《포브스(Forbes)》는 "워치츠키는 스팩 합병을 통해 억만장자가 된 최초의 여성"이라고 평가했다.

워치츠키가 전 남편 브린을 만난 것은 2006년 23앤드미를 창업할 무렵이었다. 2007년 결혼한 워치츠키와 브린은 사업과 기부에서도 뜻을 함께했다. 2011년 자신들의 성을 따 설립한 브린워치츠키 재단은 경영난에 빠진 위키피디아에 50만 달러를 쾌척하기도 했다. 둘은 2013년 브린이 불륜 관계를 맺은 정황이 포착되자 별거에 들어갔고 결국 2015년 갈라섰다.

의사 없이 유전자를 검사하는 DTC 시장의 확대

23앤드미가 위기의 순간을 맞이한 것은 2013년이었다. 그해 FDA(Food and Drug Administration, 미국 식품의약국)가 검사 키트 판매 중지 명령을 내렸다. 분석 결과를 의학적으로 검증받지 못했다는 이유에서였다. 워치츠키는 좌절하지 않았다. 의학적 판단이 개입할 여지가 있는 정보는 제외했다. 대신 발병에 유전자 영향이 명확히 밝혀진 특정 유전병(블룸 증후군)에 대해서만 FDA에 서비스 허가를 다시 신청해 2015년에 허가를 받아냈다. 의사 없이도 유전자를 검사하는 DTC(Direct-To-Consumer, 소비자직접의뢰) 검사 시장이 처음 열렸다. DTC 검사는 소비자가 의료기관을 방문하지 않고, 온라인이나 매장을 통해 검사기관(기업)에 직접 의뢰할 수 있는 유전자 검사 서비스를 일컫는다. 이후 2017년 FDA는 파킨슨병, 알츠하이머, 셀리악병 같은 10개 질환의 위험도를 살펴보는 유전자 검사도 허용했다.

워치츠키는 당장의 성적에 크게 연연하지 않는다. 많은 유전자를 분석하면서 쌓아온 데이터가 회사 가치를 높일 수 있다고 판단해서다. 많은 고객이 자신의 데이터를 질병 발생 원인과 치료 연구에 사용하도록 동의한다. 전문가들은 23앤드미의 장기적 성공은 유전자 검사 회사에서 의약품 개발사로 전환할 수 있느냐에 달려 있다고 말한다. 전 세계적으로 유전자 검사를 활용한 건강·의료 산업이 고속 성장을 하고 있다. 특히 접근성이 용이한 DTC 유전자 검사 시장의 확대 가능성이 눈앞에 펼쳐지고 있다. 과거에는 유전자 검사가 의료기관에서 의사의 필요에 따라 처방으로 진행됐다. 질병 예방과 개인별 맞춤 진료의 중요성이 대두되면서 이제 전문 기관을 통한 개별적인 유전자 검사의 활용도가 증가하고 있다.

유전자 분석 분야는 앞으로의 세상에 엄청난 영향을 미칠 것으로 보인다. 유전자 분석을 통해 축적한 유전자 정보 데이터는 각종 신약 개발과 치료를 위한 엄청난 자산이다. 코로나19로 인해 본격적으로 유전자 정보를 통한 mRNA 백신이 개발되었다. 앞으로의 신약 개발과 치료는 유전자 단위에서 이뤄질 수 있다는 추론이 가능한 대목이다.

23앤드미의 출발점은 대중의 호기심을 자극하는 유전자 분석 키트나 나의 조상 찾기였지만, 이 과정에서 축적한 방대한 유전자 정보 데이터가 23앤드미의 엄청난 자산이 되고 있다. 수많은 유전자 정보 데이터를 통해 기업 방향성을 신약 개발과 헬스케어로 전환하면 그 성장성은 폭발적일 것으로 보인다. 유전자 분석과 유전정보 데이터는 단순한 신약 개발과 헬스케어에만 머물지 않는다. 유전자 성형이나 유전자 프로그래밍 같은 상상할 수 없던 놀라운 미래가 펼쳐질 것이다. 암이나 치매와 같은 질병을 정복하는 것은 기본이고 생명의 본질 자체를 새롭게 규정하는 큰 충격이 일어날 수 있다.

그러한 미래는 유전자 분석과 IT 인공지능 기술의 결합에서 시작할 수 있다. 물론 미래의 가능성이 기업의 실제 실적으로 나타나는 데까지는 우여곡절이 생길 수 있다. 그 시기가 언제가 될지는 누구도 장담할 수 없다. 분명한 것은 이 분야가 미래에 인류 기술의 패러다임을 대전환할 주제라는 점이다.

그도 그럴 것이 시장조사업체 BIS리서치에 따르면 글로벌 DTC 유전자 검사 시장 규모는 2019년 약 9800억 원이었으며, 오는 2028년에는 약 7조 6000억 원까지 성장할 것으로 전망된다. 데이터 거래 규모가 상품이나 서비스 거래 규모를 엄청난 배수로 능가한 지금, 무형자산을 어떻게 보아야 할까. 무형자산은 거래, 가치평가, 담보 인정에 있어서 그 어려움이 여전히 숙제로 남아 있고 이를 해결할 기준이나 정책을 마련하는 것이 국제적 과제다.

23앤드미와 같은 회사들이 지닌 무형자산은 눈에 보이지 않으므로 가치를 어떻게 측정하냐에 따라 전혀 다른 숫자가 나온다. 무형자산이 회사 가치에 대한 통찰력의 기반을 제공한다면 과장일까. 이런 차이가 해당 주식이 비싼지 싼지를 결정하는 주요한 변수가 된다. 코로나19 이후 전통적 기업가치 평가 기준인 PER(주가수익비율)이나 PBR(주가순자산비율) 대신 PPR(주가무형자산비율)이 기업가치를 평가하는 기준으로 등장했다.

우리나라에서는 아직 DTC 검사는 영양소, 운동, 피부·모발, 식습관, 개인 특성 등 웰니스 영역에 관한 건강관리 검사만 가능하다. 이러한 가운데 검사 항목을 점차 넓히려는 시도가 이뤄지고 있다. 기업들은 정부의 시범사업을 통해 DTC 검사의 유용성을 검증한다.

마크로젠은 공용기관생명윤리위원회의 최종 승인을 받아 국내 최초로 제2형 당뇨병을 포함한 질병에 관한 DTC 유전자검사 소비자 실증 특례 연구를 시작했다. 유전자 검사 항목에는 제2형 당뇨병, 간암, 대장암, 전립선암, 폐암, 위암, 고혈압, 골관절염, 관상동맥질환, 뇌졸중, 심박세동, 파킨슨병, 황반변성 등 총 13개 질병이 포함된다. 테라젠바이오는 2020년 질병관리청 주관으로 실시된 '2차 DTC 인증제 시범사업'에서 국내에 허용된 70개 전 항목에 대한 승인을 획득한 바 있다.

2021년 디엔에이링크, 에스씨엘헬스케어, 지니너스, 엔젠바이오, 메디젠휴먼케어 같은 기업이 유전자검사 기관으로 지정되었다. 이들 기업과 유사한 바이오 기업이 더욱 풍부한 유전정보와 다양한 솔루션을 소비자에게 제공하고, 검사 결과에 대한 이해도도 향상시키기 위해 노력하고 있다. 생활습관 개선 효과 면에서나 검사 중요도 면에서나 DTC 검사가 자리 잡기 위해서는 질병 검사를 포함해야 한다는 분위기가 확산되고 있다. 이제 국민들 또는 환자들과의 실질적 접점을 가진 다양한 전공의 의료인과 유전체 과학자들이 균형감 있게 의견을 개진하면서 합리적인 제도와 바람직한 국내 생태계를 마련해 나가야 한다.

게놈은
무엇을 담고 있는가

한 생물이 가지는 모든 유전정보, 게놈

23앤드미가 개인 고객의 타액 샘플을 우편으로 받는다. 100달러 이하의 비용을 들여서 질병에 대한 위험도를 포함한 유전적인 특성을 분석한다. 23앤드미는 개인 유전정보 분석(personal genome service) 회사의 대표주자이다. 코로나19 확산이 장기화하면서 원래의 바이러스가 변이에 변이를 거듭했다. 델타, 델타 플러스, 오미크론이 대표적인 변이 바이러스다. 이러한 바이러스 변이를 확인하려면 바이러스 전체, 즉 게놈(genome, 전장 유전체)을 분석해야 한다. 게놈은 한 생물이 가지는 모든 유전정보로 '유전체'라고도 한다. 일부 바이러스의 RNA를 제외하고 모든 생물은 DNA로 유전정보를 구성하고 있기 때문에 게놈은 일반적으로 DNA로 구성된 유전정보를 지칭한다.

게놈이라는 단어는 독일 함부르크 대학의 식물학자 한스 윙클러(H. Winkler)가 1920년에 처음 만들었다. 그는 유전자(gene)와 염색체(chromosome)를 합쳐 게놈이라는 단어를 창안했으며 이때의 개념은 동물의 경우에는 정자나 난자가 지니는 염색체 전체를 가리키는 것이었다. 게놈은 DNA로 구성된 모든 유전정보를 지칭하는 말이며 흔히 '생명의 설계도'라고 불린다. 이후 1930년에 기하라 히토시가 기능적인 의미를 추가하여, 생물이 생물로서 존재하기 위해 필요한 온전한 유전정보로 게놈을 재정의했다.

현대 생물학에서 게놈을 중점적으로 연구하는 학문은 유전체학(genomics)이다. 한 생명체 전체에 걸친 유전자 전체를 파악하는 것이 목적이며, 이러한 유전자 파악 연구를 게놈 프로젝트라 한다. 게놈 프로젝트는 쌀, 효모, 생쥐 등에서 실행되었으며 인간을 대상으로 하는 인간 게놈 프로젝트는 2003년에 완료된 상태이다.

역사를 좀 더 살펴보면, 1953년 4월 25일에 제임스 왓슨(James Watson)과 프랜시스 크릭(Francis Crick)은 영국의 과학 잡지 《네이처(Nature)》에 DNA 사슬 두 가닥이 나선처럼 꼬여 있는 이중나선 구조를 발견했다고 발표했다. 이를 통해 아데닌(A), 구아닌(G), 시토신(C), 티민(T)의 네 가지 염기로 이뤄진 DNA의 구조를 정확히 이해할 수 있게 되었다. 이후 과학자들은 생명의 비밀을 캐는 연구에 힘을 쏟았다. 인간의 유전자는 이 네 종류의 염기 30억 개

가량이 여러 가닥을 이루며 일정한 순서로 구성되어 있다. 이 염기 배열에 따라 눈·코·입 등 사람의 모습도 달라진다.

문제는 이 염기서열을 어떻게 분석(sequencing)하느냐는 점이었다. 이때 염기서열을 손쉽게 알아내는 기술인 생어 염기서열 분석(Sanger sequencing)을 개발한 사람이 영국의 생화학자 프레더릭 생어(Frederick Sanger)이다. 인간 게놈 프로젝트에 투입된 비용은 어마어마했다. 1990년에서 2003년까지 13년간 38억 달러(약 4조 1800억 원)의 예산이 소요되었다. 1990년에 시작한 인간 게놈 프로젝트는 인간 세포에 들어있는 DNA의 염기서열 전체를 풀어내는 것을 목표로 했다. 프로젝트가 완성되면 질병에 관련된 유전자와 그 유전자가 생산하는 단백질을 밝혀내는 방법으로 암과 치매 같은 질병을 효과적으로 치료할 수 있는 길이 열릴 것이라는 전망이 나왔다. 혁명적인 신약 출현에 대한 기대로 세계 주요 제약업체와 관련 벤처기업들의 주가가 치솟았다. 다음은 2000년 6월 26일 빌 클린턴 당시 미국 대통령이 백악관에서 인간 유전체 지도 초안 완성을 선언하면서 한 말이다.

"인간 유전체 지도는 인류가 생산해낸 가장 중요하고 경이로운 지도다. 오늘 우리는 신이 인간의 생명을 창조하면서 사용한 언어를 배우기 시작했다."

게놈 분석과 일루미나

인간 유전체 염기서열을 해독하는 데 오랜 시간이 걸리고 비용 또한 엄청난 이유는 무엇일까? DNA의 정보량이 어마어마하기 때문이다. 결국 더 싸게, 더 빨리 해독하는 기술 개발이 관건이 된다. 미국의 게놈 해독 장비 개발사인 일루미나(Illumina)가 게놈 해독 분야에서 독보적이다. 일루미나는 유전자 시퀀싱 장비 전 세계 1위 기업으로, 현재 세계 유전자 데이터의 90%가 일루미나 장비로 생성되었다고 평가된다. 유전자 분석 기술 혁신을 주도하고 있으며, 일루미나와 경쟁하는 장비 회사로는 BGI, ONT 등이 있다.

일루미나는 2014년 유전체 해독 기간을 2주, 비용을 100만 원대로 떨어뜨린 장비를 제작해 저렴한 유전체 해독 시대를 실현했다. 2017년 1월에는 60명분의 염기서열을 48시간 만에 해독 가능한 '노바 시퀀서(NovaSeq)'를 내놓았다. 또한 코로나19 발발 후 감염 추적, 감시 활동, 치료법과 백신 개발을 돕고 전 세계 지역 사회를 안전하게 지킬 수 있도록 지원했다. 기술 발전으로 100달러(약 11만 원)로 한 명의 유전체 염기서열을 해독할 수 있는 수준이 되어 유전체 분석이 본격적으로 의료에 이용될 것으로 전망된다.

일루미나가 유명한 이유는 무엇일까? 기존의 직접 염기서열 분석법(direct sequencing)에서 탈피했기 때문이다. 직접 염기서열 분석법은 분석하고자 하는 부위를 PCR(polymerase chain reaction, 중합효소 연쇄 반응)로 증폭해야 한다. PCR은 DNA의 원하는 부분을 복제·증폭시키는 분자생물학적인 기술이다. 이 때문에 여러 타깃을 분석할 경우 많은 시간, 노력, 비용이 소요되어 효율성이 낮다는 문제점이 있었다. 이러한 단점을 극복하고자 차세대 염기서열 분석법(NGS, next generation sequencing)이 개발되었으며 이것은 DNA 가닥을 각각 하나씩 분석하는 방식으로 기존의 직접 염기서열 분석법에 비해 매우 빠르고 저렴하게 염기서열 분석이 가능하다. 인간 게놈 프로젝트가 공식 완료된 2003년 이후 강산이 두 번 변하는 세월이 흘렀지만 기대만큼의 유토피아는 오지 않았다. 지금도 인류는 게놈 해독에 대한 이해를 바탕으로 의료기기와 신약 개발, 난치병 치료, 예방 의학 등에 한발 한발 다가서고 있다.

2020년 초부터 전 세계를 휩쓸고 있는 코로나19에 대한 인류의 대응 또한 게놈 연구의 산물이다. 코로나19 유행 초기부터 맹활약한 진단 키트와 개발 시작 10개월 만에 개발된 백신 또한 바이러스의 게놈 분석과 편집을 통해서 탄생했다. 화이자(pfizer)·모더나(Moderna) 같은 mRNA 백신이 개발되며 mRNA의 존재가 대중에게 널리 알려졌다. mRNA 백신은 코로나19 백신으로 처음 개발됐음에도 예방 효과가 높고 상대적으로 부작용이 적다는 평가를 받으며 가장 인기 있는 백신이 됐다.

mRNA는 핵 속에 있는 DNA의 생명 설계도 중 필요한 유전정보를 복사하고 해석한 뒤 이를 세포핵 밖으로 가지고 나와 단백질 공장에 전달하는 역할을 한다. mRNA가 가져온 정보를 토대로 단백질 공장은 단백질 구성 물질인 아미노산을 소환하고, 이 아미노산을 설계도에 맞게 조합해 단백질을 만들어내는 것이다. 그렇다면 mRNA 백신은 무엇일까? 우리 몸이 단백질을 만드는 과정을 활용한 백신이다. 바이러스의 단백질 정보를 담은 mRNA를 몸속에 주입하면 우리 몸은 바이러스 단백질을 만든다. 이렇게 만들어진 바이러스 단백질을 인체는 '바이러스 침입'이라고 착각하고, 이를 무찌르는 항체를 만들어낸다.

바이든 시대, 정밀의학이 다시 뜨는 이유

조 바이든 미국 대통령은 백악관 과학기술정책실장을 장관급으로 격상하고 코로나19 이슈를 총괄하도록 생명과학자 출신 교수를 낙점했다. 저명한 유전학자인 에릭 랜더(Eric S. Lander) MIT 교수가 과학기술정책 실장으로 내정됐다. 이러한 인선을 발표한 이유는 무엇일까? 과학이야말로 바이든 행정부의 모든 업무에서 최전선에 위치할 것이라며 이 직위를 장관급으로 격상한다고 밝힌 것은 바이오 헬스가 인류 미래의 핵심 분야이기 때문이다.

미국 과학기술정책 분야 수장이 될 랜더 교수는 인간 게놈 프로젝트를 이끌었던 유전학자다. 보스턴의 생명공학 연구소인 브로드 연구소(Broad Institute)를 설립했고, 오바마 행정부에서 과학기술정책을 자문했다. 《워싱턴 포스트》는 백악관 과학정책실장에 물리학자가 아닌 교수가 낙점된 것은 이례적이라고 평가했다. 이 자리는 미국 대통령에게 핵무기를 비롯한 핵 이슈를 조언하는 자리로 주로 물리학자들이 맡아왔다. 랜더 교수의 낙점은 가공할 만한 숫자의 사망자를 낸 코로나19 팬데믹 상황에서 생명과학의 중요성을 시사한 것이었다.

사람들은 바이든의 행보를 트럼프와 비교한다. 바이든이 과학기술정책실장을 낙점하고 장관급으로 지위를 격상한 것이 트럼프 전 대통령과 비교된다는 것이다. 트럼프는 취임 후 19개월이 지나서야 이 자리에 기상학자 켈빈 드로지마이어(Kelvin Kay Droegemeier) 박사를 임명했다. 조직 규모 역시 오바마 행정부 때보다 축소했기에 과학을 경시한다는 비판을 받아왔다. 코로나19 대처에서도 전문가들이 제안하는 방역 수칙을 외면하여 자주 구설에 올랐다. 바이든은 이를 의식해 취임 후 코로나19 대처에서 과학자들의 의견을 존중하겠다는 뜻을 밝혀왔다.

게놈 분야의 유전자 해독이 완전하지는 않다. 아직 전체 염색체의 8% 정도에 해당하는 이질염색질(heterochromatin) 부위는 해석하지 못했고 작동하지 않는 유전자도 많이 남아 있어 아직 해결해야 할 부분이 상당하다. 하지만 유전체학(omics)이 어느 정도 성과를 거둔 것은 사실이며 유전자가 실제로 어떻게 작동하는지 알기 위해 mRNA, 단백질 등으로 이러한 연구 방식이 확장되고 있다. 유전체학 연구는 일반적으로 컴퓨터를 이용해 대량의 정보를 분석하기에, 이는 생물정보학(bioinformatics)으로 통합되고 있다.

전문가들이 한결같이 꼽는 미래 유망 바이오 헬스 분야는 유전자 분석에 따른 맞춤형 의료 서비스 분야다. 인공지능, 빅데이터 플랫폼에서 정밀의학까지 다각도로 바이오 헬스의 미래에 대한 논의가 이루어지고 있다. 개인별 유전체, 환경요인, 생활습관에 따라 맞춤형 치료를 제공하는 정밀의료가 의학계의 대세로 다시 떠올랐다.

사실 맞춤의학(personalized medicine)이라는 용어가 정밀의학(precision medicine)으로 정의된 것이다. 미 국립연구회의(National Research Council)는 '맞춤의학'이라는 단어가 사람들에게 개별적인 치료제나 기구 등을 만들어내는 것으로 인식될까 우려했다. 정밀의학이란 개인의 유전정보, 질병정보, 생활정보 등을 토대로 보다 정밀하게 개인을 분류하고 이를 활용하여 효과적인 치료 방법을 선택한다는 점에서 맞춤의학 개념을 구체화한 것이다. 최근에는 대규모 유전체 정보분석뿐 아니라 선제적인 헬스케어 서비스 제공까지 포함하는 개념으로 발전하고 있다.

맞춤형 정밀의학을 현실로 만들기 위해서는 빅데이터 구축이 필수다. 개인 데이터가 모여야 어떤 유전체를 가진 사람들이 어떤 질병에 잘 걸리고, 어떤 생활습관이 발병률을 높이는지 알 수 있기 때문이다. 빅데이터와 함께 신약과 의료기기 개발을 쉽고 빠르게 도와주는 인공지능 기술의 발전은 개인 맞춤형 정밀의학의 미래를 밝게 한다. 그래서였을까? 바이든은 인프라, 재생에너지 외에 헬스케어 부문 투자를 강화하겠다는 의지를 표명했다.

시계를 거꾸로 돌려 2015년 1월 버락 오바마 대통령 시절로 가보자. 그는 정밀의학 추진계획(Precision Medicine Initiative)을 내세웠다. 암 치료와 관련한 예를 들어보자. 세포독성항암제 임상시험은 대규모 환자들을 대상으로 하는데, 평균적으로 전체 환자 중 20% 정도만 효과를 본다고 한다. 그러니 많은 사람이 필요 없는 독한 항암제를 맞으며 고생하는 셈이다. 이에 반해 정밀의학은 특정 유전자 변이만을 공격하고 개인별 유전체 정보 분석 결과를 기반으로 맞춤형 약을 투여하므로, 암 환자들이 예전보다 불필요한 고생을 덜 하게 된다.

오바마는 같은 연장선에서 2016년에는 암 정복을 위한 '문샷 (Cancer Moonshot)' 프로그램을 발표하며 이를 지휘할 인물로 바이든 당시 부통령을 지목했다. 바이든은 2015년 뇌종양(뇌암)으로 장남을 잃는 불행을 겪었다. 오바마는 암을 정복하기 위해 2016년에 향후 2년간 10억 달러(약 1조 2000억 원)를 연구비로 책정한다는 계획을 발표했다. 문샷이라고 부르는 이유는 예전에 케네디 대통령이 달에 사람을 보내겠다고 선언을 하고 그 뒤로 미국 정부가 총체적 역량을 모아서 성공적으로 아폴로 우주선을 달에 보냈듯이 암 정복 프로젝트를 실행하겠다는 뜻이다.

이는 정부 기관 이외에 민간 기업, 학교, 연구소까지 두루 포함해 진행하는 프로젝트이다. 바이든은 아들이 뇌종양으로 죽고 나서 개인적으로 암 연구에 영향력을 행사하고 싶다고 공식적으로 선언한 바 있다. 바이든은 암 예방과 암을 일으키는 바이러스에 대한 백신 개발, 암 조기 진단법, 면역치료와 복합 치료법, 암세포와 그 주위 세포의 게놈 분석, 더 나은 자료 공유 시스템을 발표했다. 영국도 2017년까지 자국민 10만 명의 유전체를 분석하는 프로젝트를 진행했고, 중국은 향후 15년간 유전체 분석 맞춤의학 투자계획을 발표했다. 모든 인간을 하나의 종으로 보고 치료하는 것보다 정밀의학처럼 유전체 분석으로 카테고리별로 구별해 맞춤의학을 제공하는 방식이 바이오 헬스의 미래가 될 것이다.

정밀의료 혹은 정밀의학이 개인 맞춤형으로 의료의 패러다임을 바꾸게 되면서 의약품과 치료법에 있어서도 많은 변화가 일어나고 있다. 기존의 의약품은 개인별, 민족별, 인종별 특징에 따른 유전적 차이를 구분하지 않고 개발되었다. 그래서 약효가 50% 수준에 그치고 있다.

스마트 헬스 시장의 확대

최근 건강에 대한 관심으로 손쉽게 자신의 식사량이나 혈압, 운동량 같은 건강 상태를 기록하고 관리하는 '자가 건강 측정' 트렌드가 퍼지고 있다. 웨어러블 디바이스는 우리 몸에 밀착돼 지속해서 생체정보를 파악할 수 있게 만든다. 다양한 정보통신기술(ICT), 의료기술, 빅데이터는 인공지능과 결합해 헬스케어 산업에서의 혁신 서비스를 창출하고 있다. 그 결과 의료 데이터가 빠르게 증가하고 있고, 이를 빅데이터로 분석하고 활용하는 방안이 중요한 과제로 주목받고 있다.

전통적 헬스케어 기업이 아닌 구글, 애플, 마이크로소프트, IBM 같은 기업들은 스마트 헬스 시장의 주도권을 확보하기 위해 적극적인 투자와 인수합병을 진행하고 있다. 아마존의 제프 베이조스, 마이크로소프트의 빌 게이츠 등도 암 조기 진단 연구에 자신들의 개인 자금 수백억 원을 투자할 만큼 세계적으로 큰 관심을 모으고 있으며, 글로벌 시장의 규모는 몇백조 원에 이를 것으로 예측된다. 구글 알파폴드(AlphaFold) 인공지능은 단백질 설계도를 제공하면서 치료제나 신약 개발의 핵심 기술을 지원한다. 감염병 바이러스 게놈 데이터 공유 프로젝트인 국제 인플루엔자 데이터 공유기구(GISAID)도 가동 중이다.

디지털 기술이 의료를 혁신함에 따라 IT와 의학, 헬스케어의 영역이 점차 허물어지고 있다. 과거에는 의료기기 회사나 제약 회사들의 영역으로만 여겨지던 분야에 글로벌 IT 기업의 진출이 활발해지고 있다. 이에 따라 기존 사업 분야를 침범당하는 제약사의 고민은 깊어지고 있다. 바이러스 게놈 분석 국제 프로젝트인 넥스트 스트레인(Nextstrain)을 통해 다각도로 게놈 정보 분석이 이루어지고 있다. 개인이 자신의 유전체 데이터를 암호화시켜 안전하게 공유하고 분석하면 어떨까? 블록체인 기술을 이용한 개인 유전체 데이터 공유 플랫폼이 새로운 혁신을 만들어낼지 기대감을 가지고 지켜보자.

울산 만 명 게놈 프로젝트와 한국인의 표준 게놈 지도

게놈 해독은 백신 개발처럼 국가적으로 경쟁이 치열하다. 2017년까지만 해도 미국 국립생물공학정보센터(NCBI, National Center for Biotechnology Information)에 등록되는 유전체 데이터가 약 2년마다 2배씩 증가했다. 이 기록은 2018년 갱신돼 7개월마다 2배씩 증가하는 추세로 바뀌었다. 데이터는 점점 빠르게 모이고 있다.

2012년 영국 캐머런 수상이 발표한 영국 10만 명 유전체 프로젝트는 공공기업인 지놈 잉글랜드(Genomics England)가 설립된 이후 5년 만인 2018년 10만 명 유전체 해독을 모두 완료했다. 현재는 500만 명 게놈 해독을 진행 중이다. 2016년 100만 명 게놈 해독을 선언한 중국은 최근 20만 명 이상의 게놈 해독을 완료한 것으로 알려졌다. 한국보다 후발주자인 일본은 3000명 게놈 해독을 끝냈다. 영국·미국·중국 등 세계 주요국들이 '100만 게놈 프로젝트'를 향해 달리고 있다. 자국민 100만 명의 유전체 빅데이터를 분석해 예방의학과 정밀의학의 바탕으로 삼겠다는 취지다.

우리나라도 예외가 아니다. 정부는 '최대 100만 명 규모의 국가 바이오 빅데이터 구축' 계획을 발표한 바 있다. 미국은 게놈 프로젝트를 통한 민간 바이오 산업 육성에 더 큰 방점을 찍고 있는 반면, 영국은 공공의료 복지에 중점을 두고 있다. 중국도 게놈 확보뿐 아니라 관련 장비 개발을 위해 빠르게 움직이고 있다. 누가 더 많은 인간 게놈 빅데이터를 확보하느냐가 곧 그 나라와 기업 생명과학 산업의 열쇠다.

같은 맥락에서 '울산 만 명 게놈 프로젝트'는 단백질 설계도를 분석해 유전자 변이도 알고 사람들이 어떤 병에 취약한지를 분석하고 진단하며 맞춤형 처방을 내리기 위한 프로젝트다. 수많은 '나'가 모여 '우리'라는 하나의 표준 게놈 지도를 만들고, 이를 다시 나의 유전자 지도와 비교해 본다. 이를 통해 자신이 통상적인 한국인과 어떤 유전적 차이를 보이는지 알 수 있다. 한국인의 표준 게놈 지도를 만들고 신약을 개발해 바이오 헬스 분야의 새로운 지형을 그리겠다는 포부는 정밀의학과 궤를 같이한다. 낮아진 게놈 분석 비용과 적정 수의 게놈 정보 제공 인원 확보로 유전자 정보 분석이 단행되었다. 표준 변이체 정보를 작성하고 게놈 기반의 진단과 치료의 상용화에 기여하고자 시작한 프로젝트이다.

이 덕에 울산에 사는 한국인 1만 명의 유전정보를 담은 유전자 지도가 구축됐다. 1만 명은 한국 국민을 대표할 수 있는 최소 단위다. UNIST와 울산시는 건강한 사람 4700명과 질환자 5300명을 포함해 한국인 약 1만 명의 게놈을 해독하는 울산 만 명 게놈 프로젝트를 2021년 4월에 완료했다. 2016년에 시작해 5년 만의 일이다. 한국인의 게놈이 대규모로 해독된 것은 이번이 처음이다. 유전자 지도를 분석하면 염기서열이 달라져 변이가 생긴 단백질을 찾아낼 수 있고 이를 이용해 질병의 원인도 알아낼 수 있다. 개인 맞춤형 치료인 정밀의학이 가능해지는 셈이다.

이 프로젝트에 참가한 바이오 기업이자 UNIST의 교원벤처인

클리노믹스는 이 프로젝트를 공동으로 수행하면서 한국인의 표준 변이체 분석을 공동 연구했다. 또한 이를 활용하여 다양한 질병, 특히 우울증과 자살 위험을 분자적으로 예측하는 방법을 공동 발명했다. 한국인 게놈 지도 완성으로 암이나 희귀병도 모두 치료할 수 있는 시대가 오기를 기다려본다. 게놈은 바이오 산업의 반도체로, 많은 나라가 개인의 해독된 게놈 정보를 핵심 공공데이터로 구축해 바이오 산업 경쟁력 강화에 나서고 있다. 울산 만 명 게놈 프로젝트는 한국인의 유전적 다형성을 정밀하게 지도화했다. 클리노믹스의 주인공 UNIST 박종화 교수의 말을 들어보자.

"인간이 게놈을 해독한 것은 인류와 우주의 기원을 전과 후로 나눌 수 있는 엄청난 성과다. 20세기까지는 자연 선택으로 우주 속 생명체가 살아왔다. 이게 우주 진화의 역사다. 이제 인간이 자신의 게놈을 해독하고 편집해 원하는 대로 스스로 코딩할 수 있는 세상이 열렸다. 이 다음은 이런 특이점에 이른 과학기술을 어떻게 사용할 것인가, 즉 윤리·철학의 문제가 남는다. 나는 현대 과학기술의 발전 단계를 IT(정보기술)-NT(나노기술)-BT(바이오기술)-MT(의료기술)-PT(철학기술)로 정의한다."

그는 유전공학의 발달로 사고만 안 나면 죽지 않는 영생의 세상이 열릴 것이라고 본다. 이런 세상이 오면 헬스산업뿐 아니라 반대로 '자살 산업' 같은 것도 생겨날 수 있다고 하니 놀랍다. 일단 지금은 인간의 수명이 150세 정도로 늘어나는 것으로 이해하고 싶다. 갑자기 국민연금, 노령연금 같은 여러 문제가 생각나 머리가 뒤숭숭해진다.

"게놈을 해독해 DNA 돌연변이를 잡아내고, 진단과 치료를 하는 게 1.0이라면, DNA를 넘어서 RNA, 단백질까지 조절하는 게 2.0이다. 노화 극복의 열쇠가 여기에 있다."

박종화 교수의 말이 귓전에서 한참 울리고 있다.

유전자 시장의
확대와 명암

테라노스, 엘리자베스 홈즈의 사기극

2014년, 혈액검사 신생기업 테라노스(Theranos)와 창업자 엘리자베스 홈즈(Elizabeth Holmes)가 세계 정상에 올랐다. 홈즈는 한때 '여자 스티브 잡스'로 불렸다. 그녀는 스티브 잡스처럼 검은색 폴라티를 자주 입었다. 테라노스는 이 여성이 생각해 낸 혁명적인 아이디어에 의해 탄생한 기업이다. 테라노스는 약 90억 달러(약 10조 원)의 가치가 있는 실리콘밸리의 유니콘 기업 중 하나였다. 피 몇 방울만 직접 뽑으면 수백 가지 질병을 진단할 수 있는 획기적인 진단기기를 개발했다는 발표에 기업가치는 무려 90억 달러까지 뛰었다. 홈즈는 미국 스탠퍼드대학교(Stanford University)를 중퇴하고

19세에 스타트업 테라노스를 창업했다.

하지만 모든 것이 무너져 내렸다. 홈즈가 말한 기술이 사실상 허구라는 의혹이 제기되며 테라노스 사건은 실리콘밸리 희대의 사기극으로 막을 내렸다. 한때 실리콘밸리에서 가장 떠오르는 의학 유니콘 기업이면서, 다양한 특허를 내놓으며 성공적으로 사업을 이끌어가던 회사가 나락으로 떨어졌다. 2015년 기준 홈즈는 포브스 선정 최연소 자수성가 여성 억만장자였다. 만 31세에 순자산만 45억 달러에 이르렀다. 스탠퍼드대학교를 중퇴한 것도 그녀의 지적 이미지를 만드는 데 한몫을 했다.

테라노스가 내세우는 슬로건을 보자.

"작은 피 한 방울이 모든 것을 바꾼다(One tiny drop changes everything)."

슬로건에서 알 수 있듯이 홈즈가 개발한 메디컬 진단 기기 TSPU(테라노스 샘플 처리 장치, 다른 이름은 '에디슨' 혹은 '미니랩')는 몇 방울의 피로 240여 가지 질병을 사전에 검사할 수 있으며 검사 비용도 기존 검사의 10% 수준으로 저렴했다. 혈관을 찾기 어려운 노인과 어린아이, 주삿바늘 공포증이 있는 사람들의 위험뿐만 아니라 비용 부담까지 덜어줄 것으로 보여 당시 높은 평가를 받았다.

그러나 테라노스의 기술에서 결점과 부정확함이 드러났고, 이를 은폐하기 위한 홈즈의 여러 시도도 밝혀졌다. 테라노스 내부

고발자들의 정보 덕분에 자체 기술의 효용 없음이 알려진 것이다. 《월스트리트 저널》에 테라노스는 대부분의 테스트를 수행하는 데 자체 기술을 사용하지 않고 있다는 내용의 기사가 실렸다. FDA의 조사가 뒤따랐고 기사가 정확하다는 것이 입증되었다.

테라노스의 반응은 놀라웠다. 처음에 홈즈는 그녀와 회사를 상대로 한 주장을 격렬하게 부인했다. 그럼에도 불구하고 2018년에 홈즈는 CEO직에서 물러났다. FBI의 조사에 따라 회사가 공식적으로 문을 닫았고, 회사의 사기 행위를 몰랐던 수천 명의 직원들은 불확실한 미래와 마주하게 되었다. 홈즈는 연구소와 시험 센터를 폐쇄할 수밖에 없었고 결국 모든 운영이 중단되었다.

홈즈는 야심차게 스탠퍼드대학교를 중퇴한 여성에서 사기 혐의로 재판을 받고 있는 창업자가 되었다가, 결국 사기꾼으로 전락했다. 테라노스의 기기는 몇 가지 질병만을 검사할 수 있을 뿐 암 같은 주요 질병은 검사할 수 없었다. 《포브스》가 선정한 세계 400대 부자 중 110위, 자수성가형 여성 부자 50위 중 1위를 차지했던 홈즈는 테라노스 기술이 사실상 허구라는 것이 밝혀지며 모든 것을 잃고 법의 심판을 받게 된다.

2020년 9월, 그녀는 투자자들과 환자들을 속인 사기 등 12건의 혐의를 받고 재판에 회부되었다. 그녀의 변호사들은 그녀가 순진한 사업가일 뿐이라고 말했다.

"실패는 범죄가 아닙니다. 열심히 노력했는데도 부족한 결과가 나왔다고 범죄로 몰아서는 안 됩니다. 이 재판이 끝날 때쯤, 여러분은 정부가 악녀라고 부르는 한 인간이 실제로 살아 숨 쉬는 동안 최선을 다한 인간이었다는 것을 알게 될 것입니다. 그녀는 결백합니다."

캘리포니아에서 열린 재판에서 홈즈는 자신에 대한 모든 혐의를 부인했다. 테라노스는 실패했고 홈즈는 빈털터리가 되었다. 그녀가 돈이 아닌 인류에 대한 사명 때문에 열심히 일했으며 회사에서 끌어내려지는 마지막 날까지 임무를 수행했다는 변호인의 주장은 사실일까? 최연소 여성 억만장자가 됐던 홈즈는 2022년 1월, 6년 만에 유죄 평결을 받았다.

이 이야기는 다큐멘터리, 팟캐스트, 책의 소재가 되었다. 한 TV 미니시리즈와 헐리우드 영화 제작 소식도 들려온다. 「디 인벤터: 아웃 포 블러드 인 실리콘밸리(The Inventor: Out for Blood in Silicon Valley)」는 오스카상을 수상한 알렉스 기브니(Alex Gibney) 감독이 제작하고 감독한 다큐멘터리 영화로 2019년에 개봉되었다. 여하튼 홈즈가 말한 피 한 방울은 과장이고, 데이터 확보가 가능한 4ml의 양이 확보되어야 한다는 것이 정설이다.

액체생검의 발달과 동반진단

21세기에서 가장 부각되는 글로벌 시장이 액체생검(liquid biopsy)

분야이다. 비록 홈즈는 사기꾼이었지만, 정말 혈액으로 암을 진단할 수는 없을까? 정밀의료는 암 질환의 진단과 치료에 적극적으로 도입되고 있는데, 그 중심인 진단 분야에서 액체생검 기술이 주목받고 있다. 액체생검은 말 그대로 혈액, 소변, 척수액 등을 이용해 암 또는 다양한 질병을 진단하는 것이다. 무엇보다도 진단을 채혈로 할 수 있어 새로운 블루오션으로 주목받고 있다. 액체생검 중 가장 활발한 영역은 혈액을 이용해 암의 돌연변이 유전자를 진단하는 혈액생검이다.

그동안 암 진단에서 흔하게 사용되던 방법은 조직생검(tissue biopsy)이었다. 조직 채집을 위해서는 내시경이나 주삿바늘 같은 도구를 이용한다. 목표 조직 피부를 수술용 메스나 의료용 드릴 등으로 뚫고 들어가는 침습적(invasive) 접근을 해야 하므로 의사는 물론 환자에게도 부담이 있다. 조직생검의 문제는 종양조직이라고 해도 채집 위치나 성향에 따라 생물학적 특성이 다르게 나타날 수 있다는 점이다. 조직생검을 했더라도 정보의 정확성을 판별하기 어려울 수 있다. 액체생검은 1869년 호주 의사인 토마스 애슈워스(Thomas Ashworth)가 혈액 속 순환종양세포가 암 전이와 관련이 있다고 보고하면서 알려졌다. 그리고 2000년대 초반에 혈액 내 암세포 분리기술이 완성되면서 주목받게 된다.

순환종양세포는 악성종양 환자의 말초혈액에서 발견되는 종양세포이며, 원발종양과 전이가 진행된 조직으로부터도 유래된다고 알려져 있다. 혈액생검은 산모를 진단하는 과정에서 태아의 성별,

발달장애, 조산여부를 발견할 수 있는 지표로 사용되어 왔다. 임신 주차별로 산모의 혈액을 채취하여 조사해 보니 산모의 혈액에 태아의 RNA가 30~40개 존재하고 특정한 패턴을 보여 임신주기를 예측하는 데 도움이 되었다. 조산 위험성이 있는 산모는 집중 의료 관리가 가능하다. 태아, 신생아 서비스는 신생아가 많이 태어나는 동남아시아 시장에서 사용률이 급증하고 있다. 지금은 암을 진단하는 분리기술이 발전하면서 암 분야로 확대 적용되고 있는 상황이다. 그전에는 DNA 분석이 액체생검의 주된 대상이었으나 RNA에 대한 관심이 고조되고 있다.

미국 FDA가 지난 2016년 6월 폐암의 유전자 변이를 혈액으로 검사할 수 있는 진단기기(Cobas EGFR Mutation Test v2)를 승인하면서 세계적으로 혈액생검이 가능해졌다. 우리가 처음 살펴본 23앤드미는 결국 액체생검 기업임을 기억해야 한다.

똑같이 두통이 있어도 어떤 사람에게는 아스피린이 잘 듣고 어떤 사람에게는 게보린이 잘 듣는다. 모든 약제가 모든 사람에게 듣는 것은 아니다. 오히려 어떤 사람에게는 치명적인 독이 될 수 있다. 왜 같은 약제가 사람마다 다르게 효과를 보일까? 개인마다 약물의 흡수, 운반, 이동, 대사, 작용 등에 관여하는 유전자가 다르게 발현하기 때문이다. 같은 폐암 환자라도 각기 다른 약을 투여해야 하는 이유이다. 암의 원인이라 할 수 있는 체세포 변이의 양상도 암 환자마다 다르게 나타난다. 이런 개인의 특성을 고려해 치료하는 것을 표적치료(target therapy)라 부른다. 정밀한 치료를 위해 치료 전 유전자 검사와 같은 선별검사를 통해 선정된 환자에게 다른 치료제를 사용하는 것이 새로운 치료패턴이 되고 있다. 이때 특정 약물이 환자에게 효과가 있을지 미리 알아보는 진단법을 동반진단(companion diagnostics)이라고 한다.

동반진단은 최근 항암제 개발을 위한 필수 수단이 됐다. 신약 후보물질이 품목 허가 승인을 받을 확률을 배 이상으로 높여준다. 바이오 마커(bio-marker, 생체표지자)는 단백질이나 DNA, RNA, 대사물질 등을 이용해 몸 안의 변화를 알아낼 수 있는 생화학적 지표이다. 바이오 마커를 활용하면 생명체의 정상 또는 병리적인 상태, 약물에 대한 반응 정도 등을 객관적으로 측정할 수 있다.

예를 들어 트림28(trim28)이라는 단백질은 폐암 조직에서 확연히 농도가 높다. 실제 트림28 단백질이 인위적으로 많이 만들어지도록 유전자를 조작한 세포모델에서 폐암의 증식이나 이동이 심해지는 것을 확인했다. 이처럼 바이오 마커는 암을 비롯해 뇌졸중, 치매 등 각종 난치병을 진단하기 위한 효과적 방식으로 각광받고 있다. 이를 신약 개발 과정에 반영할 수 있어 안전성 확보는 물론 비용 절감 효과까지 바라볼 수 있다. 결국 바이오 마커는 약효 유무를 알려주는 유전자라 할 수 있다. 신약 개발 시 바이오 마커가 양성으로 나타나는 환자만 골라 임상을 하면 좋은 결과를 얻을 가능성이 그만큼 높아진다. 동반진단 키트로 100~300개 유전자를 한 번에 분석해 환자별 바이오 마커 발현 여부를 확인하면 임상 성공률을 높일 수 있다. 환자마다 다른 맞춤형 치료가 가능하다. 정밀의학으로 질병 예측과 맞춤형 치료가 가능한 때가 빨리 다가오면 좋겠다.

mRNA가 낳은 포스트 코로나 스타

2020년 6월 이후 화이자, 모더나, 아스트라제네카(Astrazeneca)의 임상3상 결과가 각각 11월 7일, 16일, 23일 발표됐다. 20세기에도 보건 불평등 해결은 세계적인 이슈다. 예방 프로그램의 일환으로 백신을 개발하고 허가한 후 시행하는 것이 중요 과제였다. 백신 접종이 세계 국민의 건강에 미치는 영향은 지대하다. 안전한 식수를 제외하고, 사망률 감소와 인구 증가에 백신만큼 큰 영향을 미친 것이 있을까. 질병과 사망에 대처하기 위한 예방접종 백신 개발은 21세기에도 계속된다.

화이자는 코로나19 백신 중 가장 먼저 임상3상 결과를 발표하고 12월 10일 응급사용을 허가받았다. 미국 질병통제예방센터(CDC, Centers for Disease Control and Prevention)는 자문위원 14명 중 11명의 찬성으로 화이자의 코로나19 백신 사용을 권고했다. 대상 연령층은 '16세 이상'이다. 다른 3명의 위원은 이해 충돌을 이유로 백신 사용 권고안 표결에서 기권했다. 그 결과 미국 제약사 화이자와 독일 바이오엔테크가 공동개발한 코로나19 백신이 팬데믹 종식의 시작이 될 것이란 기대감이 팽배해졌다. 미국 FDA

가 화이자의 코로나바이러스 감염증 백신의 긴급 사용을 승인한 직후다.

화이자 백신은 mRNA에 기반한 백신이다. mRNA는 메신저 RNA라고도 하며 인체에 단백질을 만드는 법을 알려주는 유전물질이다. 화이자 백신은 4만 3000여 명(글로벌 인구 42%, 미국 인구 30%)을 대상으로 임상을 했고, 95% 수준의 효능을 입증하는 데 성공했다. 전체 백신 투여군 중에서 3등급 이상 부작용은 2% 내외에서 발생해 안전성도 충분했다. 코로나에 취약한 65세 이상 노인 인구 효능도 94% 수준이고, 이미 감염된 대상군에서도 안전성 관련 별다른 차이가 없었다.

동일한 mRNA 기반 백신인 모더나 제품을 보자. 화이자와 모더나의 mRNA 백신은 모두 중화항체를 생성시킨다. 코로나 바이러스에 특화된 킬러 T세포를 형성하고 장기 면역 기억을 형성할 수 있어서 6개월 이상 코로나19 감염을 예방할 수 있다. 전 세계가 백신 개발에 환호한 가운데, 과학계가 특히 두 회사의 코로나19 백신을 반겼다. 이들이 개발에 성공한 'mRNA 백신'이 코로나뿐 아니라 여러 감염병, 그리고 암까지 극복할 수 있는 잠재력을 지녔기 때문이다.

모더나와 화이자의 백신을 몸에 주입하면 mRNA의 유전정보대로 세포 소기관이 코로나 바이러스 표면의 돌기를 만들어낸다. 이 돌기는 실제 바이러스가 아니어서 무해하지만, 우리 몸은 이를 이용해 코로나바이러스에 대응할 면역반응을 시작한다. mRNA 백신의 가장 큰 장점은 실제 바이러스를 쓰는 백신에 비해 만들기가 매우 쉽다는 것이다. 바이러스나 단백질 같은 생체 물질은 배양 과정이 매우 복잡하지만, RNA는 화학 합성이 쉬워서 실험실이나 공장에서 대량으로 만들 수 있다. 특정 바이러스의 유전자 정보만 알아내면 컴퓨터로 원하는 mRNA의 조합을 설계하고 통상의 화학 물질처럼 만들면 된다.

RNA 백신은 몸 안에서 단백질을 많이 만들어내지 못하고, 잘못하면 단백질을 만들기 전에 분해되어 버리기 십상이란 것이 종전까지의 단점이었다. 이 문제는 RNA 합성과 변형 기술이 발전하면서 해결되었다. 지방 나노 입자로 mRNA를 감싸는 기술이 개발된 덕분에 mRNA가 체내에서 오래 유지될 수 있게 된 점도 mRNA 백신의 탄생을 이끈 요인이다. 그럼에도 mRNA는 여전히 불안정한 물질이어서 화이자 백신은 영하 70도에서 보관해야 한다. 모더나는 지방 나노 입자 기술을 발전시켜 백신 보관 온도를 영상 2~8도까지 올렸다.

질병 감염을 예방하기 위한 인간의 준비는 서기 1500년 이후 역사적으로 설명되어 왔다. 천연두 백신은 1798년에 개발되었다. 적절한 백신 항원을 추출하기 위한 연구개발은 거의 한 세기나 걸렸다. 루이 파스퇴르(Louis Pasteur)는 1863년 미생물 때문에 음식이 썩고 사람들이 질병에 걸린다는 것을 발견한다. 음식을 끓이거나 광선을 쏘거나 산소를 없애는 등의 개발이 시작되었다. 20세기 전환기에 닭 콜레라, 탄저병, 광견병 백신이 만들어진 것을 생각해 본다. 박테리아 백신은 열이나 화학물질을 통해 박테리아를 치료하고 죽이는 방법으로 확립된다. 19세기 말 장티푸스와 콜레라 백신이 개발되었다. 1923년 알렉산더 글레니(Alexander Glenny)와 바바라 홉킨스(Barbara Hopkins)는 포름알데히드로 세균 독소를 비활성화하는 방법을 개발해 디프테리아와 파상풍 독소 백신 개발을 유도했다.

20세기 말에는 분자생물학의 혁명이 일어났고 미생물학과 면역학에 대한 통찰력도 깊어져 병원균과 예방접종의 반응을 더 정확히 이해하게 되었다. 분자 유전학과 게놈 염기서열 분석은 인플루엔자 및 로타바이러스 백신과 같이 다양한 종류의 상피를 가진 RNA 바이러스에 대한 백신 개발을 가능하게 했다. DNA 조작과 절개를 통해 B형 간염 바이러스 벡터에 대한 표면 항원을 사용할 수도 있게 되었다.

코로나19 백신 개발은 2020년 중국에서 심각한 급성 호흡기 질환을 유발한 코로나19가 출현해 세계적으로 확산되면서 시작됐다. 지금까지의 인류 역사를 보면 백신 사용은 인구 규모를 감안할 때 매우 유익했으며 비용 측면에서도 효율적이어서 다른 공중 보건 개입과 비교할 수 없는 정당성을 확보해 왔다. 모더나와 화이자를 보면 나의 뿌리를 아는 보건 경제학의 원리가 얼마나 위대한지를 알 수 있다.

우선 모더나를 보자. 이 회사는 원래 미국 하버드 의대의 줄기세포 연구자가 10년 전 세운 회사이다. 처음엔 인체에 RNA를 주입해 치료용 줄기세포를 만들려 했지만 2014년 백신 개발로 방향을 바꿨다. RNA 합성과 변형에 대한 노하우를 10년 동안 확보한 덕분에 중국 연구진이 2020년 1월 코로나19 바이러스의 유전정보를 공개하자마자 바로 백신이 될 mRNA를 합성할 수 있었다. 컴퓨터로 mRNA 설계도를 만들기까지는 이틀밖에 걸리지 않았다. 처음부터 전염병예방혁신연합(CEPI, The Coalition for Epidemic Preparedness Innovations), 미국 정부의 워프 스피드 작전(Operation Warp Speed) 프로젝트에서 대규모 연구비를 지원받은 점도 임상을 빨리 진행할 수 있었던 배경이다. 백신에 대한 연구개발 투자가 경제성장을 이끈다는 점을 잊어서는 안 된다.

다음으로 화이자를 보자. 세계 최대급 제약회사인 화이자의 부사장은 2020년 1월 독일의 한 무명 바이오 기업 바이오엔테크 최고경영자에게서 전화를 받는다. 코로나19 백신을 같이 개발해보자는 내용이었다. 화이자 측은 바이오엔테크가 보유한 mRNA 기술로 백신을 만든 전례가 없었던 데다 사스(SARS, 중증급성호흡기증후군)와 메르스(MERS, 중동호흡기증후군)처럼 코로나19 사태 역시 곧 끝날 것이라고 생각해서 제안을 거절했다. 이후 다시 연락이 오자 화이자 측은 제안을 받아들였다.

바이오엔테크는 터키 이주 노동자 가정 출신의 박사 부부가 2008년 창업했다. 이들 부부 과학자는 결국 9개월 만에 백신 개발에 성공했다. 바이오엔테크의 성공 스토리도 화이자 등의 수많은 거절을 딛고 이뤄진 셈이다. 이들이 쓴 논문은 코로나19가 사람 간 전염이 가능하다는 사실을 처음 규명했다. 두 백신을 보며 뿌리에 대한 이해가 세계에 백신을 제공하였음을 깨닫는다.

내 유전자에 꼭 맞는 서비스의 시작

바이오 산업은 크게 농수산·축산·식품 등으로 구분되는 그린 바이오(Green Bio), 환경·해양·에너지·소재 등 바이오 화학 분야인 화이트 바이오(White Bio), 의약품 등 보건의료 분야인 레드 바이오(Red Bio)로 구분된다. 글로벌 바이오 산업 시장에서 레드 바이오가 차지하는 비중은 절반을 훨씬 상회하여 가장 큰 규모이다. 레드 바이오는 생명공학이 의학·약학 분야에 응용된 개념으로 혈액의 붉은색을 본따 붙여진 명칭이다. 암과 같은 난치병 등의 질병 치료를 위한 바이오 의약품을 개발하는 분야로 재조합 기술, 항체 기술, 세포치료 기술 등이 필요하며 현재 바이오 산업의 핵심이다.

　수명이 늘어나면서 사람들은 젊어 보이고 싶어 한다. 유전자 기반 주름 관리 서비스를 생각해 보자. 유전자 분석업체 메디젠휴먼케어에 따르면 이용자는 유전자 검사 키트로 자신의 입안을 긁어 구강 상피세포(입안 표면 세포)를 피부과에 제공하면 된다. 메디젠휴먼케어는 콜라겐 흡수력에 영향을 미치는 유전자 등을 분석해 결과를 보내준다. 이를 통해 이용자는 피부과에서 분석 결과를 반영한 시술을 받을 수 있다. 자신에게 맞는 화장품도 주문할 수 있다. 유전적 특성을 반영한 여드름 완화, 피부 탄력·미백 개선 서비스는 기본이다. LG생활건강의 일부 화장품 대리점에서도 피부와 모발 유전자 검사를 하고 있다. LG생활건강과 유전자 분석업체 마크로젠이 세운 합작 법인 미젠스토리가 제공하는 서비스다.

유전자 맞춤형 웰니스(건강 증진) 컨설팅도 한몫하는 사업이다. 테라젠이텍스는 유전자 검사를 기반으로 하는 건강기능식품 컨설팅 서비스 '젠스타트'를 출시했다. 서비스를 구매하면 직원이 소비자를 찾아가 구강 상피세포를 추출해 테라젠이텍스에서 혈압, 체질량지수 등과 연관된 유전자를 분석한다. 이 검사 결과를 바탕으로 건강기능식품을 추천해 줄 수 있다.

맞춤 운동법은 어떨까? 대형 피트니스센터와 협력해 운동 방법을 컨설팅하는 서비스도 가능하다. 유전자 검사로 유산소 운동에 대한 신체 반응, 근력 운동 효과, 부상 발생 위험 등을 미리 알아본 뒤 맞춤형 퍼스널 트레이닝을 하는 것이다. 다이어트 식단도 유전자 맞춤형으로 짤 수 있다. 유전자 검사 결과를 바탕으로 다이어트 효과를 높일 수 있는 도시락을 집 또는 직장으로 배달해 준다. 당뇨병, 고혈압 등 지병이 생길 유전적 위험이 높은 사람도 발병 위험을 낮출 수 있는 도시락을 배달받을 수 있다.

국내에서 DTC 유전자 검사 서비스 대상이 피부나 탈모 등으로 제한돼 있고, 병원을 거치지 않고는 에너지 대사율에 대한 유전자 검사를 할 수 없기 때문에 한계는 있다. 다양한 맞춤형 건강관리 서비스가 나오도록 유전자 검사 대상을 대폭 완화해야 한다.

바이오테크가 그리는
미래 투자 지도

유전자를 오리고 붙이는 유전자 가위

세상에 태어난 누구나 죽을 운명이다. 늙음으로 인한 죽음은 자연의 섭리일지라도, 갑작스럽게 특정 질병에 걸린다면 청천벽력이 아닐 수 없다. 사랑하는 가족과의 예고 없는 이별은 마음을 아프게 한다. 유전자를 교정하면 사람이 걸리는 대부분의 질병을 통제할 수 있을까? 특정 질병에 취약하거나, 질병이 포함된 유전자 문제를 개선함으로써 질환을 정복할 방법을 연구하는 것이다. 유전자 연구 분야 중에서도 가장 주목받는 기술이 있다. 바로 '유전자 가위(gene scissor)'다. 노벨상을 받고, 《네이처》 등 세계적 의학 권위지 등에서 잇따라 해당 기술에 주목하면서 유전자 가위 기술 연구는

유전자 가위의 원리

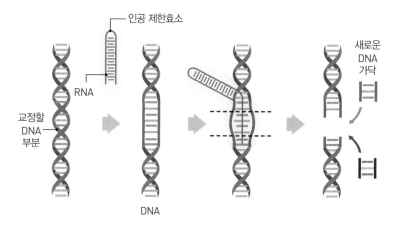

인공 제한효소를 교정할 DNA에 넣으면
효소가 DNA에 달라붙어 이중나선 구조
가 풀리고 DNA 한 가닥이 효소의 RNA
와 결합한다.

RNA가 끼어들어 들
어간 곳의 DNA를 인
공 제한효소가 양쪽
가닥 모두 잘라낸다.

잘린 DNA 사이로
새로 만든 DNA 조
각이 들어가 결합
한다.

생명과학계의 뜨거운 감자로 떠올랐다.

자연스레 투자시장에서도 유전자 가위 기술과 관련된 기업들
로 시선을 돌리게 됐음은 물론이다. 현재 한참 개발 중인 기술이
몇 년 후 질병 해결에 특별한 역할을 하게 된다면 관련 기업의 가
치도 천정부지로 치솟게 될 것이다. 유전자 교정은 미리 특정하게
조작된 인공 제한효소인 유전자 가위가 유전체에서 특정한 DNA
구간을 절단한 후 이를 수리하는 과정에서 원하는 유전자를 짜깁
기하듯이 빼거나 더하는 방식으로 이루어진다.

유전자 가위 기술은 1세대와 2세대를 거쳐 현재 3세대까지 발

전했다. 1세대 징크핑거 뉴클레이즈(ZFN), 2세대 탈렌(TALEN), 3세대 크리스퍼 캐스9(CRISPR CAS9). 3세대 크리스퍼 유전자 가위는 앞선 기술보다 정확도가 높고 활용도도 높은 것으로 알려져 있다. 무엇보다 이전 세대보다 저렴하고 대량생산이 가능해 다양한 개발 분야에 널리 사용될 수 있게 됐다는 점에서 획기적이라는 평가다.

《사이언스》는 3세대 유전자 가위인 크리스퍼 유전자 가위를 2015년 최고 혁신기술로 꼽았으며, 네이처와 네이처 메소드 역시 이를 중요 실험기법으로 소개했다. 크리스퍼 유전자 가위는 유전자의 특정 부위를 절단해 유전체 교정을 가능하게 하는 RNA 기반의 인공 제한효소다. 크리스퍼 유전자 가위는 유전자 변이로 생기는 유전병이나 에이즈와 같은 바이러스 질환을 치료할 수 있는 도구로 각광받고 있다.

실제로 크리스퍼 유전자 가위의 활용 범위는 혈우병 유전자 교정 실험부터 유전자 변형 작물까지 빠르게 확대돼 왔다. 유전자 가위를 이용해 근육량을 늘린 돼지를 개발한 것은 이미 유명한 사례다. 영국 정부가 인간 배아의 유전자 교정 실험을 최초로 허가하면서 더욱 크게 주목받고 있다. 하지만 유전자 가위가 잘못 작동해 교정이 필요한 위치가 아닌 엉뚱한 위치를 자를 수 있다는 우려 때문에, 안전한 유전자 교정 치료법 개발을 위해서는 유전자 가위의 정확성 확보가 큰 과제로 남아 있다. 환자의 유전자를 편집해 암세포에 대한 면역 능력을 높이거나, 선천성 질병이 있는 유전자를 교정하는 것은 얼마나 바람직한가.

제넨텍으로 본 유전자 재조합의 역사

글로벌 바이오의 역사를 보면 유전자 이야기를 빼놓을 수 없다. 미국 바이오 벤처의 역사를 이야기할 때 빼놓을 수 없는 것이 제넨텍(Genentech) 이야기다. 이 회사는 1976년에 MIT 출신의 벤처캐피탈리스트 로버트 스완슨(Robert Swanson)과 샌프란시스코 주립대학교(San Francisco State University) 출신 유전공학자 허버트 보이어(Herbert Boyer)가 공동 설립했다. 세계 최초의 바이오테크(생명공학) 회사라고 하겠다. 보이어는 유전자를 잘라 다른 유전자에 결합시킨 후 다시 세포에 집어넣는 '유전자 재조합' 기술을 개발했다. 이후 1976년 벤처 투자가인 로버트 스완슨과 유전자 재조합 기술을 상업화하기 위해 제넨텍을 설립했다.

제넨텍은 1978년 인슐린, 1979년 인간 성장호르몬 같은 바이오 의약품을 만들어내는 데 성공하면서 대학 실험실에만 머무르던 많은 학자를 비즈니스 세계로 나오도록 유도했다. 이후 지금까지 항암 항체치료제 리툭산, 허셉틴, 천식치료제 졸레어 같은 블록버스터급 신약을 개발하며 급성장했다. 2009년에는 468억 달러(약 54조 원)에 타미플루로 익숙한 로슈(Roche)의 자회사로 인수되었다. 제넨텍은 연간 매출액의 20~25%를 바이오신약 연구개발(R&D)에 투자했다. 신약을 개발하는 데는 평균 10년 이상의 기간과 수백에서 수천억 원의 비용이 소요된다. 성공확률이 1만분의 1 정도에 불과하지만 일단 개발에 성공하고 나면 그 수익성은 상상을 초월하니 성공한 바이오 기업의 주가에 높은 주가수익비율(PER)을 적용하는 것이 이해가 된다.

제넨텍이 던지고 글로벌 바이오테크가 실행하는 화두는 무엇일까? 우선 오픈 이노베이션(개방형 혁신)이다. 이를 통해 혁신적 성과를 달성하는 미국 바이오주를 바라보는 시선은 부러움이 가득하다. 그도 그럴 것이 오픈 이노베이션은 바이오테크에 대한 인식이 상상의 이론에 머물러 있던 것을 실현이라는 현실의 장(場)으로 옮겨 놓았다. 개발기간을 단축하고 혁신적으로 개발비용을 줄였다. 또한 자사가 실현할 수 없는 소비자의 욕구를 글로벌 빅파마(big pharmaceutical company, 대형제약사)와 제휴하거나 빅딜을 성사시키면서 충족시켰다. 미국과 유럽 등 전 세계에서 코로나19 대유행이 지속됐지만 글로벌 빅파마의 성장세는 지속되었다.

그중에서 돋보이는 것은 역시 미국시장이다. 그 비결은 산학연 클러스터에 있다. 미국 바이오테크의 눈부신 성장은 개방형 혁신 때문으로, 대표적인 바이오 클러스터 조성을 통해 혁신에 혁신을 거듭하고 있다. 미국 보스턴과 샌디에이고, 샌프란시스코에 조성된 바이오 클러스터가 주축이다. 보스턴의 경우 굴지의 글로벌 연구소와 학교가 집중되어 있다. 영국 케임브리지와 옥스퍼드에는 케임브리지대학교(University of Cambridge) 등 교육기관과 생어연구소(Wellcome Trust Sanger Institute) 같은 세계 최고 수준의 생명과학 연구기관뿐 아니라 존슨앤존슨, 화이자 등 대표적 제약사가 모여 있다. 그런 가운데 혁신이 일어나지 않는다면 오히려 문제가 아닐까?

바이오테크는 단순 신약의 시대를 넘어 유전자 편집의 신약으로 넘어가는 혁명적 변화를 이끌고 있다. 제약·바이오 산업은 2024년 반도체와 자동차를 뛰어넘는 수준으로 확대될 것으로 보이지만 우리나라의 위상은 미약하고 바이오주의 높은 주가는 정당화가 어렵다는 인식이 보편적이다. 2026년이 되면 글로벌 의약품 시장에서 바이오 의약품의 비중이 37%까지 확대될 것이라는 분석이 나왔다.

생명공학정책연구센터는 '글로벌 바이오제약 산업 2021 프리뷰 및 2026 전망' 보고서에서 글로벌 의약품 시장의 향후 움직임을 다음과 같이 전망했다. 글로벌 의약품 시장(전문 의약품＋일반 의약품)에서 바이오 의약품이 차지하는 매출 비중은 지속적으로 성장하고 있다. 2020년에는 바이오 의약품의 비중이 30% 수준인데, 2026년에는 약 37%에 달할 것으로 전망된다. 특히 2026년에는 매출 상위 100대 제품의 57%가 바이오 의약품이 될 것으로 예상했다. 상위 100대 제품에서 바이오 의약품이 차지하는 비중은 매년 상승해왔다. 지난 2012년에는 38%, 2020년에는 52%로 그 비중이 꾸준히 증가하는 상황이다. 이 같은 현상은 바이오 의약품의 가격이 높은 데 따른 것으로 풀이된다.

글로벌 제약 시장이 재편되고 있다. 여전히 미국은 독보적이지만, 시장의 강자였던 주요 8개국(미국, 일본, 캐나다, 영국, 프랑스, 독일, 스페인, 이탈리아) 위주였던 과거와 달리 제약 신흥시장이 부각되고 있다. 이른바, '파머징(파마＋이머징)' 국가의 비중 증대가 예상된다. 바이오테크가 눈을 돌리고 있는 신약 개발을 위한 핵심기술에는 유전자가 자리 잡고 있다. 유전자 가위, 유도만능 줄기세포, 유전자 편집 기술 적용 항암제 관련 기업이 주목을 받고 있다.

유전자 가위와 게놈 관련주

유전자 가위 원천 기술을 보유한 기업 중 미국 상가모 테라퓨틱스(Sangamo Therapeutics)는 1세대 징크핑거 기술을 보유하고 있다. 상가모는 미국 나스닥에 상장된 기업이다. 프랑스의 셀렉티스(Cellectis)도 2세대 탈렌 기술을 보유한 기업이다. 셀렉티스는 2015년 3월 나스닥에 상장됐다. 3세대 유전자 가위 기술을 보유한 회사 중에는 미국 에디타스 메디신(Editas Medicine)과 인텔리아 테라퓨틱스(Intellia Therapeutics), 스위스의 크리스퍼 테라퓨틱스(CRISPR Therapeutics)가 있다. 이들 회사도 모두 미국 나스닥 시장에 상장돼 있다. 국내 상장 기업 중에는 툴젠(Toolgen)이 있다.

ARKG 보유 상위 10종목(2022년 1월 기준)

	종목명	가중치(%)
1	Teladoc Health Inc	6.85
2	Exact Sciences Corp	5.00
3	Pacific Biosciences of California Inc	4.79
4	CareDx Inc	4.25
5	Regeneron Pharmaceuticals Inc	4.05
6	Vertex Pharmaceuticals Inc	3.64
7	Ionis Pharmaceuticals Inc	3.62
8	Fate Therapeutics Inc	3.58
9	Twist Bioscience Corp	3.56
10	CRISPR Therapeutics AG	3.04
		42.38

　캐시 우드는 이런 유전자와 관련된 게놈 관련 종목에 크게 베팅하고 있다. 2020년부터 앞으로 5년간 게놈 관련 종목이 높은 수익률을 낼 수 있을 것으로 보았다. 가장 큰 규모의 상승은 게놈 분야에서 일어날 것으로 보고 있다. DNA와 인공지능 기반 유전자 치료법이 질병을 치료할 수 있다고 믿기 때문이다. 헬스케어 종목은 아크인베스트의 ETF에서 가장 큰 부분을 차지하고 있다. 그중 아크 이노베이션(Ark Innovation) ETF 플래그십 펀드의 비중이 가장 크다.

　ARKG ETF는 2014년에 생겼으며 순수하게 게놈 관련 부분에 투자하고 있다. 유전자 편집업체인 크리스퍼 테라퓨틱스(Crisper Therapeutics)와 에디타스 메디신, 유전자 테스트 업체인 인비테(Invitae Corporation), 합성 DNA 제조업체인 트위스트 바이오사이언스(Twist Bioscience)가 포함되어 있다.

비바시스템즈는 클라우드 기반의 제약, 생활과학 산업에 관련된 업체로 아크 게놈 ETF에 편입되었다. 버클리 라이트(Berkeley Light)도 주목할 만한 기업이다. 셀 바이오 분야에 2020년 상장되었으며 우드(Wood) 역시 주목할 만하다.

아크 게놈 ETF는 롱뷰 스팩(Longview Acquisition Corp. SPAC) 업체에도 투자했다. 이 스팩은 휴대용 음향기기 업체인 버터플라이 네트워크(Butterfly Network)를 상장시켰다. 2020년 들어 아크 이노베이션 ETF는 170% 상승했으며 아크 게노믹 레볼루션(Ark Genomic Revolution) ETF는 215% 성장했다.

2021년 6월 27일 유전자 편집 기업 인텔리아 테라퓨틱스의 주가가 53.34% 폭등했다. 파트너사인 리제네론(REGENERON)이 '트랜스티레틴 아밀로이드 다발신경병증(TTR-FAP)'이라는 질병에 대한 유전자 편집 치료에 대한 1단계 연구에서 긍정적인 결과를 얻었다는 소식이 알려졌기 때문이다. 동일한 유전자 편집 기술을 가진 크리스퍼와 에디타스 메디신도 각각 13.5%, 17.1% 급등했다. 유전자 편집 기술로 치료제를 개발하는 업체들에 투자금이 몰리고 있다. 혁신 신약은 유전자, 세포치료제 분야에 집중돼 있으며 유전자 데이터가 신약 개발의 핵심 요소로 부각되고 있다.

우드의 유망 의료 종목으로 아크 게놈 혁명 ETF의 선두주자인 텔라독 헬스(Teladoc Health)도 놓칠 수 없다. 원격의료의 대표주자로 매출과 영업이익 증가가 지속적으로 이뤄지고 있으며 2023년까지 연평균 30~40%의 성장률을 기록할 것으로 전망된다.

나를 성찰하는 시간과 더 나은 나를 만들기 위한 노력

코로나19로 우리는 스스로를 돌아보는 시간을 갖게 되었다. 누군가는 만남과 회식이 줄어들어 불평할 수도 있겠다. 하지만 나를 마주할 시간이 늘었다는 점을 미래를 준비하는 기회로 활용했다면 허송세월은 아닐 것이다. 까만 밤하늘 아래, 나는 어디에서 왔고 어디로 향할 것인지 많은 생각을 하게 된다. 기도하는 마음으로 삶을 바라보며 삶을 개선하는 뿌리의 힘을 생각해 보자. 자신의 DNA 데이터를 추출한 뒤 이를 원용해 만든 다양한 미술품도 있다. DNA 데이터를 추출해 나를 바라보는 것이다.

우리는 지금까지 살아오면서 얼마나 나를 제대로 바라보았나. 행여 외부 환경에만 신경 써 내 안에 잠재된 능력을 간과하지는 않았나. 일평생 동안 나의 신체 속에 살면서도 자신의 실체를 직시하지는 못한다면 그것은 불행이다. '참 나'와 마주할 때, 나의 뿌리를 진정으로 알게 될 때 삶은 긍정과 무한 가능성으로 풍요로워지리라. 이를 통해 진정한 나를 성찰하고, 삶의 본질에 다가갈 수 있지 않을까.

'DNA 산수'라는 제목의 독특한 미술품이 있다. 작가에게서 추출된 DNA 데이터가 동양의 산수화와 결합된 작품이다. 작가의 DNA 염기서열을 구성한 깨알 같은 알파벳들이 왕희맹의 '천리강산도' 등의 고전 산수화와 함께 빛의 신호로 변환돼 생성·소멸되며 합일을 이루고 있다. 작가에게 동양의 고전화가 일종의 정신적 DNA인 셈이다. 우리 앞에 있는 자연과 대상을 서구의 풍경이란 관점이 아닌, 동양의 산수 관점에서 보며 '나'라는 자아가 존재하기까지의 연결성을 역추적했다는 평이다. 즉 나는 어디서 왔으며 나의 뿌리와 본질은 지금 어디에 있는지 작업을 통해 돌아본 의미 있는 작품이라 하겠다.

문득 BTS의 노래 'DNA'가 생각난다. 내 혈관 속에 흐르는 DNA는 그들에 의하면 삶을 바라보는 창이다. 그들은 이를 통해 사랑을 찾으며 그것이 수학의 공식, 우주의 섭리, 운명의 증거라고 한다. 청춘의 풋풋하고 패기 넘치는 사랑의 마음을 표현한 타이틀곡으로, '우리 둘은 태초부터 운명적으로 얽혀 있으며, DNA부터 하나였다'는 메시지는 울림이 크다. 태초의 DNA가 나를 만든 근원적 힘이 느껴진다.

DNA는 부모로부터 물려받은 것이고, 유전자의 변이는 평생 바뀌지 않는다. 그러나 유전자의 구조는 변하지 않더라도 유전자의 기능은 살아가면서 외부 환경에 의해서 평생 끊임없이 변화한다. 그 변화가 다음 세대까지 영향을 주는데 이런 유전학을 후성유전학(後成遺傳學, epigenetics)이라 한다. 일란성 쌍둥이 연구를 살펴보자. 유전자의 변이까지 똑같이 타고난 쌍둥이이지만 각기 다른 음식을 먹고 다른 환경에서 자랐을 때 성인이 되어 각각 다른 질병에 걸릴 수 있다.

사람의 건강은 태어나면서 유전적으로 물려받는다. 하지만 어떤 음식을 먹고, 어떻게 운동하고 어떻게 스트레스를 완화시키는지에 따라 유전적으로 특정 질병의 감수성이 높게 태어났어도 그 질병의 발생 가능성을 최대한 낮출 수 있다. 인간의 유전자 발현은 태아일 때부터 노화가 진행되는 과정까지 모두 지속적으로 외부 환경에 의해 결정되고 조절된다. 좋은 생활 습관과 좋은 음식이 건강을 지킨다는 평범하지만 중요한 결론이 여기서 나온다.

고대 그리스의 의학자 히포크라테스는 이렇게 말했다.

"우리가 먹는 것이 곧 우리 자신이 된다. 음식은 약이 되기도 하고 독이 되기도 한다."

유전적으로 아무리 잘 태어나도 습관이 잘못되면 말짱 도루묵된다. 뿌리가 죽으면 줄기를 뻗을 수 없고 잎이 풍성해질 수도, 열매를 맺을 수도 없다. 뿌리는 우리의 삶을 닮았다. 식물을 키울 때도 뿌리를 잘 내릴 수 있도록 거름과 물을 제대로 주고 곁순, 잎, 줄기 정리를 해야 하듯 우리네 삶도 그렇게 정성스럽게 가꾸어야 할 것이다.

신의 영역에 발을 디디는 미래 직업

☑️

유전체 분석가

게놈이라는 단어로 더 익숙한 유전체는 DNA, 유전자, 염색체 등 유전적인 정보의 집합을 말한다. 지구상의 모든 생물의 유전 지도를 만드는 어마어마한 작업의 중심에 '유전체 분석가'가 있다. 유전체 분석가는 생물체 내의 DNA와 유전자, 염색체를 포괄하는 유전체 데이터를 가공해 유의미한 정보를 만들어내는 일을 한다. 유전자의 변이를 확인하는 것부터, 잘 연구되지 않은 생물의 표준 유전체 작성까지가 업무 영역이다.

☑️

생명의학 엔지니어

원격의료가 발달함에 따라 임플란트에서부터 인공장기, 정밀의료기까지 만들어내는 생명의학 엔지니어의 몸값도 크게 뛸 것이다. 건강과 장수에 대한 인간의 욕심이 커갈수록 생체공학에 대한 관심도 더욱 확대될 것이다. 유전자를 조작해 노화를 늦추거나 병을 고치는 일을 한다.

✔

유전자 프로그래머

인간의 유전자를 이용하여 질병을 예방하고 치료하는 사람이다. 환자의 유전자를 파악하고 환자에게 맞는 치료 유전자를 개발하는 일을 한다. 유전자 간 거부 반응이 일어날 경우를 예방하는 방법도 개발한다. 유전자 프로그래머가 되기 위해서는 생명공학과, 생명자원공학과, 유전공학과 관련 전공을 선택하면 유익하다. 동물, 식물, 유전자를 가진 모든 생명체와 사람의 유전자 정보에 관심을 가지고 치료분야에 관심을 가지는 이에게 잘 맞는다.

✔

뇌파 분석 전문가

뇌파를 분석하고 해독하여 의학, 범죄심리학, 공학 등과 연계된 기술 개발을 연구하는 일을 한다. 범죄심리학 분야에서는 용의자의 뇌파를 분석하여 범죄 유무, 동기, 범행 방법 파악 등의 수사에 도움을 준다. 공학 분야에서는 뇌파 인지 상품을 개발하고 프로그램을 연구한다. 예를 들어 뇌파 게임이나 뇌파 통신 등을 개발한다. 뇌에 대한 관심과 흥미가 있는 사람이 적합하다. 의학 분야의 뇌신경학이나 인지심리학 분야의 뇌분석학, 공학분야의 인공지능학을 전공해야 한다.

☑

가정간호 전문가, 건강 서비스 관리자

고령사회, 의학 기술의 발달로 인간의 수명이 비약적으로 늘어나는 것은 틀림없다. 건강하게 100세를 사는 사람보다 '유병장수'하는 노인들이 많아지면 집에서도 안정적이고 편안한 의료서비스를 제공하는 가정간호 전문가가 필요해질 전망이다. 신체가 노화되면 물리치료 전문가의 재활과 통증관리는 필수다. 물리치료사의 역할이 증가할 것이며, 건강 서비스 관리자가 맞춤식 건강관리를 제공하는 전문적인 시스템이 구축될 것이다.

✖

바이오 헬스 기업에 대한 양대 투자 포인트

☑

23앤미, 일루미나, mRNA 기반 암 백신 기업 등을 유심히 보자

mRNA 약물이 갖고 있는 생산의 단순성, 높은 효능, 신속한 개발과 낮은 제조 원가 그리고 안전한 주사 방법은 mRNA 백신이 기존의 백신들이 갖고 있는 한계를 극복하는 대안이 될 수 있음을 강력히 시사하고 있다. 생산량을 증대하고 약물 안전성과 효능을 향상시키기 위해서는 여전히 극복해야 할 많은 장애물이 존재한다. 그럼에도 불구하고 mRNA 백신을 이용해 다양한 암을 치료하기 위한 임상이 활발히 진행 중이고 그 결과가 기대되고 있다. 암백신 기업을 포함하여 투자 관심 종목으로 다음을 염두에 두자.

- 바이오엔테크(BioNTech, 독일): 화이자 백신 개발 등 우월한 mRNA 기술
- NEC 온콜뮤니티 AS(NEC ONcolmmunity AS, 노르웨이): 생체정보 파이프라인과 결합된 독점적 AI 기술을 활용함으로써 신항원 예측 시스템 확보
- 마이네오(myNEO, 벨기에): 바이오테크 기업으로, 컴퓨터 알고리즘을 이

용한 백신 개발

- 아킬레스 테라퓨틱스(Achilles Therapeutics, 미국): 나스닥 상장기업으로 항암 면역세포치료제 개발

기타 미국 나스닥 상장 기업인 어댑티브 바이오테크놀로지스(Adptive Biotechnologies, 다양한 고형종암치료제 개발) 퍼스낼리스(Personalis, 개인화된 항암 백신과 면역치료법 개발에 필요한 차세대 시퀀싱 기술) 퍼스널 게놈 다이고노스틱스(PGDx, Personal Genome Diagnostics Inc, 암유전자 패널검사의 공동 연구개발) 같은 기업을 살펴볼 필요가 있다.

✔️

미국 빅테크 기업의 헬스케어 동향과
국내 유비쿼터스 헬스케어 관련주에 주목하라

아이폰 13 발표일, 애플은 "우리는 세상에서 가장 큰 헬스클럽입니다"라고 선언했다. 미국 헬스케어 시장은 미국 GDP의 20%인 4조 달러에 달하는데, 시장의 성장률과 수익성이 높아 자금과 기술을 확보하고 있는 빅테크가 해당 산업으로의 진출을 모색하고 있다. 미국 빅테크 기업 중 헬스케어 산업 진출에 가장 적극적인 기업은 애플이다. 애플워치 같은 웨어러블 기기를 이용한 이용자 건강 데이터 수집, 의료 데이터를 관리하는 플랫폼을 통해 헬스케어 분야로 진출하고 있다.

아마존은 헬스케어 스타트업 젤스(Xealth) 및 대형병원과 파트너십을 맺고 의료

용품 배송 서비스를 제공한다. 2019년 미국 시애틀 본사 직원을 대상으로 원격의료 서비스 아마존 케어(Amazon Care)를 시행했으며, 2021년 미국 전역에 위치한 자사 직원으로 그 대상을 확대했다. 마이크로소프트는 클라우드 컴퓨팅 플랫폼 애저와 인공지능을 활용해 헬스케어 산업의 디지털 전환을 지원한다. 메타는 미국 본사 연구소에서 의사를 채용하여 디지털 기술을 활용한 건강관리와 의료서비스 개선에 대한 연구를 진행한다. 구글은 의료 분야 진출 성과 부족으로 투자 축소 논란이 있으나 모바일 헬스케어에 대한 관심을 접은 것은 아닌 것으로 보인다.

국내에는 비트컴퓨터, 인성정보, 케어랩스, 제이엘케이, 이지케어텍, 유비케어, 소프트센, 라이프시맨틱스 등이 있으나 주가 변동성이 높다는 점에 주의해야 한다. AI, 빅데이터 같은 신기술을 기반으로 하는 한국의 기업도 미국의 원격의료 기술, 원격진단, 건강관리 등 디지털 헬스케어 플랫폼 사업으로의 진출을 고려해볼 수 있다. 혈액분석을 통한 스마트폰 기반 만성질환 관리 솔루션을 원드롭(1 DROP)이 개발했다. 스마트폰과 센서만 있으면 헤모글로빈, 요산, 혈당, 콜레스트롤 수치를 측정할 수 있고 이밖에 혈액검사로 확인할 수 있는 간수치나 신장질환도 확인할 수 있다.

큐라티스는 mRNA를 포함한 다양한 백신의 항원 원액을 생산하기 위한 생산라인을 구축했다. mRNA 관련주로는 아이진, 소마젠, 에이비프로바이오, 안트로젠, 에스티팜, 진원생명과학, 마크로젠, 올릭스, 바이오니아, 테라젠이텍스 등이 있으나 바이오 기업의 성격상 주가 급등락 가능성이 높으므로 투자에 유의해야 한다.

삼성바이오로직스는 미국 그린라이트 바이오사이언스(GreenLight Biosciences)가 개발 중인 코로나19 mRNA 백신의 후보 물질 원료 의약품 위탁생산 파트너십을 체결했다. 삼성바이오로직스는 전 세계 모든 지역에서 인류의 지속 가능한 보건 환경을 구축하고자 하는 그린라이트의 비전을 전적으로 지지하며, 글로벌 백신 접종 확대를 위한 그린라이트의 노력이 실현될 수 있도록 적극 지원한다.

SK바이오사이언스는 조직개편을 통해 판교 연구소에 추가적인 바이오 연구 기능을 확충한다. mRNA 관련 개발에 집중하여 차세대 백신과 mRNA 백신 관련 플랫폼을 확충하고 연구개발에 돈을 쏟아붓는다. GC녹십자는 올릭스의 자회사 엠큐렉스와 업무협약을 맺고 mRNA 백신 및 치료제 연구개발 역량 키우기에 나섰으며, 연구재단인 목암생명과학연구소를 통해 mRNA 관련 오픈이노베이션 연구과제를 선정하고 지원한다. 한미약품은 평택 바이오플랜트에 mRNA 백신 합성에 필요한 효소 생산 가능 시설을 보유하고 있다. 한미사이언스는 mRNA 기술 확보 컨소시엄에 참여하며 연구개발에 대한 관심의 끈을 놓지 않고 있다.

셀트리온 역시 mRNA 백신 플랫폼 개발에 착수했다. 셀트리온은 다양한 변이 바이러스에 예방 효과를 가진 차세대 백신을 독자적으로 개발하고, mRNA 플랫폼 개발을 통해 코로나19를 넘어 항암 같은 타 질환으로 기술 영역을 확대한다는 전략이다. 백신 주권 확보를 위해서라도 mRNA 백신·치료제 개발과 연구 노하우 습득은 중요한 주제이다. 국내 mRNA 관련 연구개발이 녹록치 않은 상황에서 정부의 전폭적인 관심과 지원이 뒷받침돼야 할 것이다.

내 삶을 가꾸는
작은 혁신

소통과 메시지의 중요성

이제 우리는 『앞으로 10년 빅테크 수업』을 마쳤다. 이 책 전체를 아우르는 키워드는 '혁신'이다. 혁신은 결국 아이디어고 이는 자기와의 소통, 그리고 타인과의 소통에서 나온다는 사실을 강조하고 싶다. 책의 메시지가 독자 여러분들에게 제대로 전달되었기를 바란다. 소통의 중요성을 생각하다가, 기획재정부 과장으로 재직하던 시절의 행사를 떠올려본다.

"스크린을 봐주십시오. 한국 음료회사의 포스터인데, 아랍에서는 포스터가 소개된 뒤 음료가 팔리지 않았습니다. 왜 그랬을까요?"

당시 윤증현 기획재정부 장관은 만찬사 도중 위 그림을 보여주며 참가자들의 시선을 끌어모았다. 그림은 '사막에서 탈진한 사나이가 한국산 음료를 마시고 원기를 회복한다'는 내용인데, 아랍인들은 오른쪽부터 읽기 때문에 정반대로 해석했다. 그들의 입장에서 보았을 때는 한 사나이가 달리다 음료수를 먹고 탈진해 사막에 대자로 누워버린 것이다.

1980년 6월, 한국과 아랍에미리트가 수교를 시작한 후 오해와 시행착오가 있었으나 서로 노력해 신뢰를 두텁게 쌓았다는 것을 빗댄 스토리였다. 만찬장에선 박수와 감탄사가 터져 나왔다. 혁신을 위해서는 상대를 제대로 이해하고 소통하려는 노력을 기울여야 한다.

또한 우리가 당면한 현실을 바라보며 역동적인 나라를 이루기 위해서 공무원인 나의 역할을 묻고 싶었다. 30여 년을 국가와 울산을 위해 일한 공복(公僕)으로서, 두 아이의 아버지로서, 내 아들 세대를 위해서 내가 진정으로 할 일은 무엇일까. 그 소통의 주제어로 혁신을 꺼내 들고 4가지 힘을 말하고 싶었다.

삶은 원심력과 구심력의 조화

우리는 포노사피엔스라는 디지털 네이티브가 인터넷을 통하여 하나로 연결된 사회에 살고 있다. 코로나19 같은 전염병에 대응하고 기후 위기를 극복하며, 난민 문제를 해결하고 자국 우선주의에 대응하려면 고립된 나의 힘만으로는 충분하지 않다. 디지털 미는 나의 지능만을 이용하지 않는다. 디지털 미는 그들만의 연계된 세계와 오픈소스의 모든 타인의 정보를 활용해 내게 봉사한다. 그렇지만 인공지능과 인간지능을 합하더라도 인간의 감정까지 완전히 파고들기는 어렵다고 생각한다. 디지털로 넓어진 세계에서 플러스알파가 되는 삶을 살기 위해서 우리는 '더 창조적이고 혁신적인 나'를 만들어 나가야 한다.

코로나19로 변화에는 가속도가 붙었다. 모든 것이 바뀌는 앞으로 10년 동안 무엇을 준비해야 할지와 미래에 어떤 산업에 종사하고 투자해야 하는지는 개인과 사회, 나아가 국가를 위해 매우 중요하다. 이제 연결은 융복합의 다른 말로 인식된다. 불확실성이 가속화되는 시기에는 종전의 규범과 관행이 통하지 않고 미래 예측이 어려워질 수 있다. 도움이 되는 모든 것과 연결하겠다는 유연한 사고로 나를 혁신하고 국가를 쇄신하며 생존과 성장을 도모해야 한다. 연결은 원심력으로 작용해 나의 가치를 끌어올린다.

현존하는 빅테크 기업들은 오픈소스에서 기존의 제품, 서비스와 완전히 다른 콘셉트를 새로이 개발하며 사업을 시작했다. 그들은 때로는 사내 연구를 통해, 때로는 인수합병을 통해 연결이 만드는 혁신의 힘을 키워갔다. 과거를 반추하며 현재를 생각해 미래를 만들어나간 것이다. 이들 기업은 한결같이 새로운 평가 잣대에 따라 가치가 부각된 알파 라이징 기업이다. 이처럼 나라는 존재도 데이터에 기반한 새로움과 연결하여 날마다 혁신으로 무장한 변신을 거듭해 나가야 한다. 현실과 가상을 연결하는 메타버스 세상이 일상화된 시기에 NFT로 나의 가치를 창출하며 매일 성장하는 나를 보는 것은 또 다른 기쁨이지 않겠나!

이 세상에 자기 자신만큼 중요한 존재가 있을까? 진정으로 자유로워지려면 경제, 시간, 환경이 모두 내 편이어야 한다. 자본주의는 돈이 지배하는 사회다. 그 자본의 논리 아래서 스스로 일어설 수 있는 경제력이 없다면 허물어지기 쉽다. 시간을 내 편으로 만들어야 한다. 삶에 우선순위를 정하고 그 한계를 분명히 알아야 한다.

제프 베이조스가 물리학에서 자신의 한계를 알고 전공을 바꾸어 전자상거래에 뛰어든 것은 스스로에 대한 공감의 힘이 있었기 때문이다. 서브미를 통한 구독경제를 다루면서 공감이 어떻게 삶을 의미있게 하는지 살펴보았다. 공감은 나를 향한 구심력인 동시에 타인을 향한 원심력으로 작용하는데, 이 두 가지 공감이 조화를 이룰 때 더욱 빛이 난다. 일론 머스크가 수많은 시련을 이겨낸 것은 자신의 삶을 살겠다는 자신감이 있었기 때문이다. 그는 얼마나 스스로에게 공감했을까. 그런 그 역시 화성에서 죽겠다, 기후 위기에 대응하겠다며 타인과 세상을 향한 인류애를 보인다. 머스크야말로 혁신의 설계자이자 실행가이다.

　내 안의 우주는 무한한 상상의 세계다. 사람은 저마다 재능과 취향이 다르다. 천부적으로 천재성을 타고났다 하더라도 일정 임계치를 넘어야 성공할 수 있다. 누구나 수많은 도전과 연습을 해야 목표점에 도달한다. 그 목표점에 도달해 임계치를 넘기 위해서는 상상력의 도움을 받을 필요가 있다. 누군가에게는 원심력이 작용하여 우주로 계속해서 나가려는 유혹을 뿌리칠 수가 없다. 그들은 우주를 상상하며 어린 시절 은하계를 동경하며 자랐을 것이다.
　어릴 때부터 수없이 많은 SF 영화를 보며 자라온 우리가 우주여행을 한 번도 꿈꾸지 않기란 어렵다. 인공위성과 인공지능으로 우리의 삶이 더욱 편리해진다면 그건 인류의 상상력이 빈곤하지 않았기 때문이다. 상상력의 빈곤은 인류의 삶을 퇴보시킨다. 스티브 잡스는 천재적 상상가였다. 누군가는 그가 자기의 세계에 갇혀 산 인물이라고 폄하할지 모르겠으나 그는 자기의 세계를 상상력으로 굳건히 다진 사람이었다. 전기차 배터리 제조에 미친 토머스 에디슨(Thomas Edison)이 머스크를 만나는 상상을 해본다.

　"여보게, 머스크 양반. 당신 덕분에 전기차가 내연기관차를 이길 날이 곧 올 것 같아. 내 천추의 한을 풀어줘서 고마워. 반값 배터리는 언제 나오지?"

"아, 에디슨 어르신. 다음 배터리 데이 때 세상이 놀랄만한 일을 발표하 겠습니다. 테슬라 구독 서비스는 아시나요? 테슬라가 나오는 유튜브를 보 시면 '좋아요' 한번 눌러 주시죠. 댓글도 잊지 마시고요. 테슬라 오토파일럿 에 이어 이번에 완전 자율주행 서비스를 구독 서비스로 출시했습니다. 머스 크 덕분에 교통사고 같은 건 사라지고 더 창조적인 삶을 살게 되었다고 댓 글 하나 달아주세요."

인간은 생각하는 갈대다. 생각은 기계적 학습을 위해서가 아니 라 문제를 해결하기 위해서 존재한다. 문제를 해결하기 위해서는 무엇이 필요할까? 문제의 근원이 어디에서 비롯되었는지 아는 힘 이 중요하다. 근원은 뿌리고 흔히 어르신네 용어로 족보다. 나는 어디에서 왔고 어디로 가야 하는지를 제대로 알아야 한다. 단순 한 조상 찾기를 넘어 내 안의 나를 제대로 이해하고 개선할 부분 을 찾는 것이 뿌리의 힘이다. 23앤드미가 단순히 DNA를 분석하 는 회사로 정주해서는 안 된다.

내 몸 안의 유전자 정보에 대해서 우리는 제대로 알 수 없다. 유 독 오이 냄새에 민감한 아이에게 오이가 좋다고 강요해봤자 먹지 않을 것이다. DNA와 mRNA 구조를 통해 우리는 나 자신의 문제 에 더 근원적으로 접근하고 예측할 수 있으며 문제가 있다면 해결 방안을 알 수 있고 나아가 맞춤형 처방까지 내릴 수 있어야 한다. 인간의 유전자 속에 담겨 있는 정보를 데이터의 단위로 환산하면 3기가바이트, 즉 DVD 한 장 분량이 된다. 23앤드미가 만든 데이터는 장장 몇천만 장은 될 것이다. 이 데이터를 거울이라 생각하고 당신의 유전자를 비추어보라. 이제 데이터로 말해야 하는 시대다. 데이터는 당신을 객관적으로 보여줄 것이다.

이런 뿌리의 힘은 나를 성장시키는 구심력에 해당한다. 100세 고령화 시대에 인공지능의 지속적인 발달에 따라 데이터 기반 개인 건강관리는 필수다. 데이터에 입각하여 질병을 미리 예방하고, 체력관리에 만전을 기울이고, 병이 생기면 빨리 나의 유전자에 맞는 처방으로 치료를 해야 한다.

이 책에 기술된 4가지 힘은 원심력과 구심력으로 삶의 균형을 이루어가는 인간의 지혜를 의미한다. 지식은 습득하는 것이나 지혜는 키워나가는 것이다. 4개의 장에서는 모두 현재의 데이터 기반 경제에서 상상할 수 없을 만큼 성장 가능성이 높은 산업 이야기를 다루었다. 이 책을 읽고 독자 여러분이 각 분야에서 빛나는 기업을 찾는 혜안을 갖기를 소망한다.

노벨 경제학상 수상자의 작은 혁신

경제 성장의 역동성을 되찾을 방법에 대해 색다른 시각을 보여 노벨상을 탄 이가 있다. 『대번영의 조건』, 『중산층이 살아야 나라가 산다』의 저자 에드먼드 펠프스(Edmund S. Phelps)다. 그는 경제 처방과 관련하여 세계 경제에서 공급주의자의 감세도, 케인스주의자의 복지 지출도 근본적 해결책이 되지는 못한다고 따끔하게 꼬집는다. 그는 경기 침체를 끝내려면 '대중의 희망과 꿈의 정신'을 회복시켜야 하며 '혁신의 꿈'을 대중의 마음속 곳곳에 심어주는 것이 답이라고 주장한다.

역사를 거슬러 올라가 보자. 근대 경제가 역사에 남긴 경이로운 성취는 무엇이었나? 서구의 역사는 투쟁의 역사였다. 개인의 힘을 중시하는 근대적 가치관과 국가의 힘을 중시하는 전통적 가치관 사이의 투쟁에서 근대적 가치관이 승기를 잡아 혁신이 일어나고 사회가 발전했다. 그에게서 '슘페터를 닮았지만 뭔가 다른, 작은 풀뿌리 향기'가 난다. 그는 번영의 원천이 평범한 개인의 무수히 많은 '작은 혁신'에 있다고 주장한다. 작은 것이 아름답다고 본 것이다. 생각해 보면 스티브 잡스의 아이폰도 그 이전의 사람들이 만든 혁신의 뿌리 위에서 세상을 더 행복하게 만들고자 한 공감, 연결 그리고 상상의 힘의 결과가 아닐까.

펠프스는 국가의 번영은 경제적 풍요만을 뜻하지 않으며 다수의 개인이 도전하고 모험하며, 일로부터 만족을 얻고, 정당한 보상을 받는 '좋은 삶'을 영위하는 것이라고 했다. 얼마나 가슴 벅찬 말인가. 우리는 지금 그런 대번영을 누리는 삶을 살고 있나. 일하는 보람과 그로부터의 번영의 기쁨을 진정 고민하고 있나. 펠프스는 사회 곳곳에 풀뿌리 혁신(grassroot innovation)이 확산되도록 여건을 조성하는 것이 무엇보다 중요하다고 강조한다.

나는 앞으로 많은 이들을 만나 향후 10년을 관통하는 펠프스의 풀뿌리 혁신 이야기를 하고자 한다. 인공지능이 일자리를 줄이냐 늘리느냐의 문제보다 더 중요한 것은 무엇일까? 우리 마음속에 작은 혁신의 열기를 꽃피우는 것이다. 그것이 바로 '자신을 경영하는 정도(正道)'이기에 많은 독자 여러분이 그렇게 살기를 바란다. 내 자식 세대가 더 나은 세상에서 살기를 꿈꾼다. 이 책을 통해 많은 독자 여러분이 빅테크로 성장하는 '작은 혁신의 길'을 공공연하게 토론했으면 좋겠다.

참고문헌

논문 및 기사

- ARK INVEST, "ARK's Big Ideas 2021" 2021.
  https://research.ark-invest.com/thank-you-big-ideas-2021

- Vasupradha Ramachandran, "What is Digital Me Technology? A Detailed Guide Beyond AI" 2021.
  https://expersight.com/what-is-digital-me-technology-a-detailed-guide-beyond-ai/

- Katie Costello Gartner, Meghan Rimol Gartner, "Gartner Identifies Five Emerging Trends That Will Drive Technology Innovation for the Next Decade" 2020.
  https://www.gartner.com/en/newsroom/press-releases/2020-08-18-gartner-identifies-five-emerging-trends-that-will-drive-technology-innovation-for-the-next-decade

- M. Gerlach, Beatrice Farb, W. Revelle, L. A. Nunes Amaral, "A Robust Data-driven Approach Identifies Four Personality Types across Four Large Data Sets" *Nature Human Behavior*, 2018.
  https://www.semanticscholar.org/paper/A-robust-data-driven-approach-identifies-four-types-Gerlach-Farb/d6f6e6e546a123ce52 4f8baf2295c48a9361d81d

- "The Inner Jeff Bezos", *WIRED*, 1999.
  https://www.wired.com/1999/03/bezos-3/

- Carl Sagan, "The Planet Venus", *Science*, 1961.
  https://www.science.org/doi/10.1126/science.133.3456.849

• Marc Boucher, "Investments in Space Startups Reaches New Heights", *SpaceQ*, 2021.
https://spaceq.ca/investments-in-space-startups-reaches-new-heights/

• Jon Sindreu, "Is Virgin Galactic Truly a Space Company?", *The Wall Street Journal*, 2021.
https://www.wsj.com/articles/is-virgin-galactic-truly-a-space-company-11626085517

• Sara Randazzo, Heather Somerville, "The Theranos Revelations We Have Learned After 12 Weeks of the Elizabeth Holmes Trial", *The Wall Street Journal*, 2021.
https://www.wsj.com/articles/what-elizabeth-holmes-theranos-trial-reveals-11631883936

• 전호겸, 「아이디 경제(ID ECONOMY) 시대가 온다」, 2019.
https://mirakle.mk.co.kr/view.php?year=2019&no=956607

도서

- 마리아 로스, 이애리 옮김, 『공감은 어떻게 기업의 매출이 되는가』, 포레스트북스, 2020.

- 리드 헤이스팅스, 에린 마이어, 이경남 옮김, 『규칙 없음』, 알에이치코리아(RHK), 2020.

- 성소라, 롤프 회퍼, 스콧 맥러플린, 『NFT 레볼루션』, 더퀘스트, 2021.

- 조원경, 『식탁 위의 경제학자들』, 쌤앤파커스, 2016.

- 제프 베조스, 이영래 옮김, 『제프 베조스, 발명과 방황』, 위즈덤하우스, 2021.

- 애슐리 반스, 안기순 옮김, 『일론 머스크, 미래의 설계자』, 김영사, 2015.

앞으로 10년 빅테크 수업

초판 1쇄 발행 2022년 1월 19일
초판 4쇄 발행 2022년 2월 14일

지은이 조원경
펴낸이 김동환, 김선준
책임편집 오시정
편집팀장 한보라 **편집팀** 최한솔, 최구영, 오시정
마케팅 권두리, 신동빈
홍보 조아란, 이은정, 유채원, 권희, 유준상
디자인 김혜림 **본문디자인** 두리반

펴낸곳 페이지2북스 **출판등록** 2019년 4월 25일 제 2019-000129호
주소 서울시 영등포구 여의대로 108 파크원타워1, 28층
전화 070) 7730-5880 **팩스** 070) 4170-4865
이메일 page2books@naver.com
종이 (주)월드페이퍼 **인쇄** 더블비 **제본** 책공감

ISBN 979-11-90977-55-5 (03320)